本书系乐山师范学院 2023 年科研项目（编号：23HX0042）"法庭胜诉方法之研究"最终性成果。

# 通往胜诉之路

> **律师诉讼技巧与实战案例** >>>>

郭金福 著

中国政法大学出版社

2025·北京

声　明　1. 版权所有，侵权必究。
　　　　 2. 如有缺页、倒装问题，由出版社负责退换。

**图书在版编目（CIP）数据**

通往胜诉之路：律师诉讼技巧与实战案例 / 郭金福著. -- 北京：中国政法大学出版社，2025. 7. -- ISBN 978-7-5764-2235-1

Ⅰ．D925.05

中国国家版本馆 CIP 数据核字第 2025GH9888 号

----------------------------------------------------------------------------------

| | |
|---|---|
| 出 版 者 | 中国政法大学出版社 |
| 地　　址 | 北京市海淀区西土城路 25 号 |
| 邮寄地址 | 北京 100088 信箱 8034 分箱　邮编 100088 |
| 网　　址 | http://www.cuplpress.com (网络实名：中国政法大学出版社) |
| 电　　话 | 010-58908586(编辑部) 58908334(邮购部) |
| 编辑邮箱 | zhengfadch@126.com |
| 承　　印 | 固安华明印业有限公司 |
| 开　　本 | 720mm×960mm　1/16 |
| 印　　张 | 14 |
| 字　　数 | 240 千字 |
| 版　　次 | 2025 年 7 月第 1 版 |
| 印　　次 | 2025 年 7 月第 1 次印刷 |
| 定　　价 | 59.00 元 |

# 序 言

日与月日复一日地升起又落下。不经意间，我在法学教育和律师执业领域已走过二十多个春秋。从 2001 年开始执业至今，我在从事法学教育之余，总计办理大大小小的案件达到 1000 件以上，其中涉及许多集体诉讼案件，比如建设工程施工合同纠纷案、征地拆迁补偿安置纠纷案、商品房买卖合同纠纷案、物业服务合同纠纷案、证券虚假陈述案等。2020 年我被四川省律师协会授予了首批"建筑房地产专业律师资格"。据此，我在个人微信简介里是这样表述的——执业二十载，国内公司、建筑房地产专业律师。承办上千案，专治疑难杂案。

我曾和相熟的同行、朋友、当事人分享充满挑战又韵味无穷的执业生涯，在饶有兴致地听完我一路而来的执业故事后，他们给出了这样的评价：以执业时间来衡量，你算是律坛的"老律师"了；以专业水平的宽度、厚度来讲，更是这个行业"资深律师"了。我为能获得这样的评价而欣慰，同时心存感激。

二十年里，我同全国其他律师一样，经历了一个化茧成蝶的过程。前十年，我倾尽努力，着力夯实执业基础。这种扎实的准备，得以让我在后十年的深耕专业中和案件"由量变质"的转化中游刃有余。

我常对我的学生说，学法律就像是练轻功。如果在梅花桩上都颤颤巍巍，就别奢望后来能"飞檐走壁"了。实际上，世间所有之事，莫不如此。所谓"不积跬步，无以至千里；不积小流，无以成江海"，都说明了"打基础"的重要性。

律师这个职业，表面上看，风光无限，实则背后的艰辛，是外人难以了解和想象的。曹雪芹在《红楼梦》里说："都言作者痴，谁解其中味。"用这句话来形容我们这个行业，我想，也是非常妥帖的。

1999年3月15日,"依法治国"被正式写入《宪法》[1]。这是一个重大的历史性决定。自此,中国的法治之路越走越宽。

可喜的是,2012年11月之后,随着我国对司法领域的深入改革,推出"裁判文书上网""案件庭审直播""法官员额制""错案追究制""领导干部不得插手干涉司法"等许多司法政策,律师的执业环境相比过去,已经有了很多的转变。可以说,现在的律师业已经迎来了一个阳光明媚的春天。

在过去的十年里,我国司法改革的力度是有目共睹的。笔者认为,要让人民群众都享受到改革之光的普照,都感受到公平正义的存在,就必须将制度的执行力度放在首位,并完善对司法人员的考核机制。因为,虽有良法,但无良吏,仍然无法实现法治。比如目前,国家虽然出台了很多解决民事申诉难及执行难的法律,但社会上仍存在"申诉难"和"执行难"两大难题,这是司法领域亟须解决的问题。总体来说,一项制度的好坏,必须要通过实践来检验其效果。我们期待在国家法治化进程中,我国的司法审判能够更加透明公开、更加公正、更讲效率。

笔者写作本书的目的,主要是以回顾六年来所承办的两起"混凝土买卖合同货款案"以及所衍生的三起"巨额索赔案"为线索,详细阐述了上述案件如何实现"逆转"的过程和笔者所采取的诉讼策略,在此基础上,探讨分析了我国法学教育、法官遴选、申诉难、执行难等问题,最后归纳出了"民案分析十步法、诉状写作九法、法庭举证、质证之方法以及法庭辩论之六法"等法庭胜诉之方法。通过阅读本书,读者不仅可以更加真实地了解律师办案背后的艰巨性、复杂性,也可以了解到我国法治进程中还有诸多需要改革的问题。同时,笔者也期望,我的年轻律师同行们在这本书里能够获得一些启迪,学习到一些办理民商事案件的方法和技巧,从而能够在法庭内外的"博弈"中获得更多的胜诉记录。

作为执业律师,衡量其是否"优秀",笔者认为,不在于挣钱的多少,也不在于名号的多寡,而应看其是否保持着较高的"胜诉率"。二十多年里,我们团队承办的案件,十有八九都是以胜诉告终。之所以能取得这样的成绩,就在于在通往胜诉的道路上,我们能够很好地把握"胜诉之道",并且注重办

---

[1] 《宪法》,即《中华人民共和国宪法》。为表述方便,本书中涉及我国法律文件直接使用简称,省去"中华人民共和国"字样,全书统一,后不赘述。

案方法的运用。毛主席在评价诸葛亮的用兵之误时说："其始误于隆中对，千里之遥而二分兵力。其终则关羽、刘备、诸葛亮三分兵力，安得不败。"形象点说，打官司就像行军打仗，没有好的方法和策略，就有一败涂地的危险。所以，对于年轻律师来说，胜诉所经过的路程不是鲜花铺路，而是布满荆棘，充满挑战，但是，只要坚持不懈，并学会运用一定的办案策略与方法，就能够到达胜利的彼岸，以维护当事人的最大合法权益。

以上为序。

郭金福

2025 年 6 月

# 目 录

序　言 …………………………………………………………… 001

第一章　缘起：这两个"简单"案件不简单 ………………… 001

第二章　风云初起：一期工程货款案 ……………………… 006
  第一节　"风平浪静"的一审 ……………………………… 006
  第二节　"波涛汹涌"的二审 ……………………………… 009

第三章　对二审判决的分析 ………………………………… 014
  第一节　意外的判决结果 ………………………………… 014
  第二节　对二审判决的分析 ……………………………… 014

第四章　"迟来"的抗诉 …………………………………… 018
  第一节　迈进检察院申诉之门 …………………………… 018
  第二节　调查是解决一切问题的方法 …………………… 024
  第三节　一纸抗诉，只为正义发声 ……………………… 025
  第四节　苦涩的"一战成名" …………………………… 029

第五章　风云再起：第一个3000多万元索赔案 …………… 030
  第一节　一审："恐怖"的3000多万元 ………………… 030
  第二节　二审：3000多万元仅是一场梦 ………………… 037
  第三节　再审：无可奈何花落去 ………………………… 038

## 第六章　风云迭起：第二个 3000 多万元索赔案 ⋯⋯⋯⋯ 045

第一节　二期工程货款纠纷案始末 ⋯⋯⋯⋯⋯⋯⋯⋯⋯⋯ 045

第二节　3000 多万元索赔又是一个泡影 ⋯⋯⋯⋯⋯⋯⋯⋯ 051

## 第七章　艰难的执行 ⋯⋯⋯⋯⋯⋯⋯⋯⋯⋯⋯⋯⋯⋯⋯⋯⋯⋯ 068

第一节　"首次执行"不乐观 ⋯⋯⋯⋯⋯⋯⋯⋯⋯⋯⋯⋯ 068

第二节　难以到手的"测绘报告" ⋯⋯⋯⋯⋯⋯⋯⋯⋯⋯ 071

第三节　一个错误的"暂缓执行"决定 ⋯⋯⋯⋯⋯⋯⋯⋯ 072

第四节　难缠的"老赖"及代理人 ⋯⋯⋯⋯⋯⋯⋯⋯⋯⋯ 079

第五节　一封给巡视组的举报信 ⋯⋯⋯⋯⋯⋯⋯⋯⋯⋯⋯ 081

## 第八章　最后较量：400 多万元加固费用赔偿案 ⋯⋯⋯⋯⋯ 088

第一节　一审：闪电式的判决 ⋯⋯⋯⋯⋯⋯⋯⋯⋯⋯⋯⋯ 089

第二节　二审：为名誉而战 ⋯⋯⋯⋯⋯⋯⋯⋯⋯⋯⋯⋯⋯ 098

第三节　为了再审，拼尽全力 ⋯⋯⋯⋯⋯⋯⋯⋯⋯⋯⋯⋯ 117

## 第九章　法庭必胜之方法：民案分析十步法 ⋯⋯⋯⋯⋯⋯⋯ 121

第一节　要准确确定本案所涉及的"法律关系" ⋯⋯⋯⋯ 121

第二节　全面彻底地查找案件所涉及的法律规范 ⋯⋯⋯⋯ 142

第三节　深入研究与本案相关的法学理论（法理） ⋯⋯⋯ 144

第四节　全面检索类案和关联案例并制作《检索报告》⋯⋯ 144

第五节　确定适格的原、被告主体 ⋯⋯⋯⋯⋯⋯⋯⋯⋯⋯ 146

第六节　诉状设计要有明确的诉讼请求 ⋯⋯⋯⋯⋯⋯⋯⋯ 147

第七节　准确确定民事法律行为（物权行为与债权行为）的效力 ⋯ 152

第八节　审查原告的起诉是否超过时效（诉讼时效、除斥期间及保证期间等） ⋯⋯⋯⋯⋯⋯⋯⋯⋯⋯⋯⋯⋯⋯⋯⋯⋯⋯ 158

第九节　审查法律的溯及力问题 ⋯⋯⋯⋯⋯⋯⋯⋯⋯⋯⋯ 160

第十节　重证据，重细节，重调查研究 ⋯⋯⋯⋯⋯⋯⋯⋯ 161

## 第十章　民事诉状的写作方法 ……………………………… 165
### 第一节　民事起诉状的写作方法 …………………………… 165
### 第二节　民事上诉状的写作方法 …………………………… 173

## 第十一章　法庭举证、质证之方法 ……………………………… 177
### 第一节　法庭举证之方法 …………………………………… 177
### 第二节　法庭质证之方法 …………………………………… 181
### 第三节　法庭询问证人之方法：交叉询问规则的运用 …… 184
### 第四节　微信聊天记录等电子证据的举证和质证方法 …… 188

## 第十二章　法庭辩论之方法 ……………………………………… 194

## 结　尾　凡是过往，皆为序章 …………………………………… 200

## 附　件　常见民商事法律文书样本 ……………………………… 202

# 第一章

## 缘起：这两个"简单"案件不简单

你戴着荆棘的王冠而来，
你握着正义的宝剑而来。
律师，
神圣之门又是地狱之门，
但你视一切险阻诱惑为无物。
你的格言：
在法律面前人人平等，
唯有客观事实才是最高的权威。

对于中国的律师们而言，想必对这首诗是再熟悉不过了，这是胡乔木同志为第一届全国律师代表大会所作的题词。这首《律师之歌》，字句不多，却力透纸背，传递出了律师的信仰、坚持、自信与追求！

2016年9月，我们团队接手了两起针对同一家公司的混凝土买卖合同货款纠纷案。我们原告方为四川富裕建材有限公司（以下简称"富裕公司"），被告方为四川通和营销有限公司（以下简称"通和公司"），从2011年5月至2016年1月，富裕公司分别向通和公司四川城西蔬菜市场一、二期工程供应混凝土，并签署了两份《混凝土购销合同》。在供货完毕后，由于通和公司拒不支付混凝土货款，在此情况下，富裕公司决定通过诉讼方式来讨要剩余的混凝土货款。

## 一、基本案情

**（一）城西蔬菜市场一期工程货款案**

**原告**：富裕公司

**被告**：通和公司城西蔬菜市场

**法定代表人**：赖某华

**被告**：通和公司

**法定代表人**：赖某[1]

> 诉讼请求

1. 依法判令被告给付原告混凝土货款 698 690 元及逾期付款违约金 139 934 元；
2. 本案诉讼费用由被告承担。

> 事实和理由

2011 年 5 月，被告赖某华以"城西蔬菜市场"的名义与原告签订了一份《乐山市预拌（商品）混凝土购销合同》。合同约定，原告向被告承建的"四川城西蔬菜市场改扩建工程"有偿提供混凝土。合同签订后，原告按照被告要求提供了混凝土，合同于 2012 年 1 月履行完毕。然而，被告却没有按照合同约定支付货款。经原告统计，确认截至 2012 年 1 月 17 日，被告尚拖欠原告一期工程混凝土货款 798 690 元。此后，原告又多次向被告催要此款，在此情况下，被告才于 2015 年 2 月给付了 10 万元货款。然而，对于剩余货款，原告又曾多次找到被告要求尽快给付上述款项，但被告均以各种理由拒绝支付上述款项。

被告没有按照合同约定履行上述付款义务，根据原、被告签订的合同第 8 条第 2 款第 1 项"甲方不能按合同约定履行义务、支付货款以及发生其他使合同无法履行的行为则构成违约，甲方应承担违约责任，违约金按本合同实际发生货款总额的 5% 计算，如给乙方造成的经济损失超过违约金时，甲方应当予以赔偿"。经原告核算，根据一期工程实际发生货款总额 3 497 980 元计

---

[1] 为避免给当事人造成影响，关于本书原、被告的名称均使用了化名，具体案件内容可查询"中国裁判文书网"。

算,被告应向原告支付逾期付款违约金 174 899 元。

对此,原告认为,被告未按照合同约定按时给付混凝土货款的行为,已构成严重违约,应当立即将上述款项支付给原告,并承担违约责任。为此,根据合同第 8 条"本合同在履行过程中发生争议,依法向合同签订地(乐山市市中区)人民法院起诉"之"管辖"约定,原告特向贵院提起诉讼,请求贵院能够明查案件,依法支持原告的上述诉讼请求,以维护原告作为出卖人的合法权益。

```
                买卖合同法律关系
原告富裕公司 ━━━━━━━━━━━━▶ 被告通和公司
              主张贷款69万多元及违约金
```
**本案法律关系图**

(二)城西蔬菜市场二期工程货款案

**原告:** 富裕公司
**被告:** 通和公司

### 诉讼请求

1. 依法判令被告给付乐山市城西蔬菜市场二期工程混凝土货款 3 596 948 元及逾期付款违约金约 359 694 元;
2. 本案诉讼费用由被告承担。

### 事实和理由

2015 年 5 月 26 日,原告与被告签订了一份《乐山市预拌(商品)混凝土购销合同》,约定,原告向被告承建的"四川城西蔬菜市场改扩建二期工程"提供混凝土。合同约定,"先支付 75%,剩余货款待验收合格后支付"。本合同签订后,原告按照被告要求提供了混凝土,合同于 2016 年 1 月 31 日履行完毕。然而,被告却一直没有按照合同约定支付货款。经原告统计,确认截至 2016 年 1 月 31 日,被告总计拖欠原告二期工程混凝土货款 3 596 948 元。此后,原告曾多次找到被告要求尽快支付上述款项,但被告均以各种理由拒绝支付上述款项。

被告没有按照合同约定履行付款义务，根据双方签订的二期工程合同第 10 条第 2 款第 1 项 "甲方不能按合同约定履行义务、支付货款以及发生其他使合同无法履行的行为则构成违约，甲方应承担违约责任，违约金按总货款金额的 10% 计算，如给乙方造成的经济损失超过违约金时，超过部分甲方应当予以赔偿"。经原告核算，根据二期工程实际发生货款总额 3 596 948 元计算，被告应向原告支付逾期付款违约金约为 359 694 元。

买卖合同法律关系<br>
原告富裕公司 ➡ 被告通和公司<br>
主张贷款 359 万多元及违约金<br>
本案法律关系图

对此，原告认为，被告未按照合同约定按时给付混凝土货款的行为，已构成严重违约，应当立即将上述款项支付给原告，并承担违约责任。为此，根据合同第 10 条 "本合同在履行过程中发生的争议，依法向合同签订地（乐山市中区）人民法院起诉" 之 "管辖" 约定，原告特向贵院提起诉讼，请求贵院能够明查案件，依法支持原告的上述诉讼请求，以维护原告作为出卖人的合法权益。

## 二、案件诉讼风险评估

对于上述两个案件，我们团队接手后，经过分析认为，本案证据是比较充分的：第一，双方签有《购销合同》，在该《购销合同》中对于付款方式、验收异议期、违约责任及管辖条款的约定都是比较清楚的；第二，也有《月度结算单》为证，双方对每个月的供货数量及价款都有明确的确认；第三，《付款凭证》也能证明被告方支付了多少货款。因此，上述两个案件 "胜诉" 是没有问题的，应该会得到法院的支持。相信大家看完上述诉状后，也觉得这两个案子是比较简单的。"一方已经供货完毕，一方应该支付货款"，即所谓 "欠债还钱，乃天经地义之事"。

然而，令我们万万没有想到的是，就是这么 "简单" 的两个案件，双方的诉讼却打了六年之久，富裕公司被对方拖进并陷入了深深的诉讼泥潭之中。其间，前一个货款案件经历了一审、二审、申请再审、抗诉、再审、执行

"六个"诉讼程序；后一个货款案件则经历了一审、二审、申请再审、执行"四个"诉讼程序。在这两个案件基础上，又衍生出两个"质量索赔"3000多万元的案件，也打了一审、二审、申请再审"三个"诉讼程序。最后，2021年，又衍生出一个"索赔"400多万元的"桩基工程"加固费用案，又打了一审、二审、申请再审"三个"诉讼程序。可见，"两案"背后是多么的复杂！

  这两起案件以及后面所衍生的三起"索赔"案件，极大地考验了我们团队处理案件的意志。不畏困难，迎难而上。为了客户的权益，我们做到了"不抛弃、不放弃"！面对开庭时对方拿着"催泪瓦斯"的威胁，我们也毫不畏惧，毫不退缩！面对庭下对方所实施的语言威胁，我们也没有停止追求正义的脚步。

# 第二章

# 风云初起：一期工程货款案

## 第一节 "风平浪静"的一审

### 一、一审双方对本案的观点

（一）被告方的答辩观点

在主张货款纠纷案件中，被告方行使抗辩权大多都集中在"质量瑕疵抗辩"方面，即认为原告方所交付的货物存在质量不合格的情况，故拒绝支付货款。在本案，被告方总的答辩观点认为："我们原告方所供应的桩基混凝土有24组试压块为C45，不是合同所约定的C30标准，故所提供的混凝土质量不合格，进而导致该一期工程无法验收，无法投入使用，本案中通和公司根本不存在违约情形。因此，拒绝支付上述货款及逾期付款违约金。"

（二）原告方的观点

富裕公司作为原告所供应的混凝土质量是否合格，这在本案中是非常关键的。如果所供应的混凝土质量合格，那么被告作为买受人就应按照合同约定履行支付货款的义务。对于该问题，我们认为，富裕公司向被告所供应的混凝土货物是完全合格的，并不存在任何质量问题。

1. 本案富裕公司向被告所供应的混凝土是完全满足"设计要求"的

在本案中，虽然富裕公司所供应的混凝土有24组试压块为C45，不是合同所约定的C30标准，但C45的砼标号不仅价格远远高于C30，而且其硬度和强度都要优于C30。根据创想博世监理公司向被告所出具的《关于城西蔬菜市场会展中心用房一期基础工程混凝土立方体试件抗压强度问题的意见》可见，该设计监理公司经过分析后也认为，该工程基础砼强度平均值大于C30（设计强度），是满足设计要求的。在此情况下，足以说明富裕公司"超标准"所供应的混凝土质量是合格的。

2. 被告作为买受人并未在"质量异议期"内提出异议

（1）根据双方所签订的《混凝土供销合同》第4条第10款的约定，甲方对乙方供应的混凝土质量有异议时，应当在24小时内以书面形式通知乙方，双方协商解决，若双方协商不成，可通过政府权威机构进行鉴定，损失由责任方承担。在本案中，被告于2011年5月30日就接到了《检测报告》，但是并没有在上述期限之内以书面形式通知过富裕公司，也没有要求富裕公司停止供货。在2012年6月主体工程竣工之前，仍没有提出过质量异议。2015年2月，被告还支付了10万元货款。然而，在2015年3月，富裕公司再次向被告主张剩余货款时，被告才提出"质量不合格"的问题。由以上事实可见，被告在知道"超标号"后3年多的时间内都没有提出质量异议，显然已经认可了富裕公司所交付的混凝土不存在任何质量问题。

（2）《最高人民法院关于审理买卖合同纠纷案件适用法律问题的解释》（2012年）第20条第1款之规定："合同法第一百五十八条规定的检验期间、合理期间、两年期间经过后，买受人主张标的物的数量或者质量不符合约定的，人民法院不予支持。"在本案中，虽然富裕公司作为出卖人所交付的混凝土不符合合同约定，但是，被告并未在质量异议期以及在两年期间内提出任何异议，那么，在这种情况下，被告再提出质量瑕疵作为抗辩理由，显然是不能支持的。

## 二、一审对本案的审理情况

对于本案，一审法官经过几次审理，认真听取了双方的意见，于2017年8月21日作出了［2016］川1102民初X号一审判决书。一审判决主要内容为：

本院认为：根据双方当事人的诉辩意见，本案的主要争议焦点为，①案涉买卖合同的买受人是谁以及本案货款、违约金的承担主体是谁？②原告能否要求被告支付货款并承担违约责任？③原告提供的商品是否存在质量问题，被告是否可以基于质量问题拒绝付款？

关于争议焦点①。根据当事人的陈述及前述对原、被告提供证据的分析认定，虽然被告赖某华在《乐山市预拌（商品）混凝土购销合同》上签名，但其与原告签订前述合同的行为应是作为被告通和公司城西蔬菜市场的负责人履行职务的行为，根据《民法通则》第43条之规定："企业法人对它的法定代表人和其他工作人员的经营活动，承担民事责任。"故本院认定案涉买卖合同的买受人系通和公司城西蔬菜市场，根据《公司法》（2013年）第14条第1款之规定："公司可以设立分公司。设立分公司，应当向公司登记机关申请登记，领取营业执照。分公司不具有法人资格，其民事责任由公司承担。"被告通和公司、通和公司城西蔬菜市场应当按照合同约定及法律规定履行付款义务。对原告要求被告赖某华支付货款及违约金的诉讼请求，本院不予支持。

关于争议焦点②。根据《富裕公司商品混凝土结算书》等证据可认定原告向被告供应了价值279 869元的货物，被告应按双方合同约定的期限支付货款，现履行付款期限已届满，被告通和公司、通和公司城西蔬菜市场仍欠698 690元货款未付。故原告要求支付货款698 690元的请求符合法律规定，本院予以支持。被告逾期付款构成违约，原告要求按照实际发生货款2 798 690元的5%计算违约金，即逾期付款违约金139 934元的诉讼请求符合双方的约定且不违反法律的规定，依法应予支持。

关于争议焦点③。虽然被告提出原告供应的混凝土不合格，导致现有工程面临报废，但其未就其主张提供充分的证据予以证明，且被告在2012年2月29日最后一次收货后并未按双方约定检验期间及形式向原告提出质量异议，应承担举证不能的不利后果，故对被告的抗辩理由不予采信。

综上所述，原告要求被告通和公司、通和公司城西蔬菜市场支付货款698 690元及违约金139 934元的诉讼请求证据充分，于法有据，本院予以支持；原告要求被告赖某华承担付款责任的诉讼请求于法无据，本院不予支持。依照《民法通则》第43条，《合同法》第60条、第107条、第114条、第130条、第157条、第158条、第159条、第161条，《公司法》第14条，《民事诉讼法》第64条规定，判决如下：

（1）被告通和公司城西蔬菜市场、通和公司在本判决生效之日起10日内支付原告富裕公司货款698 690元及违约金139 934元；

（2）驳回原告富裕公司的其他诉讼请求。

## 第二节 "波涛汹涌"的二审

### 一、二审双方对本案的观点

如果仔细研究一审法院的判决观点，以及原、被告方的意见，不难看出，一审裁判结果是比较公平的。一是原告方所提供的混凝土 24 组试压块标号高于 C30，其质量是没有任何问题的；二是被告并没有在约定及法定的质量异议期之内提出异议，即视为质量合格。然而，通和公司在接到一审判决后，不服，于 2017 年 9 月 13 日向乐山市中级人民法院（以下简称"乐山中院"）提起了上诉。令人没有料到的是，在二审审理过程中，就是因为笔者作为代理人的"一句话""影响"了主审法官，使本案裁判结果发生了 180 度的大转变。

（一）通和公司的上诉观点

**诉讼请求**

1. 撤销四川省乐山市市中区人民法院（以下简称"市中区法院"）[2016] 川 1102 民初 X 号民事判决，改判驳回被上诉人的诉讼请求；
2. 本案的诉讼费用由被上诉人全部承担。

**事实和理由**

1. 原审判决严重违背法律规定，侵害上诉人的合法权益

本案基本事实是富裕公司向人民法院起诉赖某华买卖合同纠纷，并于 2016 年 11 月 1 日开庭审理，由于富裕公司起诉主体资格错误，一审法院认定上诉人既是 2012 年《民事诉讼法》第 132 条规定的"必要共同诉讼人"，又是第 56 条第 2 款规定的"无独立请求权"的第三人，将上诉人追加为本案被告。富裕公司起诉赖某华所依据的证据是赖某华在《乐山市预拌（商品）混凝土购销合同》代理人处签名。然而，作为订立合同的代理人，对合同本身不享有权利，更不承担义务，也没有我国法律规定的共同所有、共同承担连带责任、共同侵权等法律要件。因此，被上诉人向上诉人主张实体权利，应另案起诉，本案追加上诉人为被告没有事实和法律依据，侵害了上诉人的合

法权益。

2. 原审判决虚构不实事实，严重错误

上诉人与被上诉人订立的"预拌（商品）混凝土购销合同"明确约定，被上诉人不仅要按约定的规格向上诉人提供产品，而且必须以国家所规定的强制性标准为交货检验依据交付检验合格的产品。其检验检测报告根据合同约定和国家规定均须由富裕公司提供。然而，富裕公司提供给上诉人的混凝土在随机抽样制作的试压块，经乐山市建设工程质量检验测试中心检验为不合格，由此导致上诉人工程无法验收，上诉人据此有权拒绝与富裕公司进行结算，并拒绝付款。对此，上诉人依法提交了国家法定机关出具的检测为不合格的检验报告、验收记录等证据予以证明。原审法院却对该组证据不予采信，并认定上诉人未提供充分的证据证明，是完全错误的。此外，原审法院根据富裕公司的抗辩，认为质量异议应当在24小时内通知被上诉人，上诉人认为应当自检测报告收到后起算，因上诉人是产品购买者，对质量不具有检测能力，也不负检测义务，混凝土产品质量也不可能凭外观进行辨认。一审法院认定被上诉人自2003年3月17日至今长期具有商品混凝土生产资质因而其产品合格是很荒谬的，经营期限长的企业也有可能会生产出不合格的产品。

综上所述，原审认定事实错误，请求二审法院客观公正审理，依法改判驳回富裕公司的诉讼请求。

（二）富裕公司作为被上诉人的答辩观点

原审认定事实清楚，证据采信准确，适用法律正确，裁判结果公平，上诉人的上诉请求依法不能成立，请求依法驳回。具体理由，与一审观点相同。

## 二、二审对本案的审理情况

接到上诉后，二审依法组成了合议庭，于2017年10月20日对本案进行了公开审理。在审理过程中，主审法官主要是围绕"富裕公司所供应的混凝土是否符合约定及是否符合国家强制性标准"而展开调查的。对于混凝土是否符合约定及国家强制性标准问题，富裕公司的回答是"符合合同约定并且符合设计要求，因为我们供应的混凝土型号比合同约定的还要高"；关于富裕公司是否在当时就知道"混凝土标号超标问题"，富裕公司的回答是，当时是不知道的，我们知道是在一审起诉之后，上诉人作为被告才告知我们混凝土存在"超标"的问题。

就是这样的回答,再加上赖某华称:"由于富裕公司所供应的混凝土质量不合格,导致整个工程无法验收,甚至陷入废弃状态,造成了几千万元的巨大损失",在此情形下,主审法官就直接说,"今天我感觉被上诉人的代理人在法庭上的很多表述都是不真实的"等话。对此,我听了非常生气,直接对其说道,"如果今天法官您认为我说的是不真实的,那就请您教我怎么说我就怎么说吧,但我保证我前面所说的都是真实的。"听了我这样"一说"之后,主审法官连忙说,"不是这个意思"!但是,很显然,话里面已经透露出对我不满的情绪。就这样,一场"不愉快"的庭审结束了。

(一)二审对本案的调解情况

根据《民事诉讼法》之规定,二审合议庭也是可以通过主持调解来结案的。这位主审法官也在庭后组织我们双方进行了调解。

主审法官的意见是让富裕公司撤回起诉,双方达成一份庭外和解协议来解决,协议的大致内容主要有两点:①付款条件为待一期工程验收合格后支付剩余货款 698 690 元;②双方互不追究违约责任。

引用的法律依据是《最高人民法院关于适用〈中华人民共和国民事诉讼法〉的解释》(2015 年)第 338 条规定,在第二审程序中,原审原告申请撤回起诉,经其他当事人同意,且不损害国家利益、社会公共利益、他人合法权益的,人民法院可以准许。准许撤诉的,应当一并裁定撤销一审裁判。原审原告在第二审程序中撤回起诉后重复起诉的,人民法院不予受理。

对于这种调解方案,富裕公司肯定是很难接受的。第一,一审富裕公司本身就是胜诉的,如果在二审中撤回起诉,即"一撤到底",对方如果仍不履行的话,那岂不等于"白忙"了一场;第二,根据第 338 条第 2 款规定,本案撤诉后如果再起诉,人民法院是可以不予受理的;第三,付款条件为"待一期工程验收合格"后再支付剩余货款 698 690 元,对于这个条款,我们也是不能接受的,对方什么时候能够验收完毕,那是一个遥遥无期的事情。如果对方迟迟不去验收,那么,富裕公司的货款就迟迟无法收回,而且也无法要求对方支付违约金。因此,对于这个方案,我们跟富裕公司领导商量后,表示无法接受。

## （二）二审对本案的判决情况

在调解失败后，二审法院遂于 2017 年 12 月 5 日作出［2017］川 11 民终 X 号民事判决书，结果支持了对方的上诉请求，驳回了富裕公司的诉讼请求。二审判决的主要观点为：

本院二审认为：本案争议焦点为，①通和公司及城西蔬菜市场是否是本案的适格被告；②富裕公司供应的商品混凝土是否符合双方合同约定以及国家的强制标准及通和公司、城西蔬菜市场是否应当支付剩余价款。

关于焦点①，通和公司及其城西蔬菜市场是否是本案的适格被告的问题。虽然案涉的《乐山市预拌（商品）混凝土购销合同》的合同签订方为乐山市市中区城西蔬菜批发市场和富裕公司，但在本案审理过程中，通和公司及城西蔬菜市场确认，合同中盖章的乐山市市中区城西蔬菜批发市场与城西蔬菜市场是同一主体，且合同实际履行过程中，接受合同权利及履行合同义务的也是城西蔬菜市场，因此，城西蔬菜市场应确定为《乐山市预拌（商品）混凝土购销合同》的合同相对方，该合同的法律效果应归属于城西蔬菜市场。由于城西蔬菜市场为通和公司的分公司，根据《公司法》（2013 年）第 14 条第 1 款的规定："公司可以设立分公司。设立分公司，应当向公司登记机关申请登记，领取营业执照。分公司不具有法人资格，其民事责任由公司承担。"因此，城西蔬菜市场及通和公司是本案的适格当事人，城西蔬菜市场及通和公司关于其被告主体资格不适格的上诉主张不能成立，本院不予支持。

关于焦点②，即富裕公司供应的商品混凝土是否符合双方合同约定以及国家的强制标准的问题。富裕公司与城西蔬菜市场签订的《富裕公司（商品）混凝土供应合同》，双方意思表示真实，内容不违反国家法律法规的强制性规定，双方均应按照合同约定全面审慎地履行合同义务，不得擅自变更合同内容。但富裕公司在合同履行过程中，供应的部分混凝土强度超过 C45 标准，不符合合同约定的 C30 强度标准，虽然 C45 在强度上高于 C30，但未按照建设工程质量检测机构的要求及时配合城西蔬菜市场对超标的孔桩采取补救措施。此外，富裕公司在履行合同主义务过程中还应诚实信用地履行合同附随义务，应按照《富裕公司（商品）混凝土供应合同》第 5 条"乙方责任"及第 6 条"交货检验"的约定："在预拌（商品）混凝土开始供应前将各原材料的材质检验报告、配合比报告提供给甲方，按有关要求将开工、施工和竣工后的资料提供给甲方""预拌（商品）混凝土的质量判定，按照国家标准《预拌商品混凝土》（GB/T 14902-2012）、《混凝土结构工程施工质量验收规范》及《四川省加强预拌混凝土质量管理暂行规定》（川建质安发［2003］339号）规定，在交货地点随机见证抽样制作试件"，但富裕公司未举证证明其履行了该附随义务。由于富裕公司提供的商品混凝土不符合双方合同约定，且未及时配合城西蔬菜市场采取补救措施，也未提供证据证明其向城西蔬菜市场交付了各原材料的材质检验报告、配合比报告、质量合格的检测报告，导致案涉工程至今未完成验收，影响了通和公司及城西蔬菜市场合同目的的实现，富裕公司的行为已构成违约。由于城西蔬菜市场已经支付了大部分合同价款，在富裕公司未采取补救措施及履行合同附随义务前，依照《合同法》第66条的规定，"当事人互负债务，没有先后履行顺序的，应当同时履行。一方在对方履行之前有权拒绝其履行要求。一方在对方履行债务不符合约定时，有权拒绝其相应的履行要求"，城西蔬菜市场有权拒绝支付合同剩余尾款。因此，通和公司及城西蔬菜市场关于其不应支付合同尾款的上诉请求成立，本院予以支持。

综上，通和公司、城西蔬菜市场的上诉请求成立，本院予以支持。由于本案二审过程中当事人提交新证据，导致原审认定事实出现错误。为此，依照《合同法》第8条第1款、第60条、第66条，《公司法》第14条第1款，《民事诉讼法》第170条第1款第2项的规定，判决：

（1）撤销市中区法院［2016］川1102民初X号民事判决；

（2）驳回富裕公司的诉讼请求。

# 第三章 对二审判决的分析

## 第一节 意外的判决结果

2017年12月6日下午,我们团队收到了法院送达的二审判决书。在接到二审判决书后,我们是极其惊讶的,又是非常意外的!一个如此简单的"买卖合同货款"案件,怎么会是这样的结果呢。冷静后,我思考着下一步如何解决这个案件。慢慢地,在冥思苦想中,我理清了思路,想好了"后续"处理本案的相应策略。

那么,下一步该如何解决本案呢?我制定了"四步走"的策略:

首先,与主审法官进行沟通,听一下她对本案判决的看法。

其次,可以对该二审判决书中的错误观点进行归纳整理,然后通过网络邮箱向法院进行投诉,以让该法院内部知道本案判决错误的程度。

再次,在完成第二步之后,即向省高院提出再审申请。

最后,如果向省高院申请再审失败的话,再向检察院提出申诉。

12月7日上午,我查询到了本案主审法官办公室的联系电话,但是与主审法官沟通的效果不是很理想。

## 第二节 对二审判决的分析

2017年12月7日中午,我没有吃饭,利用了2个小时左右的时间,对二审判决内容进行了逐项的分析:

## 一、缺乏事实，前后矛盾

在本案中，最关键的问题是富裕公司作为原告方所供应的混凝土质量是否合格，是否满足"设计要求"。如果所供应的混凝土质量合格，满足设计要求，那么上诉人通和公司作为买受人就应按照合同约定履行支付货款的义务。对于该问题，我们已经向法庭阐述得非常清楚，富裕公司所供应的混凝土有24组试压块虽为C45，不是合同所约定的C30标准，但C45的砼标号不仅价格远远高于C30，而且其硬度和强度都要优于C30。这就好比是，"客户要的是二等大米，我们给的是一等大米"，其质量是完全合格的，并不存在任何质量瑕疵。

在二审庭审过程中，对于该问题，即使上诉方向法庭提供的创想博世监理公司所出具的《关于城西蔬菜市场会展中心用房一期基础工程混凝土立方体试件抗压强度问题的意见》，该设计监理公司经过分析后也认为，该工程基础砼强度平均值大于C30（设计强度），是满足设计要求的。然而，在二审判决书第9页中，却声称富裕公司虽对该组证据的真实性和合法性存在异议，并对该组证据的证明力提出了异议，但未提供相应证据予以反驳，结合上诉人在一审中提交的《混凝土立方体试件抗压强度检测报告》，能够证明该工程出现了基础砼试压块强度偏高的问题，无法证明达到了设计要求，故本院对该组证据予以采信。

既然二审判决已采信设计监理公司所出具的这份《意见》，那么又称"无法证明达到了设计要求"，这显然是前后矛盾，极其错误的。

## 二、逻辑不通，错用概念

在判决书第14页中，二审判决引用了"同时履行抗辩权"作为支持上诉方的理由。但问题在于，适用"同时履行抗辩权"的条件，应是清楚的。适用该种抗辩权首先第一个条件就是双方要履行的债务必须是同时进行的，这就像菜市场买菜似的，"一手交钱，一手交货"！而在本案中，买卖双方对于付款方式是有明确约定的，即"先货后款"，在此情况下，如何适用"同时履行抗辩权"呢？另外，双方所负义务应具有对价性和牵连性。本案中且不说富裕公司是否向被告交付了材质检验报告、配合比报告，即使富裕公司没有向对方交付上述两份报告，那仅是违反了"附随义务"，而对方不给付货款违反的却是"主给付义务",在此情况下,两项义务都不具有对等性,又如何援用"同时履行抗辩权"呢。显然二审判决在此处是"用错"了概念。

### 三、事实认定不清楚

本案中,一审法官之所以敢于判决对方给付69万多元货款,其理由之一就在于被告在合同约定的质量异议期内并没有提出异议,且在2012年2月29日最后一次收货后也没有向富裕公司提出质量异议,在此情况下,应视为被告认可原告所供应的混凝土质量合格。又根据《最高人民法院关于审理买卖合同纠纷案件适用法律问题的解释》(2012年)第20条第1款之规定,合同法第158条规定的检验期间、合理期间、两年期间经过后,买受人主张标的物的数量或者质量不符合约定的,人民法院不予支持。在本案,即使富裕公司作为出卖人所交付的混凝土不符合合同约定,但是,上诉人在2011年7月22日接到四川质监中心的《检测报告》后不但未在质量异议期内提出异议,而且在《合同法》所规定的最长两年期间内也未提出任何异议,直到2015年3月才提出"超标号"问题,并以此作为拒绝付款的理由,显然,根据上述法律规定,其拒付理由是根本不能支持的。这就好比是,你在2011年7月想要买一台20英寸的电视,我供应给你的是24英寸,你看了将近4年了,我来找你要尾款,你才提出"超尺寸"的问题,并且你又提出你当初没有给我"使用说明书、质量保证书",所以我有权拒绝付款。

在本案,虽然富裕公司存在"超标号"供应混凝土的事实,也就是存在"履行债务不完全符合约定的"问题,但是在本案,并不能简单地适用《合同法》关于"履行抗辩权"规则。因为在买卖合同中适用该条规定时,还要受到是否是在"检验期间"内提出质量异议的限制,否则《合同法》关于"检验期间"的规定就形同虚设。然而,在本案中,二审判决无视本案"检验期间"的存在,推翻一审法院的正确认定。

### 四、掩盖是非,错误认定

在判决书第14页中,二审判决写道,"由于本案二审过程中当事人提交新证据,导致原审认定事实出现错误"。在此,让人费解的是,二审判决写这句话是为一审法官"判错了案"而摆脱责任呢?但在我看来,一审判决本身事实认定清楚,法律适用准确,裁判结果公正。要知道,一审的审判长毕业于中国政法大学，审理民商事案件已有十几年之久，并且本案一审历经五六次审理，而且还到乐山市建设工程质监站咨询过专家，怎么还可能导致"原审事实认定错误"呢？

后来，我将这些分析发送至二审法院的邮箱。法院领导在看到后，非常重视，研究和分析了我所指出的判决书中所存在的问题。

# 第四章
# "迟来"的抗诉

## 第一节　迈进检察院申诉之门

2018年4月,笔者团队接到了四川省高级人民法院(以下简称"四川高院")作出的[2018]川民申X号《民事裁定书》,当时大家的心情还是比较低落的。晚上躺在床上,我的耳边不时响起英国哲学家培根那句非常有名的话:"如果问在人生中最重要的才能是什么?第一是无所畏惧,第二是无所畏惧,第三还是无所畏惧。"[1]

在整理好申诉材料后,笔者于2018年7月向乐山市人民检察院(以下简称"乐山市检")民行处正式递交了《民事申诉状》,请求依法对本案予以抗诉,依法撤销[2017]川11民终字第X号民事判决,并驳回被申诉人的上诉请求。当时笔者的心态是"不管结果怎么样,都必须要做最后一搏"。

本案《申诉状》的主要内容为:

一、原二审判决认定"申诉人所供应的混凝土不满足设计要求"是极其错误的

在本案中,原二审判决在第9页中认定:"富裕公司虽对该组证据的真实性和合法性存在异议,并对该组证据的证明力提出了疑义,但未提供相应证据予以反驳,结合上诉人在一审中提交的《混凝土立方体试件抗压强度检测报告》,能够证明该工程出现了基础砼试压块强度偏高的问题,无法证明达到

---

[1] [英]弗兰西斯·培根:《人生论》,何新译,湖南人民出版社1987年版,第62页。

了设计要求，故本院对该组证据予以采信。"对此，申诉人认为，这种认定是极其错误的。

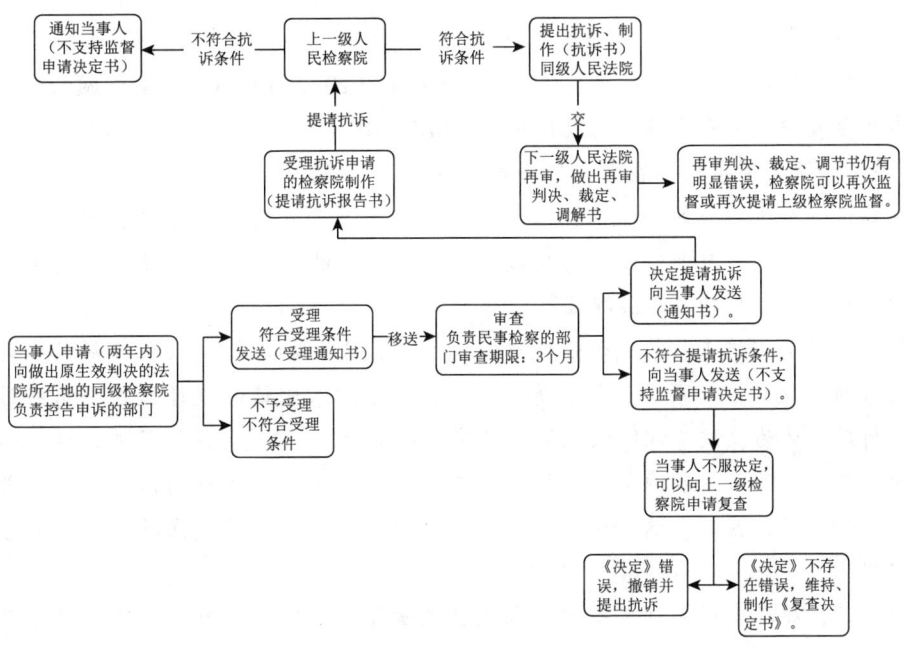

**民事案件抗诉流程图**

**1. 本案申诉人向被申诉人所供应的混凝土质量是完全"合格"的，也是完全满足"设计要求"的**

在本案中，最关键的问题是申诉人作为出卖人所供应的混凝土质量是否合格，是否满足"设计要求"。如果所供应的混凝土质量合格，满足设计要求，那么被申诉人作为买受人就应按照合同约定履行支付货款的义务。对于该问题，申诉人向一审、二审法庭均阐述得非常清楚，申诉人作为原告方所供应的混凝土有24组试压块虽为C45，不是合同所约定的C30标准，但C45的砼标号不仅价格远远高于C30，而且其硬度和强度都要优于C30。这就好比是，"客户要的是二等大米，我们供给的是一等大米"一样，由此可见，申诉人向被申诉人所供应的混凝土质量是完全合格的，并不存在任何质量瑕疵。

2. 本案被申诉人所聘请的设计监理公司也认定申诉人所供应的混凝土是满足"设计要求"的

在本案，被申诉人在二审期间又向法院提交了三份新证据：①创想博世监理公司出具的《关于城西蔬菜市场会展中心用房一期基础工程混凝土立方体试件抗压强度问题的意见》；②监理联系单（2017-10-16）、《关于城西蔬菜市场会展中心用房基础砼情况说明》（2017-10-16）；③正良建筑公司出具的《关于城西蔬菜市场会展中心用房基础砼情况说明》（2017-10-16），用于拟证明申诉人所供应的混凝土不合格，造成工程出现问题，无法进行验收。但是，在前述创想博世监理公司向被申诉人所出具的《关于城西蔬菜市场会展中心用房一期基础工程混凝土立方体试件抗压强度问题的意见》中，已经清楚地载明了"该工程基础砼强度平均值大于C30（设计强度），但是满足设计要求的"这一重要事实。也就是说，作为被申诉人聘请的设计监理公司经过分析后也认为，该工程所供应的砼虽然"超标号"，但是满足设计要求的。然而，二审法官虽然采纳了该份证据，但是却得出了"无法证明达到了设计要求"的结论，显然，这种认定是前后矛盾的，是根本不能成立的，依法应予以纠正。

二、原二审判决对"被申诉人未在质量异议期内提出质量异议"的事实予以"隐匿"是严重违法的

在本案中主审法官对于"被申诉人未在质量异议期内提出质量异议"这一重要事实在判决书中"只字不提"，明显有"徇私枉法，包庇被申诉人"之重大嫌疑。

本案中，另一关键问题是虽然申诉人存在"超标号"供应混凝土的事实，也就是存在"履行债务不符合约定的"问题，但是，被申诉人是否在"质量异议期内"提出"异议"，这也是至关重要的。如果被申诉人在上述期限内没有提出异议，那么则视为认可申诉人所供应的混凝土质量是合格的。

第一，根据双方所签订的《混凝土供销合同》第4条第10款的约定，甲方对乙方供应的混凝土质量有异议时，应当在24小时内以书面形式通知乙方，双方协商解决，若双方协商不成，可通过政府权威机构进行鉴定，损失由责任方承担。在本案中，被申诉人是于2011年7月22日就接到了《检测报告》，但是并没有在上述期限之内以书面形式通知过申诉人，也没有要求申诉人停止供货。在主体工程竣工之前也就是2012年6月前，也没有提出过任

何质量异议。2015年2月,上诉人还支付了10万元货款。然而,在2015年3月,富裕公司再次向上诉人主张剩余货款,上诉人才提出"质量不合格"的问题。由以上事实可见,上诉人在知道"超标号"后将近4年的时间内都没有提出质量异议,显然已经认可了申诉人所交付的混凝土不存在任何质量问题。

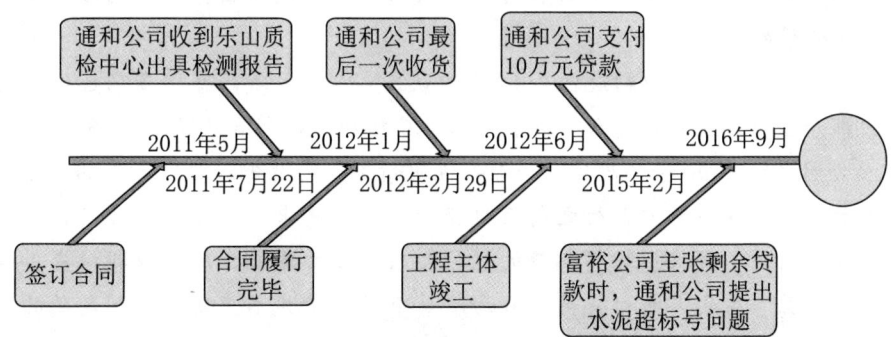

**富裕公司诉通和公司案时间线图**

第二,根据2012年《最高人民法院关于审理买卖合同纠纷案件适用法律问题的解释》第15条之规定,当事人对标的物的检验期间未作约定,买受人签收的送货单、确认单等载明标的物数量、型号、规格的,人民法院应当根据《合同法》第157条的规定,认定买受人已对数量和外观瑕疵进行了检验,但有相反证据足以推翻的除外。在本案,虽然申诉人没有明确在送货单上载明混凝土的型号为C45,但是,被申诉人在接到乐山市质监部门出具的《检测报告》后,明知道有24组试压块的型号为C45,但是一直没有向富裕公司提出过异议,在此情况下,显然上诉人已经对混凝土的数量、型号、规格予以了认可;

第三,根据《最高人民法院关于审理买卖合同纠纷案件适用法律问题的解释》第20条第1款之规定,《合同法》第158条规定的检验期间、合理期间、两年期间经过后,买受人主张标的物的数量或者质量不符合约定的,人民法院不予支持。在本案,即使申诉人作为出卖人所交付的混凝土不符合合同约定,但是,如前所述,被申诉人并未在上述质量异议期内提出异议,也没有在合同法所规定的最长两年期间内提出过任何异议,在此情况下,应当承担未在检验期间内提出瑕疵异议的法律后果。

在本案中,一审法院之所以能够判决对方给付69万元货款,其理由之一就是被告在合同约定的质量异议期内并没有提出异议，且在 2012 年 2 月 29 日最后一次收货后也没有向富裕公司提出质量异议。然而，到了二审，其主审法官居然将上述重要事实及观点予以"回避"，在判决书中根本不予提及。对该明显违法判决，请贵院依法予以纠正。

三、原二审判决以"同时履行抗辩权"作为裁判理由，其适用法律明显是严重错误的

在本案中，原二审判决在第 14 页中认定："由于城西蔬菜市场已经支付了大部分合同价款，在富裕公司未采取补救措施及履行合同附随义务前，依照《合同法》第 66 条的规定，当事人互负债务，没有先后履行顺序的，应当同时履行。一方在对方履行之前有权拒绝其履行要求。一方在对方履行债务不符合约定时，有权拒绝其相应的履行要求。城西蔬菜市场有权拒绝支付合同剩余尾款。因此，通和公司及城西蔬菜市场关于其不应支付合同尾款的上诉请求成立，本院予以支持。"对此，申诉人认为，这种认定显然在适用法律方面是存在严重错误的，也是根本不能成立的。

（1）本案并不具备适用"同时履行抗辩权"的前提条件。第一，适用该种抗辩权首要条件就是双方要履行的债务必须是同时进行的，这就像在菜市场买菜似的，"一手交钱，一手交货"！而在本案中，买卖双方在《购销合同》第 3 条第 2 款中，对于付款方式是有明确约定的，即"先货后款"，因此，双方履行债务是明显有先后顺序的，并不存在同时进行的情形；第二，双方所负义务应具有对价性和牵连性。本案中且不说申诉人是否向被申诉人交付了材质检验报告、配合比报告，即使我们没有向对方交付上述报告及其他资料，违反的也仅是"附随义务"，但对方不给付货款违反的却是"主给付义务"，在此情况下，两项义务根本不具有对等性，因此，也就不具备适用该种抗辩权的余地。

（2）二审认定"申诉人未采取补救措施，也未提供证据证明其向城西蔬菜市场交付了各材料的材质检验报告、配合比报告、质量合格的检测报告，导致案涉工程至今未完成验收，影响了通和公司及城西蔬菜市场合同目的的实现，富裕公司的行为已构成违约"，对此，申诉人认为，这种认定也是非常荒唐的。第一，采取补救措施是建立在申诉人所供应的混凝土有"质量问题"基础上的。但如前所述，被申诉人已经认可了申诉人所供应的混凝土无质量问题，因此，自然谈不上采取补救措施问题。第二，案涉工程至今未完成验

收与申诉人是否采取补救措施以及提供其他单证资料并不存在任何因果关系。本案事实是，2012年6月，被申诉人在工程竣工之后，曾组织过设计监理方、施工方、勘测方到场验收，上述公司都是在验收单上签字确认"合格"的，而被申诉人将验收资料提交给乐山市质监部门时，乐山市质监部门要求其做"回弹试验"，方可为其在验收资料上签上"备案章"。对于上述事实，被申诉人无论是在一审期间还是二审期间都是予以承认的。然而，被申诉人在接到乐山市质监部门的要求后，在长达三年多的时间内，并没有找申诉人去做"回弹试验"，也没有自己去找第三方去做"回弹试验"。由此可见，案涉工程至今未完成验收完全是由于被申诉人"怠于"验收所导致的，与申诉人根本无任何关联。

由以上可见，二审法官明显是在错用"概念"，并把"未完成验收"的原因"戴"在了申诉人头上，逻辑极其混乱，不能不令人怀疑其"判案思维"出了问题。对该明显错误，请贵院依法予以纠正。

负责处理本案的检察官是柳艳梅检察官，她是一位比较和蔼、易于沟通的检察官。她将申诉材料接收后，不久即打来电话告知，案件已经受理，并请我们过来一下，交换一下意见。

所以，在一个阳光明媚的冬日下午，我们按约来到了乐山市检柳检察官的办公室。我主要向她阐明了两点：第一，C45混凝土的强度和硬度都要高于C30，所以我们申诉方所供应的混凝土质量是合格的，也是符合设计要求的。这就好比客户要的是黑白电视机，我们申诉方供应的却是彩色电视机，结果客户都看了4年，我们申诉方要求其支付尾款时，他却称"电视机质量不合格，害了自己的眼睛"；第二，我们在"中国裁判文书网"上已经找到多起各省高院所作出的关于"混凝土买卖合同案"的判例，基本上对方所提出的质量抗辩理由都不成立。柳检在听完我们的陈述后，表示"混凝土行业是非常专业的，自己也有些搞不懂，准备有时间到质监站专门去咨询一下"。对此，我们表示赞同。

本案至此，也引起了客户单位领导的重视，并专门组织召开了一次《案件讨论会》。在讨论会上，公司技术人员认为，所供应的混凝土强度高于C30是没有任何问题的；公司也聘请了另外一家律所的吕律师参与了会议。吕律师认为，从事实和法律上看，这个判决都是错误的，她是赞同走"检察院抗诉"这条路的；最后单位领导也发表自己对本案的态度，他认为，从自己担任过几年陪审员的经验来看，结果可能是不容乐观的，但同意要"拼尽全力"来走"抗诉"这条路。对于大家所发表的观点，我们都全盘接受，这也增强了我们申诉"到底"的信心。

## 第二节 调查是解决一切问题的方法

你认为那个问题不能解决吗？那么，你就去调查那个问题的现状和它的历史吧！你完完全全调查明白了，你对那个问题就有解决的办法了。一切结论产生于调查情况的末尾，而不是在它的先头。只有蠢人，才是他一个人，或者邀集一堆人，不做调查，而只是冥思苦想地"想办法""打主意"。须知这是一定不能想出什么好办法，打出什么好主意的。而且一定会产生错办法和错主意。调查就像"十月怀胎"，解决问题就像"一朝分娩"。调查就是解决问题的最好办法。

对于律师而言，律师不仅是法律方面的专家，也是解决社会问题的专家。在解决社会问题方面，由于各行各业都有其自身特点，律师也不是万能的，所以，在处理具体案件时，不能仅停留在纸面这个层次，还必须要深入地进行调查研究，才能得出正确的结论。所以，从实践中来，到实践中去，这也是律师获胜的一大法宝。叔本华说：尽管认识是一盏明灯，但它仍是一个常常出现差错的工具。[1]人的认识发展是不能离开实践的，正所谓"操千曲而后晓声，观千剑而后识器"，只有通过实践，人们对事物的认识才能由浅入深、对事物的把握才能从量变到质变。

在没有处理这两起混凝土案件之前，笔者团队对混凝土这一建筑材料也是比较陌生的。混凝土是如何生产的，试压块是如何养护的，现场是如何浇灌的，出现质量争议是如何解决的，后期是如何维护保修的，可以说，对于以上知识，我们是"一窍不通"的。

虽然双方对《供销合同》的约定是非常清楚的，但是，纸面上的规定，与现实中的操作总是存在距离的。所以，我们团队决定，亲自到公司生产现场去调查咨询一下。

---

[1][德]叔本华：《作为意志和表象的世界》，石冲白译，商务印书馆2004年版，第62页。

公司这边安排了罗工程师，带领我们去参观混凝土加工制作的整个流程。从材料库房，到生产操作室，再仔细察看了加工机器，最后又到试压块养护室，观看了试压块的养护过程，了解到了试压块强度检测的方法及工具。通过这次调查学习，使我们对混凝土这一建筑材料有了全面的了解。

为什么合同对混凝土质量异议期规定较短呢？在《混凝土供销合同》中一般都会约定，"甲方对乙方供应的混凝土质量有异议时，应当在24小时内以书面形式通知乙方，双方协商解决，若双方协商不成，可通过政府权威机构进行鉴定，损失由责任方承担。"这就是因为一旦发现混凝土存在质量问题时，必须要及时采取补救措施来进行处理，如果不及时处理，那么就进行下一道施工工序，就有可能造成难以弥补的重大损失。特别是隐蔽工程，比如说桩基础工程，一旦隐蔽完成，再想对其进行检测以及进行加固就是难上加难了。对此，在后面的案件中，我将会做重点阐述。

在参观完公司后，我们第二天又到乐山市建设工程质监站进行了调研。质监站工作人员告诉我们，公司所供应的混凝土型号高于了C30，其强度只能说更好，而不可能存在质量问题。在这种情况下，只需要再做一下"回弹"试验即可。

在完成以上调研后，我们将调查的情况向柳检察官作了汇报，并请求其"去函"给质监站，或者亲自去质监站再咨询一下相关的专家。对此，柳检察官表示同意。接下来的事情，正如我们所希望的，检察院真的派人去了相关部门调查本案。

这也成了本案实现"逆转"的关键因素。因此，对于律师而言，不仅是从事刑事辩护业务，还是处理民商事案件，都应亲自到现场调查以及找相关专家了解专业知识，这对于案件的最终走向尤为重要。这一点，年轻律师一定要加以重视。

## 第三节　一纸抗诉，只为正义发声

经过认真地审查，并向建设工程质检部门调查，乐山市检决定提请四川省人民检察院（以下简称"四川省检"）对本案予以抗诉。2018年12月17日，四川省检作出了川检民［行］监［2018］X号《民事抗诉书》，正式向四川高院提出抗诉。其抗诉的主要观点为：

本院审查认定的事实与乐山中院认定的事实基本一致。

另查明，二审庭审中，通和公司及其城西蔬菜市场称，工程主体和分部都没有进行验收，因为检测单位不盖章。经乐山市检调取，乐山市建设工程质量安全监督站向该院出具该监督站办公室2018年7月12日的《会议纪要》。该《会议纪要》载明："为妥善、及时解决城西蔬菜市场项目在建设过程中因混凝土试压块抗压强度不符合设计要求问题。市质安站副站长龙某峰、监督员郑某俊、刘某林于2018年7月12日下午在市质安站会议室，召集项目建设单位通和公司、施工单位正良建筑公司、监理单位四川四强监理公司、商混供应单位富裕公司和检测单位乐山市建设工程质量检验测试中心相关人员，就该项目存在的质量问题进行了研究讨论。

相关事项纪要如下：（1）城西蔬菜市场会展中心用房一期工程人工挖孔部位混凝土抗压强度等级超过设计要求三个等级问题。鉴于，原设计单位创想博世监理公司于2017年9月18日出具《关于城西蔬菜市场会展中心用房一期基础工程混凝土立方体试件抗压强度问题的意见》。该文件载明：经设计单位分析后认为，混凝土强度平均值大于C30，满足设计要求，因此，各方责任主体协商均同意完善以下内容后按验收程序组织验收：①施工单位清理一期工程所缺资料，各责任主体按要求，补充齐备所需资料；②混凝土试压块代表性、真实性问题：由该工程现场见证人员出具情况说明，说明试压块的真实性。……"会议签到册显示四川城市检测公司的阎某参加了该次会议。

2018年8月29日，城建质量检测公司工作人员阎某在乐山市检对其的询问中称，之所以要搞实体回弹不是因为试件质量不合格，而是怀疑试件不是真实取材于工程，有造假的可能性。在对该单位为什么未在该工程地基与基础分部工程质量验收报告上盖章，该工作人员称因为该一期工程资料不全，主要差桩基础质量检测报告。桩基础质量检测报告该方已制作完成，结论是质量合格，但由于通和公司未缴纳检测费，所以没给报告，也就是因为没有这份报告，该单位没有在该工程地基与基础分部工程质量验收报告上盖章。

2018年9月10日，乐山市建设工程质量安全监督站在《关于〈乐山市人民检察院查证混凝土质量判定标准的函〉的回复报告》中称，设计为C30的混凝土强度，实际检测反映为C45混凝土强度是符合《混凝土结构工程施工质量验收规范》G四川通和50204-2002（2011年版）和《混凝土强度检验评定标准》G四川通和/T50107-2010的要求，也不是造成工程无法完成竣工验收问题。竣工验收条件应满足住建部2013年发布的《房屋建筑和市政基础设施工程竣工验收规定》第5条规定，方可进行竣工验收。

本院认为，通和公司、城西蔬菜市场应当支付剩余货款。理由如下：

首先，现有证据表明，并非富裕公司的过错导致案涉工程至今未能完成验收。二审庭审中，通和公司、城西蔬菜市场称因为检测单位不盖章，以致工程整体和分部都没有进行验收。从乐山市检对城建质量检测公司工作人员的询问中可知，该检测单位未盖章是因为通和公司未缴纳桩基础质量检测报告的检测费，因此，通和公司应对工程验收未进一步推进承担责任。设计为C30的混凝土强度，实际检测反映为C45混凝土强度不代表混凝土质量不符合国家标准，设计单位亦认可案涉工程基础混凝土强度平均值大于C30满足设计要求，因此，终审法院认定是富裕公司的原因导致合同目的不能实现与查明的事实不符。

其次，通和公司、城西蔬菜市场未在标的物交付的两年内向富裕公司主张标的物不符合约定，在诉讼中再行主张，按照法律规定不应得到支持。2012年2月29日富裕公司最后一次就案涉工程供货，通和公司、城西蔬菜市场无证据证明在其后的两年中向富裕公司提出过标的物不符合同约定的异议。根据《最高人民法院关于审理买卖合同纠纷案件适用法律问题的解释》第17条第2款"合同法第158条第2款规定的'两年'是最长的合理期间。该期间为不变期间，不适用诉讼时效中止、中断或者延长的规定"第20条第1款"合同法第一百五十八条规定的检验期间、合理期间、两年期间经过后，买受人主张标的物的数量或者质量不符合约定的，人民法院不予支持"的规定，通和公司、城西蔬菜市场在诉讼中再主张标的物质量不符合约定，不应得到支持。

综上所述，按照购销合同的约定，通和公司、城西蔬菜市场支付剩余货款的条件早已成就，其抗辩不应支付剩余货款的理由不能成立。乐山中院[2017]川11民终X号民事判决认定是富裕公司的原因导致合同目的不能实现属认定基本事实缺乏证据证明，进而适用法律错误。根据《民事诉讼法》第200条第2项、第6项，第208条第1款的规定，特提出抗诉，请依法再审。

2019年2月13日，四川高院作出了[2019]川民抗X号《民事裁定书》，裁定如下：①本案指令乐山中院再审；②再审期间，中止原判决的执行。

2019年2月22日，我们收到了乐山中院送达的两份文书，即四川省检川检民［行］监［2018］X号《民事抗诉书》和四川高院［2019］川民抗X号《民事裁定书》。在收到上述文书后，我激动不已，眼泪都禁不住地流了下来！从2017年12月6日即二审判决作出之日至2019年2月22日，整整花费了一年多时间的努力，才迎来了"柳暗花明"的一天。在这一年多的时间里，我曾经无数次为本案而失眠，无数次地鼓励自己一定要"加油"下去，不要放弃。

客观上来讲，我国的民事检察制度确实是一项好制度，它对于制约法院的审判权力、防止其审判权的滥用无疑是具有重大作用的。它以一种强有力的外部力量来对法院审判权予以监督，同时对法官行使权力也会形成一种"震慑"。它与刑事检察制度又有所不同，在刑事案件中，检察院扮演着双重角色，既是公诉机关，又是监督机关。所以，一旦存在冤案错案，希望检察院的介入来纠正，也是较为困难的。但是，在民事案件中，检察院仅是单独的监督机关，是独立的第三方，因此，在民事监督方面，检察机关应当有更大的作为空间。

我国的民事检察制度经历了由分散、粗疏到相对系统的变化过程，已经形成了由《宪法》《民事诉讼法》《人民检察院组织法》相关司法解释、最高人民法院、最高人民检察院会签文件等不同位阶的规范性文件组成的民事检察法律制度体系，并且为实践所证明是契合本土和经济社会发展的。2007年和2012年《民事诉讼法》的两次修改都涉及民事抗诉制度，其中增加和细化抗诉事由、增加再审检察建议制度作为抗诉制度的补充，均体现了增强检察监督职能、规范抗诉行为、减少抗诉任意性的目标，意在维护既判力和强化法律监督之间的平衡。

民事案件同人民群众权益联系最直接最密切。要加强民事检察工作，加强对司法活动的监督，统一民事法律适用标准，畅通司法救济渠道，保护公民、法人和其他组织合法权益。《2018—2022年检察改革工作规划》提出要健全以"精准化"为导向的民事诉讼监督机制。精准监督要求、优化监督、强化监督，避免粗放式监督，要发挥抗诉案件的纠偏、引领、指导作用。检察机关履行法律监督职能要求法律监督既要谦抑节制，又要依法能动。不仅要关注公权力是否存在违法需要纠正，同时还要对私权利的救济做到全面衡量、统筹兼顾；把握程序从严，落实《民事诉讼法》以程序设计规范公权力行使、保护民事主体私权利的制度初衷,维护司法权威和司法公信力。[1]

目前,我国民事案件"抗诉率"低,也是一个不争的事实。这里有很多内在和外在的原因。但无论如何去评价,民事检察制度都是一项好制度,它对于解决现实生活中的"申诉难"问题无疑会起到重大的作用。

## 第四节　苦涩的"一战成名"

2019年3月27日,乐山中院对本案进行了公开开庭审理,四川省检作为抗诉机关,指派检察员柳艳梅、陈雪梅出庭参与诉讼。在审理过程中,对方代理人付某在法庭上居然称"检察院与我们申诉方是串通在一起的,通过制造假证据来达到再审之目的"。对此,我们回应道:"对方代理人在毫无证据的情况下就指责检察院与我们申诉人串通,显然是在胡说,如果再胡说,请合议庭予以训诫!"在这种情况下,审判长马上就提醒付某说:"作为律师,发言要讲证据,不能乱说。"经过这样的"训诫",接下来的开庭才得以顺利进行,各方都充分阐述了各自的观点。

2019年7月2日,乐山中院对本案作出了[2019]川11民抗X号《民事判决书》,其结果已在我们申诉方意料之中了!整个判决书总计写了27页,指出了本案不应适用"同时履行抗辩权"等法律规定,其中结尾部分写道:"综上,因本院再审出现新证据,导致二审适用法律有误,且判决不当。为此,依照《合同法》等有关法律规定,并经本院审判委员会讨论决定,判决如下:一、撤销乐山中院[2017]川11民终X号民事判决和市中区法院[2016]川1102民初X号民事判决;二、通和公司城西蔬菜市场在本判决生效之日起10日内以其管理的财产支付富裕公司货款698 690元及违约金139 934元,不足以承担的部分由通和公司承担。"

事隔多年之后,我有一位老乡遇到四川一法院法官,谈到我的名字时,这位法官说,我认识这位郭律师,他就是因此"一战成名"的。对此,我只能无奈地笑一笑。对于我而言,这个错判给我内心所带来的苦涩又有谁知道呢?

---

[1] 兰楠:《民事抗诉标准的再探讨》,载《国家检察官学院学报》2021年第4期。

# 第五章
## 风云再起：第一个3000多万元索赔案

每一场官司都是一场战争。战争是充满着艰难险阻的活动，当一个人接触到程度不同的危险时，只具有普通的勇气是不够的。要在各种苦难的条件下泰然自若，就必须具备巨大的勇气、强烈的荣誉感或久经危险的习惯。〔1〕前面所述的一期工程混凝土买卖合同案，对方拿到二审判决之后，"如获至宝"！在四川高院作出［2018］川民申X号《民事裁定书》之后，对方就迫不及待地于2018年5月26日向乐山中院提起诉讼，要求富裕公司赔偿因混凝土"质量不合格"而给其所造成的经济损失3108万元。这就是本案二审错判所造成的"后遗症"之一。

## 第一节 一审："恐怖"的3000多万元

### 一、原告方的观点

（一）原告方的诉求及理由

**原告**：通和公司城西蔬菜市场
**原告**：通和公司
**被告**：富裕公司

---

〔1〕［德］克劳塞维茨：《战争论》，中国人民解放军军事科学院译，商务印书馆1978年版，第32页。

## 第五章 风云再起：第一个3000多万元索赔案

### 诉讼请求

（1）请求人民法院判令被告赔偿原告资金占用利息、违约金、房屋租金损失共计3108万元。

（2）本案的诉讼费用全部由被告承担。

### 事实和理由

2015年5月26日，原告通和公司所属的城西蔬菜市场负责人与被告订立的《预拌（商品）混凝土买卖合同》，由被告向原告建设的乐山市农产品会展交易中心提供商品混凝土，双方就质量、价款、供货、结算等进行了约定。然而，被告为原告提供的挖孔桩部分商品混凝土经法定的检测机构鉴定为不合格，导致原告基础工程不能验收投入使用，给原告造成了万分巨大的损失。

为了防止损失人为扩大，原告方无数次要求被告解决，被告均不予理睬，还以原告拖欠货款为由分别向人民法院提起诉讼，经人民法院生效判决书确认被告提供的挖孔桩部分商品混凝土不合格，并构成违约。为此，为维护原告的合法权益不受侵害，特诉至贵院，请求判如所请。

买卖合同法律关系

原告通和公司 ——————————————→ 被告富裕公司

要求赔偿因质量不合格所造成的损失3108万元

**本案法律关系图**

（二）原告所提交的证据资料

证据一：《混凝土供销合同》。

证明：

（1）双方之间存在混凝土买卖合同法律关系的事实；

（2）合同约定的混凝土为C30，而被告供应的为C45，被告的行为构成了违约。

证据二：[2017] 川11民终X号《民事判决书》。

证明：

（1）被告所供应的混凝土不符合合同约定；

（2）被告所供应的混凝土质量是不合格的。

证据三：《评估报告》。

证明：经过评估，案涉一期工程每平方米租金为 25 元。

证据四：原告与三家银行所签订的《金融借款合同》。

证明：

（1）原告为修建城西蔬菜市场一期工程而向银行贷款的情况；（2）因无法验收所产生的逾期利息应当由原告承担。

证据五：赔偿明细表（如下图）。

```
一期赔偿金额：31,080,222.71 元，明细如下：
一、贷款资金利息：16,218,203.21 元
二、违约金：139,934.50 元（按货款发生额的5%计算）
三、租金：14,722,085.00 元
1期商业房：8660.05 平方米 x25 元每月 x68 个月（12年10月至18年5月）=14,722,085.00 元
```

## 二、富裕公司作为被告方的观点

（一）富裕公司的答辩意见

总的来说，原告通和公司要求我公司赔偿经济损失 3108 万元的主张纯属恶意诉讼，根本不能成立，依法应予驳回。

1. 本案答辩人向原告所提供的混凝土质量完全合格，并且符合设计要求

在本案中，原告在起诉状中认为"答辩人为其提供的挖孔桩部分商品混凝土经法定的检测机构鉴定为不合格，导致其工程基础不能验收投入使用，给其造成了万分巨大的损失"，对此，答辩人认为，原告的这种观点是根本不能成立的。

第一，乐山市建设工程质检中心于 2011 年 7 月 22 日向正良公司所出具的《检测报告》，仅是认定了有 24 组试件标号为 C45，高于设计标号 C30 标准，但根本没有认定答辩人所提供的混凝土存在质量"不合格"问题。第二，根

据答辩人向法院所申请调取的《桩基础工程质量验收报告》显示，被答辩人通和公司曾于 2011 年 9 月 7 日组织过施工方、监理方、设计方及勘察方对地基部分进行了验收，从验收结果来看，上述四方均认定了案涉工程桩基础部分质量合格，并且完全符合设计要求。由此可见，答辩人向原告所提供的混凝土质量是完全合格的，并不存在任何问题。第三，根据双方所签订的《混凝土供销合同》第 4 条第 10 款的约定，甲方对乙方供应的混凝土质量有异议时，应当在 24 小时内以书面形式通知乙方，双方协商解决，若双方协商不成，可通过政府权威机构进行鉴定，损失由责任方承担。在本案中，被答辩人虽于 2011 年 7 月 20 日就接到了《检测报告》，但是并没有在上述期限之内以书面形式通知过答辩人，也没有要求答辩人停止供货。在主体工程竣工之前也就是 2012 年 6 月前，也没有提出过任何质量异议。2015 年 2 月，上诉人还支付了 10 万元货款。因此，根据《合同法》及《最高人民法院关于审理买卖合同纠纷案件适用法律问题的解释》第 15 条、第 22 条之规定，由于被答辩人并未在上述质量异议期内提出异议，也没有在法律所规定的最长两年期间内提出过任何异议，在此情况下，应当视为被答辩人认可质量合格，并且愿意承担未在上述期间内提出瑕疵异议的法律后果。

由以上可见，答辩人向被答辩人所提供的混凝土质量完全合格，并且也符合设计要求。

2. 本案所涉城西蔬菜市场一期工程至今没有验收合格，完全是由于被答辩人"怠于"履行其验收职责及其他原因所造成的，与答辩人无关

（1）本案所涉城西蔬菜市场一期工程至今没有验收合格，完全是由于被答辩人"怠于"履行其验收职责所造成的。

在本案中，如前所述，从答辩人向法院申请调取的《桩基础工程质量验收报告》可见，被答辩人通和公司曾于 2011 年 9 月 7 日组织施工方、监理方、设计方及勘察方对地基部分进行了验收，验收结果是合格的。在此情况下，被答辩人就应当"及时"将上述验收资料提交给质监站备案复查，由质监部门审查其是否符合验收标准。然而，在上述地基验收完成后，被答辩人并没有向质监部门提出过验收备案申请。同时，被答辩人在答辩人提起诉讼要求给付剩余货款 69 万元，即 2016 年 10 月以前，也一直没有向答辩人提出质量异议，也没有要求答辩人采取补救措施。直到答辩人在起诉之后，被答辩人才提出"超标"以及"质量不合格"的抗辩。

另外，根据《合同法》之有关规定，被答辩人在发现"质量问题"后，也可以尽快找到第三方采取补救措施，所产生的修复费用可要求我司承担。然而，被答辩人也没有采取过上述方案。由以上事实可见，案涉工程至今没有验收合格完全是由于通和公司"怠于"履行验收职责所造成的，与答辩人无关。

（2）本案所涉工程至今没有验收合格，也不排除是由被答辩人存在"其他问题"所造成的。

根据《建设工程质量管理条例》第16条之规定，建设单位收到建设工程竣工报告后，应当组织设计、施工、工程监理等有关单位进行竣工验收。建设工程竣工验收应当具备下列条件：①完成建设工程设计和合同约定的各项内容；②有完整的技术档案和施工管理资料；③有工程使用的主要建筑材料、建筑构配件和设备的进场试验报告；④有勘察、设计、施工、工程监理等单位分别签署的质量合格文件；⑤有施工单位签署的工程保修书。建设工程经验收合格的，方可交付使用。根据《消防法》（2008年）第13条第1款规定，按照国家工程建设消防技术标准需要进行消防设计的建设工程竣工，依照下列规定进行消防验收、备案。在本案中，被答辩人认为，是答辩人所提供的混凝土"质量不合格"，导致其工程基础不能验收投入使用的"，但是，却没有提供证据证明其他土体部分都已符合上述法律所规定的验收条件，都已经过了质检、消防等部门验收合格，因此，本案所涉工程至今没有验收合格，也不排除是由被答辩人存在"其他问题"所造成的。

**3. 本案被答辩人要求答辩人赔偿租金损失1472万元及贷款资金利息损失1621万元也是极其荒谬的，是根本不能成立的**

第一，如前所述，被答辩人所造成的经济损失，完全是由于被答辩人"怠于"履行其验收职责及其他原因所造成的，与答辩人根本没有关联。

第二，被答辩人要求答辩人赔偿从2012年10月至2018年5月的租金损失也是不能成立的。本案即使按照被答辩人的观点，即在2012年10月没有验收通过，那么，在此情况下，也应当及时将验收结果通知答辩人，并要求答辩人采取补救措施。然而，直到2016年10月，在答辩人提起诉讼后，被答辩人才提出"混凝土质量不合格以致验收没有通过"的问题。由此可见，被答辩人在长达5年多的时间没有提出质量异议，显然认可了答辩人所提供的混凝土无任何质量问题。在此情况下，所产生的租金损失自然应当由被答辩人自己承担。

第三，被答辩人要求答辩人赔偿贷款利息损失1621万元更是不能成立。在本案，即使存在1621万元利息，那也是被答辩人向银行贷款所必须承担的费用，与本案工程是否验收合格，显然没有必然的因果关系。

第四，被答辩人要求答辩人支付违约金13.9万元也是不能成立的。如前所述，答辩人向被答辩人所提供的混凝土质量是完全合格的，并且也是符合设计要求的。因此，在本案中，答辩人并不存在任何违约行为。因此，自然无须向被答辩人承担任何违约责任。

综上所述，被答辩人通和公司要求我公司赔偿经济损失3108万元是严重缺乏事实和法律依据的，根本不能成立。因此，恳请合议庭能够明察本案，依法驳回被答辩人的无理诉讼请求。

（二）富裕公司所提交的证据资料

在本案中，由于［2017］川11民终X号《民事判决书》作为生效判决已经认定"富裕公司所提供的混凝土不符合合同约定"，但是并没有直接认定"富裕公司所提供的混凝土质量不合格"，所以，本案争议的最大问题仍是"富裕公司所提供的混凝土质量是否合格"。为此，我们团队到乐山市建设工程质监站咨询：案涉一期工程桩基础工程及地基基础工程是否已经验收以及未通过验收的原因。经过咨询，发现上述工程已经验收过，只不过缺乏"质检中心"的"盖章"。之所以未盖章，是由于对方欠检测费10万元所造成的。所以，我们团队决定向法院申请调取《桩基础工程质量验收报告》和《地基基础工程质量验收报告》，以证明富裕公司所提供的混凝土质量是合格的，符合设计要求。对此，法院予以准许。这两份证据也成了我们"扭转败局"的关键证据。

2018年7月10日，乐山中院对本案进行公开审理。在审理过程中，对方仍然坚持认为，［2017］川11民终X号《民事判决书》作为生效判决已经认定"富裕公司所提供的混凝土不符合合同约定"，造成其无法完成验收，所以应当赔偿由此给其所造成的全部经济损失3108万元；对此，笔者认为，虽然终审判决已经认定富裕公司违约，但富裕公司所提供的混凝土质量是合格的，符合设计要求。之所以未完成验收，是由于原告欠检测中心检测费所造成的，与富裕公司无关。另外，租金损失应由原告承担；而所欠银行贷款利息是由于原告修建一期工程所要付出的成本，也应当由其自身承担。所以，笔者认为，原告方的起诉严重缺乏事实和法律依据，应予驳回其无理诉求。

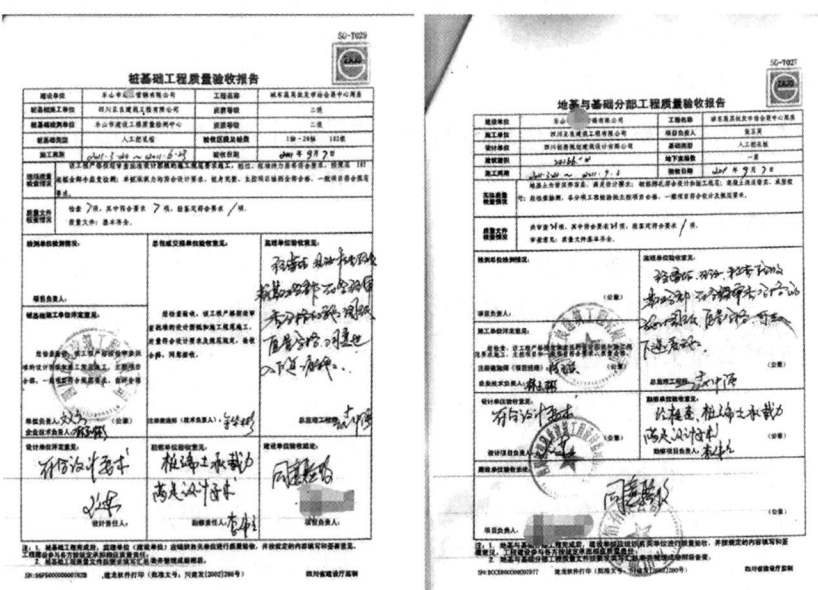

经过审理，乐山中院于 2018 年 12 月作出了《民事判决书》，其判决主要是以"富裕公司未提供相关混凝土资料"为由判决富裕公司构成违约，应当向对方支付违约金 139 934 元。主要观点如下：

本院认为：关于富裕公司是否存在违约，如存在违约，违约金如何计算的问题。双方当事人签订的《乐山市预拌（商品）混凝土购销合同》，双方意思表示真实，内容不违反法律法规强制性规定，应为有效，双方均应按约全面履行合同义务。根据合同约定，富裕公司应按约定及相关规范提供给城西蔬菜市场。现富裕公司未举证证明其在合同约定期限内履行了该义务，影响了城西蔬菜市场和通和公司合同目的的实现，富裕公司的行为已构成违约。此已为 [2017] 川 1I 民终 X 号民事判决所确认，根据《合同法》第 114 条第 1 款之规定，当事人可以约定一方违约时应当根据违约情况向对方支付一定金额的违约金，也可以约定因违约产生的损失赔偿额的计算方法。本案中，双方当事人在合同中约定任何一方违约时，违约金按合同实际发生货款总额的 5% 计算。因此，城西蔬菜市场和通和公司主张富裕公司应当按照货款总金额

2 798 690 元的 5%向其支付违约金 139 934 元的诉讼请求，一审法院予以支持。

关于城西蔬菜市场、通和公司主张的损失应否予以支持的问题。城西蔬菜市场、通和公司主张，富裕公司为案涉工程挖孔桩部分提供的商品混凝土经法定检测机构鉴定为不合格，导致工程基础不能验收投入使用，由此给城西蔬菜市场、通和公司造成了工程建设的资金利息损失和收益损失。对此，本院认为，富裕公司就案涉工程供应的商品混凝土砼试压块设计强度为 C30，但检测报告中有 24 组达到 C45 以上，虽然存在超标号的问题，但强度超标并不等同于存在质量问题。根据乐山市建设工程质量安全监督站于 2018 年 7 月 12 日召集通和公司、富裕公司及施工、监理单位等达成的《会议纪要》内容来看，验收过程中需要确认的是混凝土试压块的代表性、真实性问题。因此，富裕公司供应的商品混凝土是否存在质量问题及由此造成的损失范围，根据现有证据尚不能确定，对城西蔬菜市场、通和公司的此项诉讼请求，本院不予支持。

在接到该判决后，我们团队身上的担子才得以放下来。从 3108 万元到法院仅支持 13.9 万多元，这是一场巨大的胜利，是我们团队群策群力，运筹帷幄的结果。

## 第二节　二审：3000 多万元仅是一场梦

在接到一审判决后，对方不服并于 2019 年 1 月 22 日向四川高院提出了上诉。我们也认为，判决富裕公司向其支付违约金 139 934 元是不能成立的，遂也提出了上诉。但是，这种上诉，对于我们而言，实际上是采取的一种诉讼策略，争取通过二审来认定"富裕公司不存在违约行为"。在二审期间，诉讼形势已经发生了重大"改变"。2019 年 2 月 22 日，富裕公司收到了乐山中院所送达的两份文书，即四川省检川检民［行］监［2018］X 号《民事抗诉书》和四川高院［2019］川民抗 X 号《民事裁定书》。随后，我们团队将上述两份文书作为新证据提交给了二审合议庭，拟证明因城西蔬菜市场和通和公司没有缴纳检测费导致检测单位未予以盖章，强度超标不等于混凝土存在质量问题。

在收到上述文书后，二审合议庭作出决定，中止本案的审理，待再审判决作出后，再恢复审理。2019 年 7 月 2 日，乐山中院对本案作出了［2019］川 11 民抗 X 号《民事判决书》，再审判决纠正了原二审判决的错误。在接到该再审判决书后，我们团队及时地将其邮寄给二审合议庭。案已至此，结果已经是非常明朗了。2019年7月11日，二审法院遂作出了［2019］川民终X号《民事判决书》，支持了富裕公司的上诉请求，驳回上诉人的全部诉讼请求。其理由为：

针对富裕公司上诉主张一审法院认定的富裕公司应当赔偿因没有提供供应原材料的配比报告等所致违约金139 934元错误的问题。对此，本院认为，合同约定了富裕公司应当在供货时提供原材料配比报告等，该合同义务属附随义务。富裕公司确无证据证明其在供货之时已交付原材料配比报告，构成违约。合同约定的任何一方违约均按实际发生货款的5%计算违约金，针对是合同主体的根本性违约行为。本案富裕公司未提供配比材料不构成根本违约，且通和公司、城西蔬菜市场也没有充分证明因配比材料未及时交付导致其产生何种损失及损失金额，故一审法院认定富裕公司依照合同约定承担违约金139 934元，于法无据，本院予以纠正。富裕公司的该上诉理由成立，本院予以支持。

综上，本案因二审出现新事实而改判。上诉人富裕公司的上诉理由成立，本院予以支持。上诉人通和公司、城西蔬菜市场的上诉理由于法无据，本院不予支持。依照《合同法》第107条、第136条，《民事诉讼法》第170条第1款第2项之规定，判决如下：

（1）撤销乐山中院［2018］川11民初X号民事判决；
（2）驳回通和公司城西蔬菜市场、通和公司的全部诉讼请求。

一审案件受理费197 201元、保全费5000元，共计2 022 201元；二审案件受理费199 600元，均由通和公司城西蔬菜市场、通和公司负担。

本判决为终审判决。

从3108万元到一审仅支持13.9万多元，再到二审全部驳回对方的诉求，对方所做的3000多万元的"南柯一梦"就这样破碎了。我们不知道，在梦醒之后，对方是一种什么样的心情？

## 第三节　再审：无可奈何花落去

在每一场诉讼中，进攻和防御是相辅相成的。每一种防御手段都会引起一种进攻手段，同样，一种进攻手段是随着一种防御手段的出现而自然而然地出现的。也就是说，当防御的方法一经确定，进攻就针对它们采取对策；防御研究了进攻所使用的手段，于是又产生新的防御原则。进攻和防御总是这样相互作用并得到相互促进的。诉讼中的防御（其中包括战略防御）绝不是绝对的等待和抵御，而只是一种相对的等待和抵御，因而多少带有一些进攻因素。同样，进攻也不是单一的整体，而是不断同防御交错着的。[1]

本案从2016年9月经过千难万险，突破层层障碍，终于水落石出了。大音希声扫阴翳，拨开云雾见青天。在接到二审判决后，我们团队都非常的高兴！然而，对方仍然抱着一丝幻想，妄图通过向最高人民法院（以下简称"最高院"）申请再审来达到推翻二审判决之目的。对于我们团队而言，既是一个机会，也是一个挑战。机会是，我们可以到最高院阐述我们的观点；挑战是，一个案子，无论是在哪个程序里，都不能掉以轻心，不到最后，结果都是扑朔迷离的。2019年9月25日，我收到最高院第五巡回法庭送达的再审申请书、应诉通知书等法律文书。随后，我们团队又对本案再审申请书进行了分析，并于2019年10月8日将精心写好的《答辩状》邮寄给最高院第五巡回法庭司伟法官。其答辩观点如下：

答辩人收到贵院送达的原告通和公司诉买卖合同一案的再审申请书副本，现依法提出如下答辩意见：

总的来说，被答辩人通和公司要求我公司赔偿经济损失3108万元的再审请求根本不能成立，依法应予驳回。四川高院所作出的[2019]川民终X号民事判决事实认定清楚，适用法律准确，裁判结果公平，依法应予维持。

**一、本案答辩人向被答辩人所提供的混凝土质量完全合格，并且符合合同约定**

在本案，被答辩人在民事再审申请书中仍然坚持X号"被申请人为申请人提供的挖孔桩部分商品混凝土经法定的检测机构鉴定，超出了三个百分点以上，导致质检、设计、监理等机构在被申请人拒不提供配合比及相关书面材料，配合回弹（真实性确认）的情况下，不能进行工程基础验收，项目闲置数年无法投入使用"，对此，答辩人认为，被答辩人的这种观点是根本不能成立的。

---

[1]［德］克劳塞维茨：《战争论》，中国人民解放军军事科学院译，商务印书馆1978年版，第36页。

第一，乐山市建设工程质检中心于 2011 年 7 月 20 日向正良公司所出具的《检测报告》，仅是认定了有 24 组试件标号为 C45，高于设计标号 C30 标准，但根本没有认定答辩人所提供的混凝土存在质量"不合格"问题。

第二，根据答辩人向法院所申请调取的《桩基础工程质量验收报告》显示，被答辩人通和公司曾于 2011 年 9 月 7 日组织过施工方、监理方、设计方及勘察方对地基部分进行了验收，从验收结果来看，上述四方均认定了案涉工程桩基部分质量合格，并且完全符合设计要求。由此可见，答辩人向被答辩人所提供的混凝土质量是完全合格的，并不存在任何问题。

第三，根据双方所签订的《混凝土供销合同》第 4 条第 10 款的约定，甲方对乙方供应的混凝土质量有异议时，应当在 24 小时内以书面形式通知乙方，由双方协商解决，若双方协商不成，可通过政府权威机构进行鉴定，损失由责任方承担。在本案中，被答辩人于 2011 年 7 月 20 日就接到了《检测报告》，但是并没有在上述期限之内以书面形式通知过答辩人，也没有要求答辩人停止供货。在主体工程竣工之前也就是 2012 年 10 月前，也没有提出过任何质量异议。2015 年 2 月，答辩人还支付了 10 万元货款。因此，根据《合同法》及《最高人民法院关于审理买卖合同纠纷案件适用法律问题的解释》第 15 条、第 22 条之规定，由于被答辩人并未在上述质量异议期内提出异议，也没有在法律所规定的最长两年期间内提出过任何异议，在此情况下，应当视为被答辩人认可质量合格，并且愿意承担未在上述期间内提出瑕疵异议的法律后果。

对于以上事实，乐山中院于 2019 年 7 月 2 日所作出的［2019］川 11 民抗 X 号民事判决书中均予以确认。因此，答辩人向被答辩人所提供的混凝土质量是完全合格的，并且也是完全符合设计要求的。被答辩人在此情况下不应再无理缠诉，而应该息诉息访，避免国家司法资源的再次浪费。

**二、本案所涉城西蔬菜市场一期工程至今没有验收合格，与答辩人所供应的混凝土是否存在质量问题没有必然的因果关系**

第一，本案所涉城西蔬菜市场一期工程至今没有验收合格，完全是由于被答辩人"怠于"履行其验收职责所造成的。

在本案，如前所述，从答辩人向法院所申请调取的《桩基础工程质量验收报告》可见，被答辩人通和公司曾于 2011 年 9 月 7 日组织施工方、监理方、设计方及勘察方对地基部分进行了验收，验收结果是合格的。在此情况下,被答辩人就应当及时向乐山市建设工程质量检测中心申请"盖章"确认。然而,由于被答辩人迟迟不缴纳桩基础质量检测报告的检测费,所以导致该检测中心不给其在《桩基础工程质量验收报告》上盖章确认,进而导致被答辩人无法完成桩基础工程验收工作。由以上事实可见,案涉工程至今没有验收合格完全是由于通和公司"怠于"履行验收职责所造成的,与答辩人无关。

第二,本案所涉工程至今没有验收合格,也不排除是由被答辩人存在"其他问题"所造成的。

根据《建设工程质量管理条例》第16条之规定,建设单位收到建设工程竣工报告后,应当组织设计、施工、工程监理等有关单位进行竣工验收。建设工程竣工验收应当具备下列条件:①完成建设工程设计和合同约定的各项内容;②有完整的技术档案和施工管理资料;③有工程使用的主要建筑材料、建筑构配件和设备的进场试验报告;④有勘察、设计、施工、工程监理等单位分别签署的质量合格文件;⑤有施工单位签署的工程保修书。建设工程经验收合格的,方可交付使用。根据《消防法》(2008年)第13条第1款规定,按照国家工程建设消防技术标准需要进行消防设计的建设工程竣工,依照下列规定进行消防验收、备案。在本案中,被答辩人认为,是由于答辩人所提供的混凝土"质量不合格",导致其工程基础不能验收投入使用",但是,却没有提供证据证明其他工程"主体部分"都已符合上述法律所规定的验收条件,都已经经过了质监、消防等部门验收合格,因此,本案所涉工程至今没有验收合格,也不排除是由被答辩人存在"其他问题"所造成的。

### 三、本案二审判决审理程序合法,事实认定清楚,适用法律准确,依法应予维持

第一,关于2018年7月12日《会议纪要》在一审中未予质证问题。对于该问题,答辩人认为,该《会议纪要》仅是辅助性证据,即可以起到"辅助"证明答辩人所提供的混凝土并无任何质量问题的作用。而在二审庭审过程中,被答辩人也将该《会议纪要》作为"新证据"向法庭予以了提交。

(2) 关于该《会议纪要》是否真实的问题。对于该问题,答辩人认为,该《会议纪要》是真实合法的,并不存在"人为制造"的情形。在该《会议纪要》后面《签到册》上清楚地记载了参会的单位及人员,并且都有参会人员的签名,包括被答辩人法定代表人赖某。在申请再审过程中,被答辩人为

了能够达成证明该《会议纪要》缺乏真实性的目的，提交了两份证人证言。对此，我们认为，该两位证人所作的证言都是不真实的。第一，赵某强、张某二人均与被答辩人有利害关系，都是被答辩人所聘请的施工方、监理方的工作人员；第二，二人都在《签到册》予以了签名，现在又否认参与了会议，因此，其二人所作的证言根本不能推翻乐山市建设工程质量监督站所保存的该份《会议纪要》。由此可见，二审法院将该份《会议纪要》作为证据予以采信程序是合法的，并不存在违背法定程序的问题。

第三，四川高院所作出的二审判决不仅是建立在大量详实证据基础之上，还建立在乐山中院［2019］川11民抗X号民事判决基础之上。因此，所作出的终审判决不仅经得起事实上的推敲，而且也经得起法律上的检验，裁判结果公平，依法应予维持。

综上所述，答辩人认为，被答辩人通和公司要求答辩人赔偿经济损失3108万元的再审请求是严重缺乏事实和法律依据的，纯属恶意缠诉，根本不能成立。

因此，恳请合议庭能够明察本案，依法驳回被答辩人的无理再审请求。

2019年11月，我们团队又来到了最高院第五巡回法庭，见到司伟大法官，又当面向其阐述了我们的观点。

2019年11月13日，最高院作出了［2019］最高法民申X号《民事裁定书》，驳回了对方的再审申请。其裁判观点为：

本院经审查认为，首先，根据城西蔬菜市场与富裕公司签订的《购销合同》，双方约定的混凝土强度等级为C30，根据施工单位正良建筑公司委托乐山市建设工程质量检验调试中心对案涉工程人工挖孔桩施工砼浇筑试压块进行检测，其中24根桩的抗压强度达到C45以上。根据乐山市建设工程质量安全监督站出具的《关于乐山市人民检察院查证混凝土质量判定标准的函的回复报告》，设计为C30的混凝土强度，实际检测强度为C45，混凝土强度是符合《混凝土结构工程施工质量验收规范》和《混凝土强度检验评定标准》的要求，不影响工程质量，也不是造成工程无法完成竣工验收的问题。根据2018年6月29日和2018年7月12日两次《会议纪要》的内容，验收过程需要确定的是混凝土试压块的真实性、代表性问题。而城西蔬菜市场并未举示证据证明施工单位正良建筑公司委托乐山市建设工程质量检验调试中心检测所作出的《混凝土立方体试压块抗压强度检测报告》，在取样、送检、检测程序中存在问题。故富裕公司所供部分混凝土超过合同约定的抗压强度的问题，并非导致案涉工程不能竣工验收的原因。

另，根据双方关于交货检验的约定，预拌（商品）混凝土的质量判定，在交货地点随机见证抽样制作试件。甲方对乙方供应的混凝土质量有异议时，应当在24小时内以书面形式通知乙方。富裕公司最后一次供应混凝土的时间为2012年2月29日，城西蔬菜市场在其后长达两年未提出异议，应当视为富裕公司供应的商品混凝土质量符合约定。

其次，关于富裕公司未及时提供混凝土配比报告、检验报告等是否应承担违约金的问题。根据《购销合同》约定，富裕公司不能按照合同约定履行义务以及发生其他使合同无法履行的行为构成违约，供货方应当承担合同实际发生货款5%的违约金，给城西蔬菜市场造成经济损失超过违约金时，富裕公司应当予以赔偿。该条约定的违约责任是针对富裕公司构成根本违约，致使合同无法履行的情形。富裕公司未及时提供配比材料报告不构成根本违约，故二审认定富裕公司不承担该条约定的违约责任，并无不当。

再次，2018年7月12日的《会议纪要》在二审中已经过质证，且通和公司和城西蔬菜市场也未举示充分证据推翻其真实性，故申请人关于二审判决认定事实的主要证据未经质证并且系伪造的意见，不能成立。

最后，关于二审法院引用［2019］川11民抗X号民事判决书的内容是否存在程序违法的问题。该抗诉案件的申诉人和被申诉人即本案的双方当事人，该判决也于2019年7月9日送达给了双方，根据《最高人民法院关于适用〈中华人民共和国民事诉讼法〉的解释》第93条的规定，已为人民法院发生法律效力的裁判所确认的事实，当事人无需举证。故对于该判决载明的内容，二审法院直接采信，并无不当。

依照《民事诉讼法》第204条第1款、《最高人民法院关于适用〈中华人民共和国民事诉讼法〉的解释》第395条第2款规定，裁定如下：

（1）驳回通和公司城西蔬菜市场的再审申请；
（2）驳回通和公司的再审申请。

至此，这场波澜起伏的"一期工程混凝土"纠纷才彻底落下了帷幕。

# 第六章

# 风云迭起：第二个 3000 多万元索赔案

在一期工程混凝土 3000 多万元索赔案结束后，我们团队都预感到对方不可能就这样"善罢甘休"，还会挑起新的诉讼。果不其然，对方又于 2019 年 4 月针对二期工程提起了 3000 多万元的索赔诉讼。在这个案件中，富裕公司所供应的二期工程混凝土，与一期工程相比有所不同，一期工程经检测有 24 组桩基混凝土试压块强度是超过 C30 的，而二期工程经检测却有 48 组桩基混凝土试压块强度低于了 C30，其中有 14 组还低于了 C25。这就意味着富裕公司所提供的混凝土存在质量不合格之"嫌疑"。正是因为如此，也意味着二期工程索赔案的处理要比一期工程更加困难。

在本书开头，笔者已经介绍了二期工程货款案的基本情况。现在笔者回过头来，梳理一下本案的审理情况，以便让读者更加清楚本案的来龙去脉，以及案件争议的关键所在。

## 第一节 二期工程货款纠纷案始末

### 一、本案一审审理情况

如前所述，富裕公司是在 2016 年 9 月 23 日将一期工程和二期工程货款案件一并向市中区法院提起诉讼的。但是，由于一审法院要等到一期工程"二审判决"作出之后，再根据其裁判观点作出判决，所以，直至 2018 年 3 月 8 日，一审法院才作出 [2016] 川 1102 民初 X 号《民事判决书》。

## （一）富裕公司作为原告方的观点

1. 富裕公司的诉求

**原告**：富裕公司

**被告**：通和公司

**被告**：通和公司城西蔬菜市场

### 诉讼请求

（1）依法判令被告给付乐山市城西蔬菜市场二期工程混凝土货款3 596 948元及逾期付款违约金约359 694元；

（2）本案诉讼费用由被告承担。

### 事实和理由

详见本书第一章。

2. 富裕公司所提交的证据资料

证据一：《混凝土买卖合同》。

证明：

（1）原被告双方之间存在混凝土买卖合同法律关系的事实。

（2）合同约定违约金按照实际发生货款总额的10%计算。

证据二：5份《结算单》。

证明：截至2016年1月31日，被告总计拖欠原告二期工程混凝土货款3 596 948元。

## （二）被告方通和公司的观点

1. 被告方的答辩意见

对原、被告之间建立了买卖合同关系不持异议，差欠货款也是真实的，但原告提供的混凝土不合格，导致被告的工程无法竣工验收被告才拒绝付款。因此，请求合议庭驳回原告的诉求。

2. 被告所提交的证据资料

证据一：《混凝土供销合同》。

证明：证明原、被告订立合同对质量、价格、责任进行了约定，而原告并未按约履行义务。

证据二：46份《混凝土立方体试件抗压强度检测报告》。

证明：原告提供的二期工程混凝土质量比较一期工程不合格情况更为严重，有39组不合格，无法通过验收。

证据三：《富裕公司商品混凝土结算书》5份。

证明：被告与原告的买卖合同未最终结算，原告的诉请不应得到支持。

证据四：《基础验收会议记录》。

证明：该工程质量不合格，不能签字验收。

证据五：《关于城西蔬菜市场会展中心用房砼的情况说明》《监理联系单》《监理联系函》《情况说明》《关于城西蔬菜市场二期工程——挖孔桩砼强度不满足原设计要求的设计核算》。

证明：原告向被告提供的混凝土不合格，导致工程荒废。

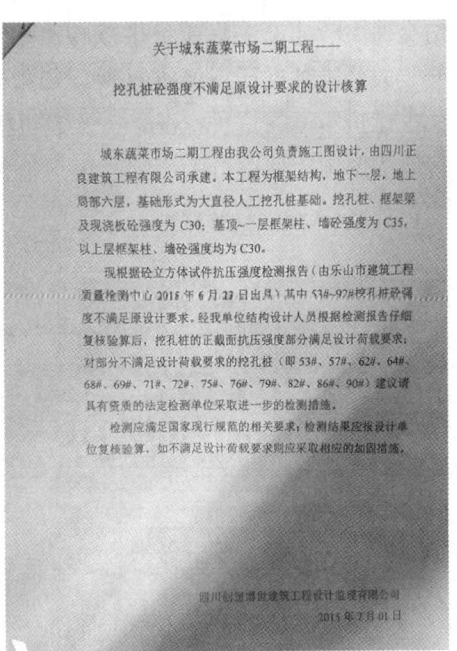

证据六：乐山中院［2017］川11民终X号《民事判决书》即"关于一期工程货款的判决书"。

证明：原告在一期工程中供货出现质量不合格的问题。

### (三) 一审审理情况及裁判结果

在本案中,最关键的问题还是富裕公司所供应的混凝土质量是否合格问题。如果合格,那么,就应判决被告支付全部货款;如果存在"不合格",那么就应根据合同约定判决被告支付相应的货款。为此,富裕公司于 2017 年 10 月向一审法院提交了《鉴定申请书》,请求法院委托有资质的鉴定机构对富裕公司所提供的混凝土质量是否合格进行鉴定。理由是试压块强度不合格并不能代表"地下实体"桩基混凝土质量不合格,因此,必须通过"钻芯取样"方式来进行检测,以证明其实体桩基混凝土质量是否合格。这也是符合合同第 4 条第 10 款之约定的。之所以提出质量鉴定申请,也是因为我公司技术人员经过讨论,相信自己所供应的混凝土质量是合格的。

一审合议庭同意了富裕公司的鉴定申请,并由鉴定室"随机"确定了西南交通大学建设工程质量事故检测中心作为鉴定机构来进行鉴定。然而,在鉴定人员准备进行现场查勘时,却遭到了对方的恶意阻拦,导致本次鉴定无法继续进行。在这种情况下,鉴定机构于 2017 年 12 月 30 日向一审法院致函,说明了鉴定无法进行的原因。下图是《回复函》和第三次《开庭笔录》所作的记载。

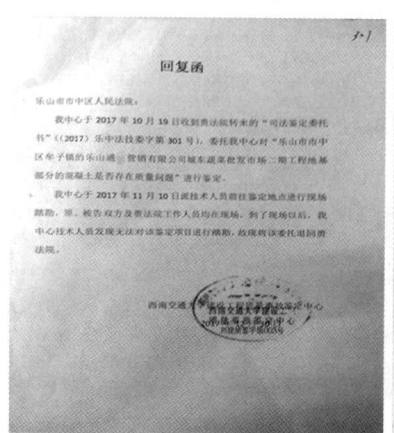

经过四次庭审,一审法院终于在 2018 年 3 月 8 日作出了 [2016] 川 1102 民初 X 号《民事判决书》。本案中,虽然富裕公司所供应的桩基混凝土强度低于 C30,并且又受到一期终审判决"错判"的影响,但是由于受合同付款条

件的保护即"先支付75%，待工程验收合格后再支付剩余25%"，尽管存在多重不利，还是突破了重重阻碍，富裕公司的诉求获得了大部分支持，一审法院最后判决"被告在本判决生效之日起10日内支付原告富裕公司货款2 697 711元及违约金359 694元"。判决主要理由为：

本院认为，根据双方当事人的诉辩意见，本案的主要争议焦点为：①原告富裕公司供应的商砼是否符合双方合同约定以及国家的强制标准？是否构成违约？②被告通和公司、通和公司城西蔬菜市场是否应当支付价款及承担违约责任？

关于争议焦点①。原告富裕公司与被告通和公司城西蔬菜市场签订了《预拌（商品）混凝土买卖合同》，双方意思表示真实，内容不违反国家法律法规的强制性规定，双方均应按照合同约定全面审慎地履行合同义务，不得擅自变更合同内容。但原告在合同履行过程中，供应的部分混凝土强度未达到C30标准，不符合合同约定的C30强度标准，且未按照建设工程质量检测机构的要求及时配合被告对未达标的孔桩采取补救措施。此外，原告在履行合同主义务过程中还应诚实信用地履行合同附随义务，即按照《富裕公司（商品）混凝土供应合同》第5条"乙方责任"及第6条"交货检验"的约定："在预拌（商品）混凝土开始供应前将各原材料的材质检验报告、配合比报告提供给甲方，按有关要求将开工、施工和竣工后的资料提供给甲方""预拌（商品）混凝土的质量判定，按照国家标准《预拌商品混凝土》《混凝土结构工程施工质量验收规范》及《四川省加强预拌混凝土质量管理暂行规定》（川建质安发［2003］339号）规定，在交货地点随机见证抽样制作试件"，但原告未举证证明其履行了该附随义务。由于原告提供的商品混凝土不符合双方合同约定，且未及时配合被告采取补救措施，也未提供证据证明其向被告交付了各原材料的材质检验报告、配合比报告、质量合格的检测报告，导致案涉工程至今未完成验收，故原告的行为已构成违约。

关于争议焦点②。根据《富裕公司商品混凝土结算书》等证据可认定原告向被告通和公司城西蔬菜市场供应了价值3 596 948元的货物。按照双方签订的《预拌（商品）混凝土买卖合同》约定的付款办法"（1）每月底，甲方同乙方结算本月其承建的工程使用的商品混凝土数量，并于次月的10日前，支付上一个月双方实际结算商品混凝土货款的75%，工程竣工验收合格后，甲方于10个工作日内（工程竣工验收合格后的次日起开始计算）付清其所欠乙方的商品混凝土货款"，被告通和公司城西蔬菜市场现应向原告支付货款的75%即2 697 711元，但由于原告提供的商品混凝土不符合强度标准导致案涉工程至今未完成验收，尚未达到支付尾款的条件。因此，原告要求被告通和公司城西蔬菜市场支付货款2 697 711元的诉讼请求本院予以支持，超出部分不予支持。

《预拌（商品）混凝土买卖合同》约定，如被告通和公司城西蔬菜市场未按合同约定的付款方式支付货款，其应向原告承担合同总金额10%的违约金。被告通和公司城西蔬菜市场未按照合同的约定逾期未付款已构成违约，虽原告未提供符合约定的商品混凝土亦构成违约，但根据《合同法》第120条"当事人双方都违反合同的，应当各自承担相应的责任"的规定，本案双方当事人都有违约责任，并因此都给对方造成了损害，需相互承担违约责任，被告通和公司城西蔬菜市场在审理中明确对原告的违约责任另案主张，现原告要求按照实际发生货款3 596 948元的10%计算违约金，即逾期付款违约金约359 694元的诉讼请求符合双方的约定且不违反法律的规定，本院依法应予支持。

又《民法总则》第74条规定："法人可以依法设立分支机构。法律、行政法规规定分支机构应当登记的，依照其规定。分支机构以自己的名义从事民事活动，产生的民事责任由法人承担；也可以先以该分支机构管理的财产承担，不足以承担的，由法人承担。"被告通和公司应对被告通和公司城西蔬菜市场的上述债务承担补充清偿责任。

综上所述，原告要求被告通和公司城西蔬菜市场支付货款2 697 711元及逾期付款违约金约359 694元的诉讼请求本院予以支持，超出部分不予支持，被告通和公司对被告通和公司城西蔬菜市场的上述债务承担补充清偿责任。依照《民法总则》第74条等规定，判决如下：

（1）被告通和公司城西蔬菜市场在本判决生效之日起10日内支付原告富裕公司货款2 697 711元及违约金约359 694元。

（2）被告通和公司对通和公司城西蔬菜市场的上述债务承担补充清偿责任。

## 二、二审对本案的审理情况

在接到一审判决后，对方不服向乐山中院提起了上诉，请求撤销一审判决，驳回富裕公司的起诉。由于一审判决认定"富裕公司也存在违约行为"，为此，我们团队也向该院提出了上诉，请求纠正原审关于"富裕公司存在违约行为"的认定，并支持富裕公司的全部诉求。之所以提出上诉，主要是从诉讼策略角度考虑，即自始至终都不承认"自己存在违约行为"，坚持富裕公司所供应的混凝土质量是合格的观点，因此，希望通过二审程序来打掉"违约行为"的认定，尽管这个"希望"是很渺茫的。

经过审理，乐山中院于 2018 年 5 月 11 日作出了［2018］川 11 民终 X 号《民事判决书》。判决基本维持了一审判决，但是，对违约金的数额予以了调整，即"变更乐山市市中区人民法院［2018］川 1102 民初 X 号民事判决第一项为：通和公司及其城西蔬菜市场在本判决生效之日起 10 日内支付富裕公司货款 2 697 711 元及违约金约 269 771 元"。

## 三、四川省高院对本案的再审审查情况

在接到二审判决后，对方又向四川高院提出再审申请。对于对方这种做法，我们都是习以为常了。对方对待任何一个案件，都是要走完所有的法律程序，才会告一段落。

在接到四川高院送达的再审申请书等文书后，我们团队于 2018 年 9 月依法向四川高院提交了《答辩状》，请求驳回对方无理的再审请求。四川高院于 2018 年 10 月 25 日作出［2018］川民申 X 号民事裁定，驳回了对方的再审申请。

本案至此，还不是一个结尾，一波未平，一波又起……

# 第二节　3000 多万元索赔又是一个泡影

在一期工程 3000 多万元索赔案"彻底"失败后，对方仍不罢休，又于 2019 年 4 月 3 日针对二期工程提起了第二场 3000 多万元的索赔诉讼。作为律师，我们最头痛的事情就是害怕碰到那些"无理缠诉""恶意滥诉"的当事人，本来双方可以通过"友好协商"方式来解决纠纷，但是由于对方往往不满足现状，导致在实践中不能"实事求是"地解决问题。这种做法，不仅不

利于矛盾的解决,而且还会极大浪费国家司法资源。

如前所述,富裕公司所供应的二期工程桩基混凝土,与一期工程相比有所不同,一期工程经检测有24组桩基混凝土试压块强度是高于C30的,而二期工程经检测却有48组桩基混凝土试压块强度低于了C30,其中有14组还低于了C25。如果对方诉讼方案设计得当,还是有可能获得较大的赔偿金额的。然而,对方代理人自身"专业水平"有限,又不能发挥"团队合作"精神,再加上其自信心满满,所以,即使有一手好牌,也会被其打得"稀烂"!相反,如果能够注重"团队"力量,设计好诉讼方案,即使拥有一手坏牌,也有可能将一手坏牌打得"可圈可点"。这就是专业律师与非专业律师的最大区别所在。

## 一、一审对本案的审理情况

(一)原告方的观点

1. 原告方的诉求及理由

**原告**:通和公司城西蔬菜市场

**原告**:通和公司

**被告**:富裕公司

### 诉讼请求

(1)判令被告立即提供混凝土验收资料、完成工程验收;

(2)判令被告赔偿城西蔬菜市场、通和公司贷款资金占用利息12 393 553元、违约金359 694元(按贷款发生额的10%)、房屋租金17 248 350元,损失共计约3000万元;

(3)本案诉讼费用全部由富裕公司承担。

### 事实和理由

2015年5月26日,原告城西蔬菜市场与被告签订《预拌(商品)混凝土买卖合同》一份,由被告向原告城西蔬菜市场建设的乐山市农产品会展交易中心二期工程提供商品混凝土,双方就质量、价款、供货、结算等进行了约定。基于富裕公司曾向原告一期工程提供商品混凝土不符合约定,原告在合同中就质量事宜进行了特别约定,然而被告为原告提供的挖孔桩部分商品混凝土经法定的检测机构鉴定为严重不符合合同约定，导致原告工程基础不能验收投入使用，给原告造成了巨大损失。

为了防止损失人为扩大，原告方无数次要求被告解决，被告均不予理睬，还以原告拖欠货款为由分别向人民法院提起诉讼，经人民法院生效判决书确认被告提供的挖孔桩部分商品混凝土不合格，并构成违约。为此，为维护原告的合法权益不受侵害，特诉至贵院，请求判如所请。

买卖合同法律关系

原告通和公司 ──────────────▶ 被告富裕公司

要求赔偿因质量不合格所造成的损失约3000万元

**本案法律关系图**

2. 原告所提交的证据资料

证据一：《混凝土买卖合同》。

证明：

（1）双方之间存在混凝土买卖合同法律关系的事实。

（2）合同约定的混凝土为 C30，而被告供应的部分混凝土却有 39 组低于 C30，被告的行为构成了违约。

证据二：46 份《混凝土立方体试件抗压强度检测报告》。

证明：原告提供的二期工程混凝土质量比一期工程不合格情况更为严重，有 39 组不合格，无法通过验收。

证据三：[2018] 川 11 民终 X 号《民事判决书》。

证明：

（1）被告所供应的混凝土不符合合同约定。

（2）被告所供应的混凝土质量是不合格的。

证据四：《关于城西蔬菜市场二期工程——挖孔桩砼强度不满足原设计要求的设计核算》。

证明：原告向被告提供的混凝土不合格，导致工程荒废。

证据五：《评估报告》。

证明：经过评估，案涉一期工程每平方米租金为 25 元。

证据六：原告与三家银行所签订的《金融借款合同》。

证明：
（1）原告为修建城西蔬菜市场一期工程而向银行贷款的情况；
（2）因无法验收所产生的逾期利息应当由原告承担。

## 二、富裕公司作为被告方的观点

### （一）富裕公司的答辩意见

总的来说，原告通和公司要求我公司赔偿经济损失3000万元的主张纯属恶意诉讼，根本不能成立，依法应予驳回。

#### 一、本案被答辩人通和公司要求答辩人承担违约损害赔偿责任的主张已经超过诉讼时效

在本案，通和公司是基于答辩人存在违约行为而提起损害赔偿之诉的，那么，在此情况下，根据《民法通则》第135条"向人民法院请求保护民事权利的诉讼时效期间为二年"及第137条"诉讼时效期间从知道或者应当知道权利被侵害时起计算"之规定，通和公司就应当从知道答辩人所提供的产品存在"质量问题"之日起二年内向答辩人主张权利。在本案，通和公司在2015年6月23日收到《检测报告》之后，就知道了答辩人所提供的混凝土存在"标号偏低"问题，那么就应当在2017年6月22日之前向答辩人主张损害赔偿权利；然而，从本案事实来看，通和公司在上述时间内都没有向答辩人主张权利，也没有向法院及其他有关部门主张权利，要求答辩人赔偿因"违约"而给其所造成的经济损失。而从本案证据来看，通和公司直到2018年2月1日在［2016］川1102民初X号案件第三次开庭过程中才提出要"另案诉讼"的问题。

由以上可见，通和公司要求答辩人赔偿经济损失的诉讼主张显然早已超过诉讼时效，不能成立，依法应予驳回。

#### 二、本案答辩人向被答辩人所提供的混凝土质量完全合格，并且符合"合同约定"

在本案，原告在起诉状中主张"被告为原告提供的挖孔桩部分商品混凝土经法定的检测机构鉴定为严重不符合合同约定，导致原告工程基础不能验收投入使用，给原告造成了万分巨大的损失"。对此，答辩人认为，原告的这

种观点是根本不能成立的。

（1）本案通和公司是通过施工方正良公司"单方"委托乐山市建设工程质检中心对案涉混凝土试压块进行检测的，因此，其《检测报告》的真实性、合法性、关联性均无法确认，不具有法律效力。其一，原告所"送检"的混凝土试压块是在没有答辩人工作人员"在场"见证监督下所送检的，因此，不能确定其所送检的混凝土试压块即是答辩人所销售的混凝土。其二，在检测过程中，由于没有答辩人参与，因此，整个检测过程受人为因素的干扰和影响较大，该检测所适用的检测标准或检测方法是否准确，均无法确认。检测人员是否具有应当回避但未回避的情形亦无法确定。其三，由于案涉混凝土试压块是由原告通和公司予以"养护"的，因此，不能排除其是由于"养护不当"造成部分混凝土试压块标号偏低的可能。由以上可见，乐山市建设工程质检中心对案涉混凝土试压块所作出的《检测报告》显然是缺乏真实性、合法性、关联性的，其检测结果不具有证明力。

（2）即使上述《检测报告》真实，那么乐山市建设工程质检中心也仅是认定了有39组混凝土试压块标号低于C30，但根本没有认定答辩人所提供的混凝土存在质量"不合格"问题。

（3）根据双方所签订的《混凝土供销合同》第6条第11款的约定，甲方对乙方供应的混凝土质量有异议时，应当在24小时内以书面形式通知乙方，双方协商解决，若双方协商不成，可通过政府权威机构进行鉴定，损失由责任方承担。在本案中，通和公司是于2017年6月23日就接到了《检测报告》，但是并没有在上述期限之内以书面形式通知过答辩人，也没有要求答辩人停止供货。在供货完毕之前也就是2016年1月31日前，也没有提出过任何质量异议。因此，根据《合同法》第158条及《最高人民法院关于审理买卖合同纠纷案件适用法律问题的解释》第20条之规定，由于通和公司并未在上述质量异议期内提出异议，也没有在供货完毕之前提出过任何异议，在此情况下，应当视为通和公司认可混凝土质量合格，并且愿意承担未在上述期间内提出瑕疵异议的法律后果。

由以上可见，答辩人向原告通和公司所提供的混凝土质量是完全合格，并且也符合合同约定。

### 三、本案原告通和公司应当对案涉工程的"损失扩大"自行承担责任

（1）根据《合同法》第119条第1款之规定，当事人一方违约后，对方应当采取适当措施防止损失的扩大；没有采取适当措施致使损失扩大的，不得就扩大的损失要求赔偿。在本案中，即使答辩人所提供的混凝土不符合合同约定，原告在知道之后，应当按照合同约定在24小时内通知答辩人，并且应当立即停止施工。待答辩人对其采取加固等措施之后，再恢复施工。然而，原告四川通和公司在收到《检测报告》后不但未及时通知答辩人，而且也未要求施工方停止施工。在此情况下，根据上述法律规定，显然，原告通和公司应当对本案所发生的"扩大损失"自行承担责任。

（2）根据住建部2013年发布的《建筑工程施工质量验收统一标准》（50300-2013）第3.0.3-2规定：每道施工工序完成后，经施工单位自检符合规定后，才能进行下道工序施工。第3.0.6-5规定：建筑工程施工质量应按如下要求进行验收即隐蔽工程在隐蔽前应由施工单位通知监理单位进行验收，并应形成验收文件，验收合格后方可继续施工。按此规定，案涉工程桩基部分属于基础部分的隐蔽工程，应当进行验收，有验收文件，验收合格后才可进行主体工程的施工。本案中，原告在［2016］川1102民初X号案第三次《庭审笔录》第5页中已经承认"自己明知基础工程没有验收，但怕损失过大和被告承诺对混凝土问题处理，继续对主体工程施工"。由此可见，原告对损失已有所预见，在双方对混凝土质量存在争议的情况下，仍继续施工且至主体工程完工，显然，原告严重违反了上述《建筑工程施工质量验收统一标准》中关于"在隐蔽工程验收合格后方可继续施工"的强制性规定，在此情况下，所造成的一切经济损失，显然应当由原告自行承担。

### 四、本案所涉城西蔬菜市场二期工程至今没有验收合格，完全是由于被答辩人"怠于"履行其验收职责及其他原因所造成的，与答辩人无关

（一）本案所涉城西蔬菜市场二期工程至今没有验收合格，完全是由于被答辩人"怠于"行使其修复职责所造成的

根据《最高人民法院关于审理买卖合同纠纷案件适用法律问题的解释》第22条之规定，买受人在检验期间、质量保证期间、合理期间内提出质量异议，出卖人未按要求予以修理或者因情况紧急，买受人自行或者通过第三人修理标的物后，主张出卖人负担因此发生的合理费用的，人民法院应予支持。

在本案，被答辩人在2015年6月22日就已经发现了答辩人所提供的混凝土存在"质量问题"，那么，在此情况下，就应当及时通知答辩人并要求答辩人履行修复义务。如果答辩人不履行修复义务，也可以尽快找到第三方采取补救措施，所产生的修复费用要求答辩人承担即可。然而，被答辩人也没有采取过上述方案。由以上事实可见，案涉工程至今没有验收合格完全是由于通和公司"怠于"履行其修复职责所造成的，与答辩人无关。

(二) 本案所涉工程至今没有验收合格，与答辩人所提供的混凝土质量是否合格也没有必然的因果关系

根据《建设工程质量管理条例》第16条及《消防法》第13条之规定，在本案中，被答辩人认为，是由于答辩人所提供的混凝土"质量不合格"，导致其工程基础不能验收投入使用的"，但是，却没有提供证据证明其他主体部分都已符合上述法律所规定的验收条件，都已经经过了质检、消防等部门验收合格，因此，本案所涉工程至今没有验收合格，也不排除是由被答辩人存在"其他问题"所造成的。

**五、本案被答辩人要求答辩人赔偿租金损失1724万元、贷款资金利息损失1239万元以及违约金35.9万元也是极其荒谬的，是根本不能成立的**

(1) 如前所述，被答辩人所造成的经济损失，完全是由于被答辩人"怠于"履行其验收职责及其他原因所造成的，与答辩人根本没有关联。

(2) 被答辩人要求答辩人赔偿从2017年1月至2018年12月的租金损失也是不能成立的。本案即使按照被答辩人的观点，即在2015年7月没有验收通过，那么，在此情况下，也应当及时将验收结果通知答辩人，并要求答辩人采取补救措施。然而，直到2016年10月，在答辩人提起诉讼后，被答辩人才提出"混凝土质量不合格以致验收没有通过"的问题。由此可见，被答辩人在长达1年多的时间没有提出质量异议，显然认可了答辩人所提供的混凝土无任何质量问题。在此情况下，所产生的租金损失自然应当由被答辩人自己承担。

(3) 被答辩人要求答辩人赔偿贷款利息损失1621万元更是不能成立的。在本案，即使存在1621万元利息，那也是被答辩人向银行贷款所必须承担的费用，与本案工程是否验收合格，显然没有必然的因果关系。

(4) 被答辩人要求答辩人支付违约金 35.9 万元也是不能成立的。如前所述，答辩人向被答辩人所提供的混凝土质量是完全合格的，并且也是符合合同约定的。因此，在本案中，答辩人并不存在任何违约行为。因此，自然无须向被答辩人承担任何违约责任。

### 六、本案通和公司要求答辩人立即提供混凝土有关验收资料的诉讼请求也是根本不能成立的

（1）根据双方所签订的《供销合同》第 7 条第 3 项约定，混凝土相关质量文件应在供应前交付给被答辩人。在本案，答辩人已于 2015 年 5 月 10 日将被答辩人所称的混凝土验收资料包括混凝土材质检验报告、配合比报告等质量证明文件资料交予被答辩人，只是基于行业习惯，没有让原告签收。如果被答辩人没有收到该相关质量文件，那么是不可能对答辩人所供应的混凝土予以接收的。

（2）在［2018］川 11 民终 X 号案中，根据被答辩人的要求，答辩人又通过快递方式将混凝土有关质量文件（包括配合比报告，水泥检测报告，粗、细骨试验报告，VF-9 聚羧酸泵送剂出厂检验报告，粉煤质量检测报告等）邮寄给了被答辩人，被答辩人也于 2018 年 4 月 29 日签收。由此可见，本案被答辩人通和公司收到上述混凝土有关质量文件的事实是非常清楚的。因此，被答辩人要求答辩人立即提供混凝土验收资料显然是无理取闹，不能成立的。

综上所述，被答辩人通和公司要求富裕公司赔偿经济损失 3000 多万元以及交付混凝土相关验收资料是严重缺乏事实和法律依据的，根本不能成立。因此，恳请合议庭能够明察本案，依法驳回被答辩人的无理诉讼请求。

（二）富裕公司所提交的证据资料

证据一：《乐山市预拌（商品）混凝土供应合同》。

证明：

（1）原、被告之间存在混凝土买卖合同法律关系的事实。

（2）该合同约定了"原告通和公司对供应的混凝土质量如有异议，应当在 24 小时内以书面形式通知富裕公司。如协商不成，可通过政府权威机构进行鉴定解决"的条款。

（3）被告在供货前已经将材质检验报告、配合比报告等资料提供给原告的事实。

## 第六章 风云迭起：第二个3000多万元索赔案

证据二：市中区法院［2016］川1102民初字X号案件第三次《开庭庭审笔录》。

证明：

（1）原告在2018年2月1日才向法庭提出另案诉讼，要求被告赔偿经济损失的主张的事实。

（2）原告在"地基基础工程"尚未验收通过的情况下就继续修建"主体工程"，由此所造成的"扩大损失"应由其自行承担的事实。

证据三：2018年7月12日乐山市建设工程质量安全监督站办公室《会议纪要》。

证明：

（1）原、被告曾于2018年7月1日在乐山市建设工程质监站的主持下达成了《协议》，

约定"委托四川省建筑科学研究院对桩基础进行鉴定，鉴定费用由被告方支付"的事实。

（2）在达成上述《协议》后，原告仍拒不配合被告及鉴定机构进行鉴定的事实。

证据四：《鉴定申请书》。

证明：被告所提供的混凝土质量是完全合格的事实。

在上述证据中，证据二"市中区法院［2016］川1102民初字X号案件第三次《开庭庭审笔录》"对于本案的解决以及与之其后的"加固赔偿"案都起到关键性的作用。

（三）一审对本案的审理情况及裁判结果

在本案，如前所述，最关键的问题还是富裕公司所供应的混凝土质量是

否合格问题。在［2016］川1102民初字X号"货款"案件中，我们已经向法院提出过了质量鉴定申请，但是，由于对方拒不配合，所以导致该次鉴定无法完成。而富裕公司技术人员坚信"富裕公司所供应的桩基混凝土质量是合格的"，再加上出于诉讼策略考虑，即让法官从自由心证角度确信"富裕公司所供应的桩基混凝土质量是合格的"，所以，富裕公司于2019年4月28日再次向法院申请对案涉人工挖孔桩混凝土强度进行司法鉴定。在法院的主持下，双方经过协商最终确定了四川省建筑科学研究院有限公司对案涉工程39根挖孔桩桩顶部分的混凝土抗压强度进行检测鉴定。随后，富裕公司即向鉴定机构缴纳了10万元鉴定费用。2019年5月，该鉴定机构在《有关事宜的回函》中提出："对试压块抗压强度低于设计强度等级的39根挖孔桩桩顶附近的底板进行破坏，露出桩顶，以便于取样检测。如果在对底板进行破坏时造成结构构件的损伤，我公司不承担相关责任。"在收到该函后，通和公司书面回复称，担心3万平方米的建筑有报废风险故不同意进行破坏性鉴定。

至此，第二次鉴定也"无疾而终"，不了了之！但是，对于富裕公司而言，已经尽到富裕公司的举证责任。

对我们团队而言，随着时间的推移，案件有利的因素逐渐增多。2019年7月2日，乐山中院对一期工程货款案作出了［2019］川11民抗X号《民事判决书》，再审判决纠正了原二审判决的错误。2019年7月11日，四川高院对一期工程索赔案作出了［2019］川民终X号《民事判决书》，支持了富裕公司的上诉请求，驳回上诉人3100多万元的全部诉求。因此，一期工程案的全部胜诉以及胜诉理由对二期工程索赔案产生了重大影响。

在一期工程索赔案二审判决作出后，乐山中院也对本案进行了公开开庭审理。当我们下午2点多到达法庭时，一个"恐怖"的事情发生了！

赖某华居然携带了"催泪瓦斯"，妄图将其带入法庭。幸好，乐山中院的安检系统比较灵敏，法警及时地发现，并对其予以没收。他的解释是他自己是蔬菜市场的保安队长，在开庭前本应当将工具放置于公司，但一时着急开庭就忘了，所以才将其带到法院的。考虑到他是七八十岁的老人，主审法官也只对他进行了训诫。

笔者知道后，也吓得冒出了一身冷汗！笔者认为，不排除赖某华因经历了几场官司败诉后，对我们团队"怀恨在心"，企图在法庭上对我们及法官予以报复，以便在全国产生"轰动性"的效应。

经过审理，乐山中院于 2019 年 9 月 27 日作出了［2019］川 11 民初 X 号《民事判决书》，仅判决富裕公司向对方支付违约金 359 694 元，驳回对方的其他诉讼请求。其裁判观点如下：

本院认为，本案争议焦点一：两原告要求富裕公司提供混凝土验收资料，完成工程验收的请求是否应当支持？庭审中，两原告明确要求提供的资料为各原材料的材质检验报告、配合比报告、混凝土出厂合格报告。本院认为，双方《预拌（商品）混凝土买卖合同》第 7 条第 3 款约定："乙方应按规范及合同的要求负责预拌商品混凝土的配合比设计、实验，并在预拌商品混凝土开始供应前，将各原材料的材质检验报告、配合比报告提供给甲方。"现富裕公司未提供证据证明其已经将该条约定的相关材料交付给通和公司，故两原告向富裕公司提出的相关材料的交付主张本院予以支持。富裕公司抗辩称［2018］川 11 民终 X 号民事判决中已经载明其完成了相关资料的交付义务，但该文书中两原告明确对其交付的资料不予认可，故富裕公司该抗辩理由本院不予支持。关于完成工程验收的请求，富裕公司作为建设工程的混凝土供应商，其不具备完成建设工程验收的法定职责或者约定义务。同时，案涉工程未进行工程整体质量鉴定，对存在强度争议的混凝土挖孔桩也未进行强度鉴定，对存在质量问题争议的挖孔桩部分应当采取何种补救措施才能达到两原告要求的验收标准在本案中也无权威机构证明，故现两原告无证据证明富裕公司对完成工程验收应承担的具体行为内容，因其诉求不具体明确，故本院对两原告该请求不予支持。

本案争议焦点二：城西蔬菜市场、通和公司要求富裕公司赔偿的损失数额如何确定？关于约定违约金损失问题，［2018］川 11 民终 X 号民事判决书和［2018］川民申 X 号民事裁定书均认定富裕公司提供的混凝土部分质量不符合合同约定，依照《预拌（商品）混凝土买卖合同》第 10 条关于富裕公司违约责任的约定，城西蔬菜市场、通和公司有权要求富裕公司按照总货款金额的 10% 支付约定违约金，对该违约金计算方式，庭审中富裕公司明确表示无异议，因此城西蔬菜市场、通和公司要求富裕公司支付总货款 3 596 948 元的 10%，即约 359 694 元的违约金，符合双方约定，本院予以支持。

关于城西蔬菜市场、通和公司主张的贷款资金利息占用损失问题，通和公司与乐山市商业银行市中区支行签订的两份《流动资金借款合同》，以及与井研农村信用联社签订的三份《流动资金借款合同》，其借款用途均明确约定为购买农副产品或者归还前期借款，其均未明确约定所涉贷款用于了案涉工程，故城西蔬菜市场、通和公司据此五份借款合同主张富裕公司承担相关资金占用利息，本院不予支持。

关于租金损失问题，依照《合同法》第113条第1款"当事人一方不履行合同义务或者履行合同义务不符合约定，给对方造成损失的，损失赔偿额应当相当于因违约所造成的损失，包括合同履行后可以获得的利益，但不得超过违反合同一方订立合同时预见到或者应当预见到的因违反合同可能造成的损失"的规定，通和公司应当证明富裕公司的违约行为与其主张的1700余万元租金损失之间有必然且唯一因果关系，否则该租金损失不应当由富裕公司一方负担；同时通和公司还需要举证证明富裕公司在与城西蔬菜市场、通和公司签订本案《预拌（商品）混凝土买卖合同》时已经预见或者应当预见该1700余万元的损失。并且其举证证明责任依照《最高人民法院关于适用〈中华人民共和国民事诉讼法〉的解释》（2015年）第108条第1款"对负有举证证明责任的当事人提供的证据，人民法院经审查并结合相关事实，确信待证事实的存在具有高度可能性的，应当认定该事实存在"的规定，应当达到高度可能性的证明标准。而建设工程质量问题与原材料质量、施工质量均有密切关系，仅《混凝土立方体试件抗压强度检测报告》只能证明富裕公司提供部分混凝土质量不符合合同约定，在无权威鉴定意见或者其他充分证据情况下，现有证据未达高度可能性的证明标准，尚不足以证明富裕公司提供部分混凝土质量不符合合同约定就是案涉工程无法竣工验收的唯一原因。同时，通和公司并未提供充分证据证明富裕公司在签订总金额350余万元的《预拌（商品）混凝土买卖合同》时，就已经预见到或者应当能够预见到因部分商品未达到合同约定质量其可能承担的损失赔偿仅一项就高达1700余万元。综上，本院对通和公司主张的1700余万元的租金损失不予支持。

本案争议焦点三：两原告的诉讼请求是否已过诉讼时效？被告认为两原告于2015年6月23日收到《检测报告》之后就该知道混凝土存在质量问题，但直到2018年2月1日才提出要求，已过诉讼时效。本院认为，2016年9月23日，富裕公司起诉两原告支付混凝土货款纠纷时，该案的争议焦点之一就是案涉混凝土是否存在质量问题，因此就质量问题两原告并未超过诉讼时效，富裕公司该抗辩理由不成立。

综上所述，城西蔬菜市场、通和公司部分诉讼请求应当予以支持。依照《合同法》第60条等法律规定，判决如下：

（1）富裕公司在本判决生效之日起10日内向通和公司城西蔬菜市场、通和公司交付《预拌（商品）混凝土买卖合同》第7条第3款约定的各原材料的材质检验报告、配合比报告、质量合格的检测报告等相关资料。

（2）富裕公司在本判决生效之日起10日内向通和公司城西蔬菜市场、通和公司支付违约金约359 694元。

（3）驳回通和公司城西蔬菜市场、通和公司其他诉讼请求。

案件受理费191 808元，保全费5000元，合计196 808元，由富裕公司负担2360元，由通和公司城西蔬菜市场和通和公司负担194 448元。

### 三、四川高院对本案的二审情况

在接到判决书后，笔者认为一审判决基本是公平的，但是由于在一审判决中仍然认定"富裕公司存在违约行为"，所以，出于诉讼策略考虑，富裕公司还是决定向四川高院提起上诉，以期撤销对"富裕公司违约行为"的认定，以表明富裕公司的诉讼立场。对于对方而言，上诉是必然的。

2020年3月27日，四川高院受理了双方的上诉。受理后，依法组成合议庭，并在2020年5月13日对本案进行了公开开庭审理。

在法庭审理过程中，我们团队充分阐述了富裕公司的上诉观点：第一，本案如果不适用24小时异议期的规定，那么也应适用《混凝土验收规定》关于异议期15天的规定。而对方在发现富裕公司所供应的混凝土存在质量问题时，也没有在15天内提出异议，应当视为合格；第二，根据住建部2013年发布的《建筑工程施工质量验收统一标准》（GB 50300-2013）3.0.3-2以及6-5之规定，案涉工程桩基础部分属于基础部分的隐蔽工程，应当进行验收，有验收文件，验收合格后才可进行主体工程的施工。本案中，原告方在[2016]川1102民初X号案第三次《庭审笔录》第5页中已经承认"自己明知基础工程没有验收，但怕损失过大和被告承诺对混凝土问题处理，继续对主体工程施工。"由此可见，原告严重违反了上述《建筑工程施工质量验收统一标准》中关于"在隐蔽工程验收合格后方可继续施工"的强制性规定，在此情况下，所造成的一切经济损失，显然应当由原告自行承担。随后，我们将上述《规定》及《标准》提交给了审理法庭。

由于主审法官对"混凝土行业"的相关知识也并不是很熟悉,经过我们在法庭上的阐释,合议庭对混凝土的"特性"也比较清楚了。在庭审完毕之后,主审法官在与我们交流时,说道,我们特别专业,对混凝土的相关知识了解很深!

实际上,经历了这么多场官司下来,再加上我们团队遇到问题后能够经常到公司及相关部门走访调查,同时,我们团队近些年来一直在代理"建筑房地产"纠纷案件,所以,在建筑房地产领域,我们也可被称之为"专业律师"了!《论语·卫灵公》有云:"子贡问为仁。"子曰:"工欲善其事,必先利其器。居是邦也,事其大夫之贤者,友其士之仁者。"可见,做到"专业",做到"极致"是非常重要的。

凡事都要尽力而为,而后顺其自然!不出所料,四川高院于 2020 年 5 月 27 日作出了〔2020〕川民终 X 号《民事判决书》,驳回上诉,维持原判。其裁判观点与一审观点基本相同。但关于"桩基混凝土质量是否合格,是否影响验收问题",二审法院特别强调了本案的举证责任问题。其裁判观点如下:

关于混凝土挖孔桩是否合格,是否影响验收的问题。《关于城西蔬菜市场二期工程—挖孔桩砼强度不满足原设计要求的设计核算》和工程监理单位四强建设项目管埋有限公司发出的监理函都表明,因混凝土试件抗压强度部分不合格,会不会导致挖孔桩不合格的问题需要请有资质的法定检测单位进一步检测,根据检测结果确定补救措施。本案一审中,富裕公司就此申请了司法鉴定,后因通和公司不同意而未鉴定。从举证责任的分配来看,城西蔬菜市场、通和公司对因富裕公司的行为致挖孔桩不合格以及如何补救负有举证责任,现城西蔬菜市场、通和公司未举证证明。一审认定"对存在质量问题争议的挖孔桩部分应当采取什么样补救措施才能达到城西蔬菜市场、通和公司要求的验收标准在本案中也无权威机构证明,故城西蔬菜市场、通和公司无证据证明富裕公司对完成工程验收应承担的具体行为内容,因其诉求不具体明确,故一审法院对城西蔬菜市场、通和公司该请求不予支持"的处理正确,本院予以支持。

### 四、最高院对本案的再审审查情况:垂死的挣扎

在接到二审判决后,对方又是不服,向最高院第五巡回法庭提出了再审申请。由于本案确实比较复杂,再加上标的额比较大,所以公司为了"保险"

起见，又聘请了当地"重庆坤源衡泰律师事务所"左靖宇律师，共同承办本案。

最高院第五巡回法庭受理再审申请后，组成了合议庭，由马成波、葛洪涛、马岚三位大法官共同审查本案。2020年12月1日下午，马成波大法官对本案举行了听证询问。虽然对方提交了几份所谓的"新证据"，但是已经于事无补，由于对方在一、二审程序中不同意鉴定，所以导致我们所供应的桩基混凝土质量是否合格难以确定，对此，自然应当由对方承担举证不利的后果。另外，对方也没有证据证明在2015年6月发现质量问题时就及时通知了富裕公司并要求富裕公司采取补救措施，因此，对于其损失，也应由对方自行承担。

经过审查，最高院第五巡回法庭于2020年12月25日作出了［2020］最高法民申X号《民事裁定书》，驳回了对方的再审申请。其裁判观点如下：

本院经审查认为，城西蔬菜市场、通和公司的再审申请事由及理由不能成立，理由如下：

关于富裕公司的混凝土质量不合格是否是导致工程不能验收、长期废置的原因。富裕公司于2015年5月开始供货，乐山市建设工程质量检验测试中心于同年6月出具的46份《混凝土立方体试件抗压强度检测报告》已证实案涉工程的人工挖孔桩施工砼浇筑中第62#、64#等孔桩的抗压强度未达到双方约定标准。根据双方签订的《预拌（商品）混凝土买卖合同》约定，通和公司对富裕公司供应的混凝土质量有异议的，应当在24小时内以书面形式通知富裕公司，双方协商解决，若双方协商不成，可通过政府权威机构进行鉴定。而案涉工程《建筑工程施工许可证》（编号：51110020151123010IS），载明案涉工程建设规模28 750.17平方米，合同工期2015年6月11日至2016年12月31日。城西蔬菜市场、通和公司在案涉工程施工不久，既已知悉富裕公司的混凝土存在质量问题，其应依约及时处理，但其未依约处理而是继续施工直到工程竣工。而对于不符合合同要求的混凝土是否导致工程不能验收，《关于城西蔬菜市场二期工程—挖孔桩砼强度不满足原设计要求的设计核算》以及工程监理单位四强建设项目管理有限公司发出的监理函均表明，对不满足设计载荷要求的挖孔桩，建议由有资质的法定检测单位进行检测，原审富裕公司已经提出了鉴定申请，而城西蔬菜市场、通和公司并不同意鉴定。故城西蔬菜市场、通和公司提交的证据尚不足以证明混凝土不符合合同要求是导致工程不能验收的原因。

关于利息损失应否支持的问题。通和公司提交的5份《流动资金借款合同》，借款用途均为购买农副产品或者归还前期借款，而非用于案涉工程。通和公司提供的两份《固定资产借款合同》及其《变更协议》，签订时间虽在案涉工程的建设工期内，借款也系用于案涉工程，但在工程正常建设期间，即已将借款期限变更为2022年4月29日。且如前所述，富裕公司于2015年5月开始供货，城西蔬菜市场、通和公司于同年6月即已知悉混凝土未达到双方约定标准，但其仍继续施工建设，故城西蔬菜市场、通和公司提交的证据不足以证明因富裕公司供应的混凝土部分不符合约定导致了通和公司需要对该两份借款合同承担借期外的额外利息。故原审对城西蔬菜市场、通和公司主张利息损失不予支持。

关于租金损失应否支持的问题。《合同法》第113条第1款规定："当事人一方不履行合同义务或者履行合同义务不符合约定，给对方造成损失的，损失赔偿额应当相当于因违约所造成的损失，包括合同履行后可以获得的利益，但不得超过违反合同一方订立合同时预见到或者应当预见到的因违反合同可能造成的损失。"而如前所述，双方签订《预拌（商品）混凝土买卖合同》对质量不符合约定的情况下如何处理有明确约定，城西蔬菜市场、通和公司知晓混凝土质量问题后并未按约处理，而是继续施工直到工程竣工，现有证据尚不足以证明富裕公司提供部分混凝土质量不符合合同约定就是案涉工程无法竣工验收的唯一原因。且依据协议，富裕公司不能按照合同约定履行义务以及发生其他使合同无法履行的行为，富裕公司应当承担违约责任，违约金按总货款金额的10%计算，城西蔬菜市场、通和公司提交的证据尚不足以证明富裕公司在签订总金额350余万元的《预拌（商品）混凝土买卖合同》时，就已经预见到或者应当能够预见到因部分商品未达到合同约定质量其可能承担的损失赔偿仅一项就高达1700余万元。故原审认为城西蔬菜市场、通和公司提交的证据尚不足以证明富裕公司的违约行为与其主张的租金损失之间有必然且唯一因果关系不缺乏证据证明和法律依据。

综上，城西蔬菜市场、通和公司的再审申请不符合《民事诉讼法》第200条规定的情形。依照《民事诉讼法》第204条第1款、《最高人民法院关于适用〈中华人民共和国民事诉讼法〉的解释》第395条第2款规定，裁定

## 第六章 风云迭起：第二个3000多万元索赔案

如下：

驳回通和公司、通和公司城西蔬菜市场的再审申请。

《孙子兵法》有云："夫未战而庙算胜者，得算多也；未战而庙算不胜者，得算少也。多算胜，少算不胜，而况于无算乎！吾以此观之，胜负见矣。"其实，在每一场官司中，我们都应当认真地谋划计算，必须做到"未战先算"，"多算多胜"，多了解对己方不利的因素，而后多发挥对己方有利的因素，这样才能在无数次的诉讼中立于不败之地。

从3000多万元到最后的36万余元，对方所提起的第二场3000多万元的索赔之诉，也像流水落花似的，消逝在一片幻想之中。留下的是让人无尽的唏嘘和悔恨……

# 第七章

# 艰难的执行

## 第一节 "首次执行"不乐观

### 一、本案（一期、二期工程货款案合称）的执行金额

（1）本案一期工程，经乐山中院审理，于2019年7月2日作出［2019］川11民抗X号民事判决，内容为，判令通和公司城西蔬菜市场于该判决书生效之日起10日内向申请人支付货款698 690元及违约金139 934元，一审案件受理费12 186元，保全费4720元，二审案件受理费12 186元，均由通和公司承担。随后，富裕公司即向市中区法院申请了强制执行。

（2）本案二期工程，经乐山中院审理，于2018年5月11日作出［2018］川11民终X号判决，内容为，判令被告人通和公司城西蔬菜市场向自诉人支付货款2 697 711元、违约金约269 771元，一、二审诉讼费及保全费59 022元，共计3 026 504元，均由通和公司承担。此后，富裕公司即于2018年6月向市中区法院申请了强制执行。

两案执行金额合计为380多万元。

### 二、本案执行法院查控被申请人财产和初次执行情况

在收到富裕公司所递交的《强制执行申请书》后，市中区法院对本案予以立案，并通过网络查控系统对被申请人所有的财产进行查控。其查控的结果仅有两项：

（1）查封并冻结了通和公司所开设的全部银行账户，但账户里仅有几千元资金。

（2）查封了通和公司所有的位于乐山市市中区××路×段××号1幢的11套房产。

在查询到上述财产后，富裕公司即向法院申请评估拍卖上述11套房产，如果顺利的话，按每套40万元的市场价格予以拍卖，就应当能够全部获偿。但没有想到的是，评估机构在评估过程中，要求富裕公司提供门牌号以及土地的具体信息。经富裕公司向不动产登记中心查询，才发现上述房产的土地性质为"划拨"，而不是"出让"取得。

在目前法律框架下，对以划拨方式取得的土地上的房屋可以强制执行，在法律上是不存在什么障碍的。但是，最关键的是要先补交土地出让金，土地性质变为"出让"取得，然后才能拍卖地上建筑物及附属物。目前，以下这两个规定仍有适用的价值。

（一）《最高人民法院关于人民法院执行以划拨方式取得的土地使用权的请示的答复》（［2005］执他字第15号）

安徽省高级人民法院：

你院［2004］皖执监字第175号《关于中国农业银行砀山县支行申请执行安徽省国营砀山葡萄酒罐头工业公司、安徽省砀山果园场借款合同纠纷一案的请示》收悉。经研究，答复如下：

经审查，原则同意你院审判委员会倾向性意见。宿州市中级人民法院［2003］宿中法执字第130—1号民事裁定书所处置的财产虽然涉及国有划拨土地使用权，但事先已经双方当事人同意，事后砀山县土地主管部门又予以认可，符合《中华人民共和国城市房地产管理法》和《中华人民共和国城镇国有土地使用权出让和转让暂行条例》的相关规定及国家土地局［1997］国土函字第96号《对最高人民法院法经［1997］18号函的复函》精神。因此，宿州市中级人民法院上述民事裁定并无不当。但是在具体工作中应严格程序，注意及时同相关部门沟通协商。

（二）《国家土地管理局对最高人民法院法经［1997］18号函的复函》（国土函字［1997］第96号）

四、对通过划拨方式取得的土地使用权，由于不属于当事人的自有财产，不能作为当事人财产进行裁定。但在裁定转移地上建筑物、附着物涉及有关土地使用权时，在与当地土地管理部门取得一致意见后，可裁定随地上物同时转移。

凡属于裁定中改变土地用途及使用条件的，需征得土地管理部门同意；补交出让金的，应在裁定中明确，经办理出让手续。方可取得土地使用权。

在本案中，如果国土部门同意为被申请人"垫付"缴纳这11套房产的"土地出让金"，富裕公司也是愿意的。但是，最关键的是不能"部分"缴纳，而要"全部"缴纳。即将该"土地之上"的登记在被申请人名下的100多套房产的"土地出让金"全部缴纳，方可允许"变性"。然而，"全部"缴纳将为被申请人垫付几百万元"土地出让金"，富裕公司是绝不能这样做的。所以，本案执行第一次陷入了"僵局"状态。在此情况下，执行法院于2019年12月对本案作出了"终本"裁定，同时将被申请人通和公司及其赖某、蔬菜市场及负责人赖某华列入了"失信人"名单和"限高"名单。

### 三、咬定青山不放松

面对不利局面，我们团队没有气馁！经过团队讨论分析后，我们认为，对方肯定有其他财产没有被发现。在这种状况下，我让助理通过"百度"查询，果然发现，被执行人名下还有两块土地可供执行。但是，对于这两块土地是否存在抵押，是否存在查封等情形，富裕公司还不能确定。所以，我们团队立即向法院申请《调查令》，前往乐山市不动产登记中心对上述两块土地情况进行查询。其查询结果如下：

（1）一宗为位于市中区牟子镇武皇村和白果村3社，面积为15 831平方米约23亩的土地，用途为仓储用地，有抵押有查封。

（2）一宗为市中区牟子片区关牟大道西侧，面积为4300平方米约7亩的土地，用途为商业零售用地，有抵押无查封。但该块土地即为案涉一期工程和二期工程之用地，所以，还不具备执行拍卖的条件。

所以，最有价值的就是第一宗土地，面积为15 831平方米的土地，但上面设有抵押及存在查封记录。所以，必须进一步调查核实其相关信息。功夫不负有心人，经过进一步调查，发现被执行人曾以该宗土地使用权向井研县农村信用社贷款800万元；而所谓的查封记录，完全是对方在一起起诉他人案件中，以该宗土地作为财产保全的"担保"，目前，该案早已终结。此后，我们团队又"顺藤摸瓜",掌握了该宗土地上面还有建筑物,对方一直用于蔬菜市场的经营,年租金大约为 200 万元至 300 万元。

在调查清楚之后,2020 年 4 月 16 日,我们团队马上向法院递交了《恢复执行申请书》以及《评估拍卖申请书》,要求法院查封并评估拍卖被执行人通和公司名下所有位于乐山市市中区牟子镇武皇村 6、7、9 社和白果村 3 社(不动产权证号:川[2017]乐山市不动产权第 X 号)土地使用权一宗,以及位于乐山市市中区牟子片区关牟大道西侧(不动产权证号:乐城国用[2015]第 2080××号)土地使用权一宗及其地上建筑物。在这种情况下,法院同意了富裕公司的恢复执行申请及评估拍卖申请。现在,被执行人的财产已经无处遁形,暴露无遗!由以下《财产清单》可见,被执行人通和公司是完全具备偿付能力的。

(1)查封并冻结了通和公司所开设的全部银行账户,但账户里仅有几千元资金;

(2)查封了通和公司所有的位于乐山市市中区××路×段××1 号 1 幢的 11 套房产(土地性质为划拨);

(3)查封并冻结通和公司在第三人四川中商农批酒店有限公司处的二期商务楼租金(双方约定一年租金为 900 万元,每年 11 月份支付 450 万元,下年 6 月份支付剩余 450 万元);

(4)查封了通和公司所有的两宗土地:一宗为位于市中区牟子镇武皇村和白果村 3 社,面积为 15 831 平方米的土地,用途为仓储用地,有抵押无查封;一宗为市中区牟子片区关牟大道西侧,面积为 4300 平方米的土地,用途为商业零售用地,有抵押有查封,但查封为通和公司反担保而为的;

(5)查询到了通和公司在通江农贸市场有持续性的租金收益。

## 第二节 难以到手的"测绘报告"

对于该宗土地的执行,当时我们想的还是过于乐观了。既然要拍卖,那么就要先进行评估。2020 年 6 月 4 日,由于对方"缺席",法院以"随机"方式确定了"深圳市国策房地产土地估价有限公司成都分公司"作为本案的评估机构。该公司在收到法院《委托书》后,组织评估人员到现场进行勘查,发现该宗土地之上所存在的建筑物、构筑物并没有取得相关房产权属证书,因此，无法确定其面积。所以，需要进行"测绘"而后才能进行"评估"。

在这种情况下，法院组织双方选定有资质的测绘机构对上述建筑物、构筑物进行测绘。正如选定评估机构一样，由于对方"缺席"，所以法院就以"随机"方式确定了中宏测绘公司作为测绘机构。当中宏测绘公司派工作人员前往现场进行勘查时，却遭到了对方的围追堵截，言语谩骂。无奈之下，中宏测绘公司于2020年6月15日向法院致函，表示退出测绘工作。在这种情况下，法院只能确定第二家"公信测绘公司"作为本案的测绘机构。

2020年7月，公信测绘公司派工作人员前往现场进行实地勘查，结果同样遭到对方的恶意阻拦，此次测绘又"无功而返"！对此，我听说后非常愤怒，便打电话给执行法官，告知此种情况，并要求法院派法警前往现场"保护"。经过沟通，法官表示下次将派警车及法警到达现场，以维护现场秩序。但是，就在第二次测绘过程中，又发生了一件事情，导致测绘工作被无限期地搁置下来。

## 第三节　一个错误的"暂缓执行"决定

### 一、对方针对执行采取的"缓兵"之计

2020年8月28日，执行法院第二次组织公信测绘公司对通和公司所有的位于乐山市市中区牟子镇武皇村6、7、9社和白果村3社的土地及其建筑物、构筑物进行测绘。然而，在测绘过程中，通和公司以乐山市建设工程质量安全监督站于2020年8月12日出具的《关于富裕公司提供桩基预拌（商品）混凝土低于设计标准及相关资料的函》的回复意见为由，又向执行法院申请中止本案的执行程序。这显然是对方在无奈之下所采取的"缓兵"之计。

在接到《中止执行申请书》后，执行法院便暂停了本次的测绘工作，表示待研究后再行确定。对此，富裕公司经过研究，于2020年9月2日向法院递交了《关于公司提出中止执行的意见》，内容为：

我司与通和公司、通和公司城西蔬菜市场买卖合同执行纠纷一案（案号：[2020]川1102执恢X号）已由你院依法受理。其间，你院于2020年8月28日组织公信测绘公司对通和公司所有的位于乐山市市中区牟子镇武皇村6、7、

9社和白果村3社的土地及其建筑物，构筑物进行测绘。在测绘过程中，通和公司以乐山市建设工程质量安全监督站于2020年8月12日出具的关于《关于富裕公司提供桩基预拌（商品）混凝土低于设计标准及相关资料的函》的回复意见为由，向你院申请中止本案的执行程序。

对此，我司认为：①我司是依据乐山中院作出的［2018］川11民终X号生效判决向贵院申请强制执行的，到目前为止，该判决并未被上级法院撤销，因此，贵院应当按照该判决继续执行；②关于通和公司诉我司违约损害赔偿3000多万元纠纷一案，已经于2020年5月27日由四川高院作出终审判决（案号：［2020］川民终X号），判决我公司支付违约金359 694元。该判决作出后，我已经于2020年8月26日通过公证方式履行了全部付款义务。至此，本案已经全部了结。如果通和公司对该终审判决不服，完全可以凭借质监站所出具的该份"新证据"向最高院提出再审申请。但无论结果如何，均不影响［2020］川1102执恢X号案件的执行。

综上，我司认为，通和公司以"乐山市质监站出具的回复意见"为由申请中止本案执行程序，完全不符合《民事诉讼法》第256条规定的应当中止执行的情形。对此，请贵院依法审查，驳回其关于"中止执行"的申请，并请贵院尽快对本案所涉执行财产进行测绘、评估，并予以拍卖。

## 二、一份难以理解的《暂缓执行决定书》

如前所述，对方所提出的中止执行申请是根本不能成立的。作为执行法官，其职责就是严格"依判"执行，而不管其判决是否存在错误。作为本案执行法官，已经在该法院从事执行工作近二十年之久，应当对相关执行法律非常熟悉，而不会犯一些"低级"错误。但是，令人没有想到的是，该执行法官却于2020年10月10日作出了一份令人难以理解的《暂缓执行决定书》，决定对本案暂缓执行。其观点为：

因申请执行人富裕公司基于买卖合同提供的部分商砼不符合设计要求和合同约定的C30的标准，导致工程完工后长达五年的时间未被乐山市建设工程质量安全监督站验收。2020年8月12日，该站书面回复称：桩身混凝土强度低于C25的14根桩建设单位应委托具有资质的设计单位对其进行加固设计,并委托相关施工单位及时进行加固处理,处理完成后再行验收。加固设计、施工、验收、结算需要一定的时间,由此而造成的损失也会要求富裕公司承担。被执行人通和公司城西蔬菜市场依法对申请执行人富裕公司享有抵销权,故申请暂缓执行,并提供城西蔬菜市场项目二期工程30 000平方米的房产作担保。本院认为,被执行人通和公司城西蔬菜市场依法对申请执行人富裕公司享有抵销权,且提供了担保,被执行人申请暂缓执行理由成立。依据《最高人民法院关于正确适用暂缓执行措施若干问题的规定》第3条、第4条第1款、第10条的规定,决定如下:

暂缓执行富裕公司与通和公司城西蔬菜市场、通和公司买卖合同纠纷一案,暂缓执行6个月至2021年4月9日。

被执行人在暂缓期满后仍不履行的,本院将依法强制执行。

### 三、一份有理有据的《执行复议申请书》

在接到上述《暂缓执行决定书》后,富裕公司是极其气愤的!在向公司领导汇报此事后,富裕公司决定联系该院分管领导对此事予以交涉。在见到该位分管领导后,我们指出了本《决定书》存在"以执代审"以及"滥用"法律规定之问题。由于"生米已煮成熟饭",这位分管领导表示将会向院里汇报此事,并请我们按照法律程序对该种"执行行为"提出执行异议,以纠正该错误决定。

2020年10月13日,富裕公司正式向该执行法院递交了《执行异议申请书》,要求该院依法撤销[2020]川1102执恢X号《暂缓执行决定书》,并恢复本案执行。理由如下:

富裕公司作为异议人认为,贵院所作出的[2020]川1102执恢X号《暂缓执行决定书》是严重违背法律规定的,依法应予撤销。

(一)贵院作为执行机构直接认定"被执行人四川通和公司对我司享有抵销权"是严重错误的

在本案,被执行人通和公司于2020年9月29日,向市中区法院提交《暂缓执行申请书》,理由为:因申请执行人富裕公司基于买卖合同提供的部分商砼不符合设计要求和合同约定的C30的标准,导致工程完工后长达五年的时间未被乐山市建设工程质量安全监督站验收。2020年8月12日，该站书面回复称：桩身混凝土强度低于C25的14根桩建设单位应委托具有资质的设计单位对其进行加固设计，并委托相关施工单位及时进行加固处理，处理完成后再行验收。加固设计、施工、验收、结算需要一定的时间，由此而造成的损失也会要求富裕公司承担。被执行人通和公司城西蔬菜市场依法对申请执行人富裕公司享有抵销权，故申请暂缓执行，并提供城西蔬菜市场项目二期工程30 000平方米的房产作担保。市中区法院认为，被执行人通和公司城西蔬菜市场依法对申请执行人富裕公司享有抵销权，且提供了担保，被执行人申请暂缓执行理由成立。依据《最高人民法院关于正确适用暂缓执行措施若干问题的规定》第3条、第4条第1款、第10条的规定，决定暂缓执行。对此，异议人认为，贵院作为执行机构直接认定"被执行人通和公司对我司享有抵销权"是严重违法的，是根本不能成立的。

（1）关于通和公司对我司是否享有抵销权，并不是由执行机构依法能够确认的，而是应当由审判机构依法审查并予以确认。

在本案中，被执行人通和公司并没有向法院提出诉讼，要求确认对我司享有抵销权，那么，在此情况下，贵院执行机构就直接认定被执行人通和公司对我司享有抵销权，显然犯了"以执代审"的重大错误。试问贵院，我司到底是欠通和公司1分钱，还是2分钱，还是几百万元，几千万元？请贵院予以明确（我司欠通和公司的具体金额）。如果这样"不讲依据"的认定，势必会给"通和公司再次对我司提出违约损害赔偿之诉"埋下伏笔，后果是极其严重的。

（2）关于通和公司于2019年4月诉我司买卖合同"违约损害赔偿"一案，已经由中院、高院依法作出判决。

在本案中，两级法院均未支持通和公司要求我司赔偿3100多万元的"恶意"诉求，判决结果均为，判决我司向通和公司支付违约金359 694元。我司于2020年7月在收到四川高院的终审判决后，已经于2020年8月26日采取银行转账方式向通和公司支付了违约金359 694元及迟延履行金5728元，履行了生效文书所规定的义务。至此，本案已经彻底了结。在本案已经彻底了结的情况下，又何谈被执行人通和公司对我司享有"抵销权"呢？

（二）贵院以"被执行人通和公司提供了城西蔬菜市场项目二期工程30 000平方米的房产作担保"为由作出暂缓执行决定也是极其错误的

在本案中，根据《民事诉讼法》第231条之规定，在执行中，被执行人向人民法院提供担保，并经申请执行人同意的，法院可以决定暂缓执行及暂缓执行的期限。被执行人逾期仍不履行的，法院有权执行被执行人的担保财产或者担保人的财产。本案中，第一，被执行人通和公司提供的所谓"城西蔬菜市场项目二期工程 30 000 平方米的房产"并没有验收完毕，也未取得"不动产权属证书"，也未提供评估机构出具的"评估报告"，到底"权属归谁所有，价值几何都尚未确定"，在此情况下，怎么就能认定被执行人通和公司提供了"充分、有效"的担保呢？第二，根据上述法律规定，即使通和公司提供了"充分、有效"的担保，也必须经过我司作为申请执行人的同意，法院才能作出暂缓执行的决定。本案中，我司自始至终都未同意"其以房产作为担保以换取暂缓执行"的请求，在此情况下，贵院就直接同意被执行人通和公司的暂缓执行申请，显然是严重违法的，依法应予纠正。

综上，异议人认为，贵院作为执行机构在"无证据证明通和公司对我司享有抵销权"，且在我司未同意"通和公司以其房产作为担保来换取暂缓执行"的情况下，就作出了《暂缓执行决定》，这种做法显然是严重违反上述法律规定的，有纵容"被执行人通和公司恶意赖账"之重大嫌疑，依法应予撤销。为此，根据《民事诉讼法》之有关规定，异议人特向贵院提出以上复议，请求贵院依法尽快撤销所作出的上述《暂缓执行决定》，以维护异议人作为申请执行人的重大合法权益。

## 四、执行法院及二审法院对本案的审查情况

（一）执行法院对本案的审查情况：正本清源

在接到富裕公司所提交的上述《执行复议申请书》后，执行法院即对本案复议申请进行了立案，并组成合议庭来审查本案。经过审查，合议庭于 2020 年 10 月 9 日作出 [2020] 川 1102 执异 X 号《执行裁定书》，撤销本院 [2020] 川 1102 执恢 X 号《暂缓执行决定书》。其裁判观点为：

根据当事人诉辩意见，本案争议焦点在于 [2020] 川 1102 执恢 X 号《暂缓执行决定书》以通和公司城西蔬菜市场对异议人享有抵销权为由作出暂缓执行决定是否符合法律规定。对此，本院评判如下：

第一，根据《合同法》第 100 条关于"当事人互负债务，标的物种类、

品质不相同的,经双方协商一致,也可以抵销"的规定,通和公司城西蔬菜市场提出异议人对其负有债务并主张抵销,但没有提供证据证明异议人与其就互负债务的抵销进行过约定。

第二,《合同法》第 99 条规定:"当事人互负到期债务,该债务的标的物种类、品质相同的,任何一方可以将自己的债务与对方的债务抵销,但依照法律规定或者按照合同性质不得抵销的除外。当事人主张抵销的,应当通知对方。通知自到达对方时生效。抵销不得附条件或者附期限。"本案中,通和公司城西蔬菜市场提出异议人对其负有债务并主张抵销,但没有提供证据证明其主张抵销的债务到期且已通知了异议人,也没有提供对其所主张的抵销债权予以确认的生效法律文书。其次,在执行程序中,对于未取得执行依据的情形,如果申请执行人对被执行人主张的抵销债权没有异议,则允许在执行程序中予以抵销。本案中,没有证据显示异议人在执行程序中对通和公司城西蔬菜市场主张的抵销债权予以认可,通和公司城西蔬菜市场与异议人之间有无债务可以抵销、能够抵销债务的具体金额,均需等待人民法院实体审判并在生效裁判中予以认定。

第三,四川久信资产评估有限公司出具的川久信资评〔2018〕17 号《资产评估报告》载明该报告有效使用期限至 2019 年 4 月 19 日届满,在案证据不能证明通和公司城西蔬菜市场就担保财产另行提供了评估证明,故通和公司城西蔬菜市场提交的担保财产不符合《最高人民法院关于正确适用暂缓执行措施若干问题的规定》第 5 条第 1 款关于"当事人或者利害关系人提供财产担保的,应当出具评估机构对担保财产价值的评估证明"之规定。

第四,对于通和公司城西蔬菜市场在本案审查中提交的再审审查立案信息和再审申请书,本院根据《民事诉讼法》(2012 年)第 199 条关于"当事人对已经发生法律效力的判决、裁定,认为有错误的,可以向上一级人民法院申请再审;当事人一方人数众多或者当事人双方为公民的案件,也可以向原审人民法院申请再审。当事人申请再审的,不停止判决、裁定的执行"的规定,认为通和公司城西蔬菜市场以该案已进入再审审查为由主张暂缓执行的理由不成立,本院不予采纳。

综上,本院作出的〔2020〕川 1102 执恢 X 号《暂缓执行决定书》直接确定通和公司城西蔬菜市场对异议人享有抵销权,显属不当,应予撤销。依照《合同法》第 99 条、第 100 条,《民事诉讼法》第 199 条、第 225 条、第

231条,《最高人民法院关于人民法院办理执行异议和复议案件若干问题的规定》第7条、第17条之规定,裁定如下:

撤销本院[2020]川1102执恢X号《暂缓执行决定书》。

当事人、利害关系人对裁定不服,可以自本裁定送达之日起10日内向乐山中院申请复议。

(二) 二审对本案的审查情况

在接到该《执行裁定书》后,对方不服,又向乐山中院提出了复议申请。经过审查,二审合议庭于2020年12月23日作出了[2020]川11执复X号《执行裁定书》,驳回了其复议申请。其裁判观点为:

本院认为,复议申请人通和公司、通和公司城西蔬菜市场提出请求撤销市中区法院[2020]川1102执异X号异议裁定。复议主张对通和公司城西蔬菜市场集资24 177万元进行合法执行,终止对通和公司的非法执行,解除对其查封、冻结的执行措施。根据《民事诉讼法》第225条、《最高人民法院关于人民法院办理执行异议和复议案件若干问题的规定》依法审查市中区法院作出的[2020]川1102执异X号执行裁定以及[2020]川1102执恢X号《暂缓执行决定书》是否符合法律规定。复议申请人主张对通和公司城西蔬菜市场集资24 177万元进行合法执行,终止对通和公司的非法执行,解除对其查封、冻结的执行措施是对查封冻结的执行行为的异议,本案复议申请人要求撤销市中区法院[2020]川1102执异X号执行裁定,而该[2020]川1102执异X号执行裁定撤销的是[2020]川1102执恢X号《暂缓执行决定书》,与其复议请求主张对通和公司城西蔬菜市场集资24 177万元进行合法执行,终止对通和公司的非法执行,解除对其查封、冻结的执行措施,不是同一执行行为,复议请求缺乏事实的关联性。市中区法院异议裁定认定事实清楚,适用法律正确,结果应予维持。依照《民事诉讼法》第225条、《最高人民法院关于人民法院办理执行异议和复议案件若干问题的规定》第23条第1款第1项的规定,裁定如下:

驳回通和公司、通和公司城西蔬菜市场的复议申请,维持市中区法院[2020]川1102执异X号异议裁定。

本裁定为终审裁定。

## 第四节　难缠的"老赖"及代理人

在本案执行法院及二审法院撤销《暂缓执行决定书》后，富裕公司于2021年1月接到了最高院送达的[2020]最高法民申X号《民事裁定书》，裁定驳回了对方关于二期工程索赔3000多万元案的再审申请。在此情况下，富裕公司又向执行法院申请了恢复执行。现在，一切已成为必然，测绘评估工作势在必行。但是，对方又制造执行障碍，伪造了虚假的《股东会记录》，以"应当先执行其城西蔬菜市场（分公司）的财产即"尚未验收的一期工程"，而后才能执行其公司名下的财产"为由，于2021年4月7日向执行法院提出书面异议，请求：立即撤销市中区法院[2020]川1102执恢X号之一执行裁定，停止拍卖通和公司所有的位于四川省乐山市市中区牟子镇武皇村6、7、9社和白果村3社的国有建设用地使用权一宗（不动产权证号：川[2017]乐山市不动产权第X号），并解除对案涉土地的查封措施。

经过审查，执行法院于2021年4月20日作出了[2021]川1102执异X号《执行裁定书》，驳回其无理的执行异议。其裁判观点为：

本院认为，根据《最高人民法院关于适用〈中华人民共和国民法典〉时间效力的若干规定》（法释[2020]15号）第1条第2款关于"民法典施行前的法律事实引起的民事纠纷案件，适用当时的法律、司法解释的规定，但是法律、司法解释另有规定的除外"的规定，引起本案纠纷的法律事实发生在民法典施行之前，应适用民法典施行前的法律和司法解释。

根据已经发生法律效力的乐山中院[2018]川11民终X号民事判决确定的义务，通和公司城西蔬菜市场应支付富裕公司货款2 697 711元及违约金约269 771元；通和公司对通和公司城西蔬菜市场的上述债务承担补充清偿责任。在该案首次执行和历次恢复执行过程中，经本院依职权查询，通和公司城西蔬菜市场名下无银行存款、房屋、车辆等可供执行的财产信息。鉴于通和公司城西蔬菜市场名下无可供执行的财产信息，且通和公司对通和公司城西蔬菜市场的上述债务承担补充清偿责任，故本院裁定拍卖通和公司名下的位于四川省乐山市市中区××镇××村××村的前述案涉土地使用权并无不当。

对于通和公司提出位于乐山市市中区关牟大道西侧的三宗土地属于通和

公司城西蔬菜市场的主张，本院认为，从通和公司提交的证据来看，案涉三宗土地的土地使用权均登记在通和公司名下，虽然其提交的《股东会决议》载明将登记在通和公司名下位于四川省乐山市市中区××镇××村的土地（权证号：乐中国用［1998］字第0××6号）交由通和公司城西蔬菜市场管理处置，但至今未就城西蔬菜市场所涉三宗土地办理产权变更登记手续，根据《物权法》第9条第1款关于"不动产物权的设立、变更、转让和消灭，经依法登记，发生效力；未经登记，不发生效力，但法律另有规定的除外"的规定，《股东会决议》不发生物权变动的效力，案涉三宗土地的土地使用权不属于通和公司城西蔬菜市场名下的财产。

对于通和公司提出通和公司城西蔬菜市场有可供执行的财产，足以支付案涉货款的主张，本院认为，如前所述，经本院依职权查询，通和公司城西蔬菜市场名下无可供执行的财产。通和公司在本案审查中陈述城西蔬菜市场至今未竣工验收，故城西蔬菜市场不具备资产处置条件，通和公司前述主张不成立，本院不予支持。

综上，通和公司的异议请求不成立，本院不予支持。依照《物权法》第9条第1款，《民事诉讼法》第225条、第244条，《最高人民法院关于人民法院办理执行异议和复议案件若干问题的规定》（法释［2015］10号）第7条、第17条之规定，裁定如下：

驳回异议人通和公司的异议请求。

如不服本裁定，可以自本裁定书送达之日起10日内，向乐山中院申请复议。

在接到上述《执行裁定书》后，对方不服，向乐山中院提出了复议申请。经过审查，乐山中院于2021年6月8日作出了［2021］川11执复X号《执行裁定书》，裁定，驳回了对方的复议申请。

就这样，经过暂缓执行至二审驳回其"异议"，本案的执行又被"白白地"搁置了8个月之久。

2021年6月21日，富裕公司又向执行法院递交了《恢复测绘申请书》，请求尽快进行第三次测绘，并尽快出具《测绘报告》。在这种情况下，执行法院才于2021年7月16日再次组织测绘公司进场测绘。2021年8月，公信测绘公司出具了正式的《测绘报告》。

在《测绘报告》作出后，按照法律规定就应该顺利进入评估程序。但是，由于各种原因，直至 2021 年 12 月 13 日，评估机构才作出《评估报告》，评估结论为，被执行人名下土地及其地上建筑物、构筑物的市场价值为 19 377 900 元。

## 第五节 一封给巡视组的举报信

从 2018 年 6 月至 2021 年 9 月，历经三年多的执行，在被执行人完全有偿付能力的情况下，由于其不断地"耍赖"，再加上执行法院的原因，最后造成的结果是，对方不仅"分文"未向富裕公司清偿所拖欠的货款，还恶意缠诉，以富裕公司所供应的混凝土存在质量问题给其造成损失为由，先后提起两个 3000 多万元的损害赔偿诉讼，总计花去诉讼费用 100 多万元，并且多次恶意查封了富裕公司名下的银行账户，造成富裕公司无法及时支付员工工资，且招投标也受到了影响，给富裕公司的正常生产经营造成了难以估量的损失。

导致本案不能顺利执行的根本原因就是，通和公司及赖某华作为老赖采取各种手段阻碍执行以及执行法院不作为所造成的。现在的状况是"通和公司有钱打官司，无钱偿付执行款"要想解决本案，尽快收回执行款项，必须要对通和公司加大执行力度，尽快评估拍卖上述土地及其建筑物和构筑物。

面对这种尴尬局面，我们团队成员及公司领导都愤怒至极！我们在与公司领导沟通之后，决定向省委巡视组举报"对方的恶意赖账行径"及"执行法院的不作为"。《举报信》全文是由公司法务总监起草，我们仅是对题目进行了修改，最后，公司领导决定以我们律师的名义向四川省委第五巡视组予以举报。2021 年 9 月 26 日上午，我采用电子邮件方式将《举报信》发送给了省委第五巡视组。原文如下：

**执行难、维权难、打击抗法更难**
——关于通和公司拒不履行生效判决和恶意缠诉给
富裕公司经营造成严重危机的情况汇报

致省委第五巡视组：

四川富裕建材有限公司（以下简称"我公司"）与四川通和营销有限公司（以下简称"通和公司"）因合同纠纷发生了一系列诉讼案，通和公司存

在拒不履行生效判决和恶意缠诉等问题,现将诉讼和执行中的有关情况汇报如下:

一、案件情况汇报

(一)案情背景

我公司是生产经营商品混凝土、砂浆等绿色建筑材料的有限责任公司。2011年和2015年,我公司与通和公司分别就乐山市市中区城西蔬菜市场一期项目和二期项目签订了《商品混凝土买卖合同》,由我公司向通和公司供应商品混凝土。

其后,我公司按合同约定履行了全部义务,通和公司却拖欠一期项目货款69万元,拖欠二期项目货款360万元,经我公司长期多次催收,通和公司均以种种理由拒不支付。无奈之下,我公司于2016年9月分别就一期项目和二期项目欠款向乐山市市中区人民法院(以下简称"市中区法院")提起诉讼,并最终取得生效判决,法院支持了我公司的诉讼请求。

前述判决生效后,通和公司在以各种手段阻挠市中区法院强制执行的同时,为达到拖延和逃避债务目的,还分别就一期项目和二期项目以商品混凝土质量为由,向乐山市中级人民法院(以下简称"乐山中院")提起诉讼,要求我公司各赔偿3000余万元,最终未获法院支持。2021年7月,通和公司再次以质量问题为由向市中区法院提起重复诉讼,要求我公司赔偿加固费用等损失316万元。

由于通和公司恶意诉讼,滥用诉权以及拒不履行生效判决的行为,直接导致我公司对通和公司依法享有的债权自申请执行至今的三年多时间里没有取得任何实质性进展,严重损害了我公司的合法权益,长期恶意缠诉冻结我公司基本账户,给我公司造成巨大经济损失。同时,通和公司还存在其他违规违法犯罪行为,应当予以查实惩治。

(二)诉讼情况

(1)一期欠款纠纷。一期项目欠款诉讼通过市中区法院一审(案号:[2016]川1102民初X号),乐山中院二审(案号:[2017]川11民终X号),四川省检抗诉(案号:川检民(行)监[2018]510000004××号),四川高院裁定发回乐山中院重审,乐山中院于2019年5月重新作出判决(案号:[2019]川11民抗X号),最终支持了我公司诉求。

(2)二期欠款纠纷。二期项目欠款诉讼市中区法院一审(案号:[2016]

川1102民初X号），乐山中院二审（案号：[2018]川11民终X号），均支持了我公司诉求。

（3）以质量为由的索赔纠缠。上述判决生效后，通和公司为达到拖延和逃避债务目的，分别就一期项目和二期项目以商品混凝土质量为由提起了两个3000余万元的索赔案，并两次长期查封冻结我公司基本账户，累计达28个月之久，至今还未解封。两起索赔案经过乐山中院一审、四川高院二审和最高院再审均被驳回未获得支持，最终均以败诉告终。

（4）重复诉讼。最高院驳回通和公司再审申请后，通和公司缠诉之心仍然不死，2021年7月再次以质量为由向市中区法院提起重复诉讼，要求我司赔偿加固费用等损失316万元，将原索赔金额从3000余万元降到316万元，市中区法院经审查后又予以立案并于8月19日开庭进行了审理。

（三）执行难

前述我公司提起的一期、二期欠款纠纷判决生效后，我公司于2018年6月向市中区法院申请强制执行，并及时足额查封了对方财产（土地、建筑物、构筑物）。2020年9月通和公司以向"最高院申请再审及损失金额尚未确定"为由提起暂缓执行申请，居然得到了执行法院的支持，并裁定中止执行。我公司认为暂缓执行理由不成立并向乐山中院提出复议，乐山中院于2020年12月裁定支持了我公司观点，执行程序得以继续进行。

然而，在随后的恢复执行过程中，通和公司又于2021年3月向法院提出了执行异议，要求停止拍卖位于牟子镇的23亩仓储用地，市中区法院经过审理后，于2021年4月驳回其无理异议。通和公司不服，又向乐山中院提出了复议，乐山中院经过审理后，于2021年6月8日驳回其复议申请。由于通和公司滥用诉权，千方百计拖延阻挠，造成我公司在有财产可执行的情况下，申请执行三年多来至今没有取得任何实质性进展。我公司申请执行三年多来，不但没有执行到位一分钱，反而被对方恶意诉讼长期查封冻结了我公司账户，给我公司造成了严重的经营危机。

二、恶意诉讼给我公司带来巨大损失、给营商环境带来严重影响

（1）拖欠货款利息损失巨大。因通和公司恶意拖欠我公司货款430万元，五年来利息损失100多万元。

（2）保全错误，经营损失巨大。因通和公司恶意诉讼，滥用保全措施，长期查封我公司账户。第一次从2018年5月至2019年3月被查封，长达10

个月之久；第二次从 2019 年 4 月到 2020 年 9 月被查封，长达 17 个月之久；第三次从 2021 年 7 月再次被查封至今。尤其是基本账户被冻结，造成我公司无法参与重点项目投标，损失订单 2.5 亿多元，直接利润损失达 2000 多万元；

同时，还造成到期贷款不能按时转贷，员工工资不能按时发放，社保不能按期缴纳，严重影响我公司正常经营，严重破坏我公司在银行、在社会上的良好信誉。我公司自 2004 年成立以来，作为四川首家商砼企业、龙头企业、诚信企业、利税大户，一直以来，产品质量和服务在行业、在当地享有崇高声誉，历来被客户作为首选供应商。但近几年被通和公司的恶意拖欠、恶意诉讼，将一个诚信守法的优质企业几乎逼于死地。

（3）应对诉讼不得不支出的费用。我公司为追收货款和应对通和公司的恶意诉讼，先后支出诉讼费、律师代理费累计几十万元。

（4）恶意诉讼使营商环境受到严重影响。我公司本是中央企业中国建材集团投资并购对象，由于长期受到恶意诉讼的影响，我公司账户款无法及时收回，败坏了我公司名声。严重影响了我公司与中国建材集团的联合重组，严重影响了我公司的战略发展，更是影响了中国建材集团在四川重大投资的信心和决心。

三、通和公司违规违法犯罪行为

（1）蔑视法庭。自我公司与通和公司之间的系列诉讼案件自 2016 年 9 月 10 日立案以来，法院先后十多次开庭。每次法庭上赖某华（通和公司实际控制人）都是暴跳如雷，辱骂法官、大闹法庭。2018 年 4 月 26 日乐山中院开庭审理上诉案中，赖某华违抗庭审纪律，私藏"催泪瓦斯"进入法庭，虽被法警发现予以没收，但未受到任何追究。可见其气焰嚣张、不可一世。

（2）长期抗拒执法。在乐山中院审理通和公司提起的索赔案件过程中，为获取证据，乐山中院委托西南交通大学质检中心对其提出的所谓质量问题进行检测鉴定。2017 年 7 月 10 日，鉴定人员到达检测现场后遭到赖某华等人的强行阻止，使得乐山中院的取证工作被迫中断。2018 年 10 月 16 日乐山中院再次委托四川省建科院对所谓的质量问题进行检测鉴定时，再次遭到赖某华的阻挠。2019 年 6 月 8 日乐山中院在征得原被告双方同意的前提下再次委托四川省建科院对所谓质量问题进行鉴定时，赖某华又临时变卦阻止鉴定，最终乐山中院未能取得相关证据。

在我公司申请强制执行过程中，2020年3月5日市中区法院委托四川广益房地产土地资产评估咨询公司在律师、法警的协助下对查封的土地房产进场评估时，遭到赖某华的谩骂、阻挡，强行阻止法院的评估工作；2020年8月28日市中区法院委托公信测绘公司在律师和四名法警的协助下对查封的房产进场测绘时又遭到赖某华及女儿赖某的谩骂、阻挡，以粗暴的行为和肮脏的语言阻止法院的测绘工作，使得执行工作无法推进。其行为已涉嫌构成妨碍执行公务罪。

（3）拒不执行法院生效判决。通和公司采取规避、隐匿资产、收入不入账体外循环的方式，偷税逃债。据调查，通和公司所属通江农贸市场年租金收入有三百多万元，城西蔬菜市场年租金收入有两百多万元，通和公司提供给法院的证据显示酒店年租金收入有900万元。对我公司提起的两起恶意索赔案，其诉讼费和代理费就支出一百多万元。以上事实足以证明通和公司具有执行能力而拒不执行，其行为已涉嫌构成拒不执行判决罪。

（4）偷税漏税、违章违建、违法经营。通和公司所属农贸市场租金收入及其他经营收入均未入通和公司账户，采取"体外循环"逃避税款和债务。据了解，通和公司近五年来累计缴税不到40万元，近二十年来长期存在偷税漏税嫌疑；通江农贸市场、城西蔬菜市场、沐川农贸市场均以规划投资兴建蔬菜市场为由低价获取国家土地后擅自改变土地用途修建商业用房和商品住宅房，存在违章违建行为；在新城西蔬菜市场（位于市中区牟子镇关牟大道西侧）上违法建造的商业房和住宅房未取得消防验收和竣工验收的情况下进行出租出售，存在违法经营行为。

四、法院执行力度不够，存在畏惧心理

（1）未主动开展取证工作。对被执行人的财产由申请人自行提供财产线索，法院未主动收集取证，对被执行人两个蔬菜市场的租金收入未开展调查取证，存在不作为现象。

（2）无原则迁就被执行人。在执行过程中被执行人为了达到拖延执行目的，以"最高院再审还未开庭审理"为由提出暂缓执行申请，这样的无理诉求，都得到了执行法院的支持；通和公司提出的保全申请、执行异议、重复诉讼等诉求总能得到法院迅速支持，而富裕公司提出的解冻申请、鉴定申请、协助调查申请、执行申请总是迟迟得不到支持。

（3）执行软弱无力度。在法院组织对质量问题检测鉴定中，在对被执行人财产进行测绘评估中，被执行人稍加吵闹阻挠此项工作就停止下来，法院从未采取任何强制措施，而是采取迁就放任的态度。

（4）存在畏惧心理。之所以执行不力，迁就被执行人，是由于被执行人通和公司的实际控制人赖某华，社会关系复杂，背后有保护伞撑腰。其具有黑社会性质的家族在四川盘踞多年，蛮不讲理、专横跋扈，承办法官、法警都畏惧三分，怕得罪遭到报复。因此，存在畏惧心理。

综上所述，通和公司及其法定代表人赖某华一贯利用诉讼手段达到赖账的目的。通和公司作为项目甲方，一贯找各种理由推迟项目验收或拒绝验收以达到长期拖欠客户货款或工程款的目的。待债权人起诉追讨债权时又以工程质量问题为由提起诉讼，但又强烈拒绝第三方机构对所谓质量问题进行检测鉴定，纯属合同诈骗行为。其目的就是欲通过恶意诉讼，妄图侵占、讹诈供应商货款和施工方工程款，以达到不支付或少支付货款或工程款的目的。通和公司的行为严重干扰了我公司正常生产经营，给我公司造成了巨大的经济损失，给国家行政司法资源造成了极大浪费，给当地营商环境造成了极大影响。2018年和2019年连续两年作为省高院的督办案件，去年7月21日省高院书面来函再次予以高度重视，该案也得到了省高检的积极关注。

为此，我公司恳请省委巡视组对案件长期得不到执行予以督办，以尽快实现我公司债权；对通和公司长期恶意缠诉行为予以坚决制止，还我公司一个安宁的经营环境；对通和公司及其法定代表人赖某的违法犯罪行为予以坚决打击，以体现司法的公平与正义。

特此汇报！

四川富裕建材有限公司

委托代理人：郭金福律师

2021年9月26日

在接到上述《举报信》后，四川省委第五巡视组回复为："您好，您的邮件已收悉，我们将按照规定处置。"

就是这样一封《举报信》，发挥了巨大的威力，引起了"轩然大波"！四川省委第五巡视组在收到该信后，随即转发给四川高院，要求尽快予以处理。2021年9月27日，四川高院监察室通知执行法院有关领导，前往该院汇报本案情况。

9月28日,执行法官通知我们双方到法院进行调解,而且表示"如果对方在10月8日前不能支付200万元执行款,将会对被执行人采取措施"。就是在这种高压下,对方才迫于无奈,与富裕公司达成《执行和解协议》,同意先支付200万元执行款项,其他款项待诉讼案件结束后再行支付。同时,我们团队向法院申请解除对富裕公司名下所有银行账户的查封。在达成协议后,对方于2022年10月29日、30日总计支付了170万元,剩余30万元于11月3日支付完毕。

然而,对方仍然在耍赖,迟迟不解除对富裕公司银行账户的查封及冻结。对此,富裕公司于2021年12月14日向执行法院递交了《拍卖申请书》,要求对方必须限期解除,否则就拍卖该宗土地。在这种情况下,对方才迫于压力申请解除了对富裕公司银行账户的查封。

# 第八章
## 最后较量：400多万元加固费用赔偿案

在两次提起混凝土3000多万元索赔案彻底"失败"之后，对方仍不死心，将原来的律师换掉，又请了两位其他律所的律师，于2021年7月8日针对二期工程提起了445万多元加固费用赔偿的诉讼。

从本案客观情况来看，这次提起加固费用赔偿之诉是具备一定可行性的，而前两次所提起的3000多万元索赔之诉显然是好高骛远，不切实际的。另外，前两次诉讼之所以失败，客观上来讲，是由于所聘请的律师"好大喜功"，不重证据和法律而只凭主观臆测来处理案件。

知己知彼，百战不殆。打官司就如打仗一样，攻方虽然进攻猛烈，但守方只要做到坚守不出，利用高城墙和护城河的有利优势，往往可以化被动为主动，取得最终的胜利。所以，《孙子兵法》写道："故明君贤将，所以动而胜人，成功出于众者，先知也。先知者，不可取于鬼神，不可象于事，不可验于度，必取于人，知敌之情者也。"在诉讼过程中，原告作为攻方，由于事先已经将证据材料递交给了法庭，并在诉状中阐明了自己的观点，这就相当于已经把"底牌"亮给了对方，所以，被告作为守方，只要做到"坚守不出""等待时机"，就可以创造出对己有利、对敌不利的条件，以取得胜诉。所以，在律师界，我们在代理案件时更喜欢做被告的代理人，甚至有些时候，我们连一份证据都不用提交，最后都取得了胜诉。

面对这样的诉讼，我们知道本次对方是事先做了充分的准备，而后才提起诉讼的。可谓是"来者不善"！

## 第一节 一审：闪电式的判决

### 一、本案原告方的观点

（一）原告方的诉求及理由

**原告：** 通和公司城西蔬菜市场

**原告：** 通和公司

**被告：** 富裕公司

**诉讼请求**

（1）判令富裕公司赔偿城西蔬菜市场、通和公司检测及工程修复加固等损失共计 4 458 257 元（其中诉讼前支付的检测费用 16 万元）；

（2）本案鉴定费 116 206 元、保全费 5000 元、诉讼费由富裕公司承担。

**事实和理由**

2015 年 5 月，被告富裕公司与原告城西蔬菜市场签订了《预拌（商品）混凝土买卖合同》，该合同约定富裕公司向城西蔬菜市场供应预拌（商品）混凝土 C30。富裕公司于 2015 年 5 月开始供货，乐山市建设工程质量检验测试中心于同年 6 月出具的 46 份《混凝土立方体试件抗压强度检测报告》证实城西蔬菜市场扩建项目二期工程（以下简称"案涉工程"）的人工挖孔桩施工砼浇筑中第 62#、64# 等孔桩的抗压强度未达到合同双方所约定的 C30 强度标准，富裕公司认可其向城西蔬菜市场交付的混凝土部分强度不符合 C30 强度标准。

2015 年 7 月 1 日，案涉项目设计单位创想博世监理公司出具《关于城西蔬菜市场二期工程—挖孔桩砼强度不满足原设计要求的设计核算》中明确对部分不满足设计荷载要求的挖孔桩建议请具有资质的法定检测单位采取进一步的检测措施，检测结果应报设计单位复核验算，如不满足设计荷载要求则应采取相应的加固措施；2015 年 10 月 13 日项目总监赵某强召集主持召开的施工现场基础验收会上，乐山市质检站明确指出对低于 C25 的挖孔桩，由商砼公司请相关权威机构对实体进行非破坏检测,并根据检测报告由设计单位进行验算;2018年1月26日,案涉项目的监理单位、施工单位分别发函,要求对部分不满足设计荷载要求的挖孔桩进行处理。富裕公司明知其提供的混凝土存在质量问题,但至今未采取任何措施进行解决。

案涉工程至今无法正常验收,对于混凝土存在的问题,城西蔬菜市场分别于2020年6月、12月委托了四川省建筑科学研究院有限公司就桩挖孔桩身混凝土强度问题进行技术咨询及加固设计,四川省建筑科学研究院有限公司分别于2020年7月和2021年3月出具了《技术服务报告》和《乐山市城西蔬菜市场项目人工挖孔桩加固设计图纸》,四川省西南建科建筑工程技术有限公司于2021年6月出具了《乐山市城西蔬菜市场项目基桩加固工程施工技术方案》。前述专业机构就加固设计原因、加固设计范围、加固后的设计使用年限和加固工程施工技术方案等专业问题进行了专业论证。因预拌(商品)混凝土存在质量问题,且富裕公司一直拒不处理,导致城西蔬菜市场的工程一直无法顺利验收,给城西蔬菜市场、通和公司造成了巨大的经济损失。

根据《四川省加强预拌混凝土质量管理暂行规定》(川建质安发〔2003〕339号)第13条规定,预拌混凝土生产企业必须按照供需合同约定和要求对混凝土质量负责,富裕公司应对其因供货质量问题给城西蔬菜市场、通和公司造成的损失承担相应赔偿责任,包括工程检测费和补强加固费用等。为解决本案争议,避免双方产生新的矛盾,防止损失扩大,城西蔬菜市场、通和公司依据《民法典》及相关法律规定,故诉至法院。

买卖合同法律关系
原告通和公司 ━━━━━━━━━━▶ 被告富裕公司
要求赔偿因质量不合格所产生的加固费用损失445多万元

**本案法律关系图**

(二) 原告所提交的证据资料

证据一:《混凝土买卖合同》。

证明:(1)双方之间存在混凝土买卖合同法律关系的事实。

(2)合同约定的混凝土为C30,而被告供应的混凝土却有39组低于C30,被告的行为构成了违约。

证据二：46 份《混凝土立方体试件抗压强度检测报告》。

证明：被告提供的第二期混凝土质量严重不合格，总计有 39 组不合格的事实。

证据三：[2018] 川 11 民终 X 号《民事判决书》。

证明：(1) 被告所供应的混凝土不符合合同约定。

(2) 被告所供应的混凝土质量是不合格的。

证据四：《关于城西蔬菜市场二期工程—挖孔桩砼强度不满足原设计要求的设计核算》。

证明：被告向原告提供的混凝土质量不合格，需要进行加固处理的事实。

证据五：四川省建筑科学研究院有限公司分别于 2020 年 7 月和 2021 年 3 月以及 6 月对本案二期工程出具了《技术服务报告》《乐山市城西蔬菜市场项目人工挖孔桩加固设计图纸》《乐山市城西蔬菜市场项目基桩加固工程施工技术方案》。

证明：原告已聘请专业机构就加固设计原因、加固设计范围、加固后的设计使用年限和加固工程施工技术方案等专业问题进行了专业论证，并出具了相关报告及方案。

证据六：《评估申请书》。

证明：案涉二期工程加固所产生的费用。

## 二、富裕公司作为被告方的观点

(一) 富裕公司的答辩意见

总的来说，原告通和公司要求富裕公司赔偿其检测、工程修复及加固损失共计 316 万元的主张无事实依据和法律根据，根本不能成立，依法应予驳回。

1. 本案二原告的起诉严重违背了"一事不再理"原则，属于重复诉讼，依法应当予以驳回

在本案中，通和公司及其城西蔬菜市场已于 2019 年 4 月 3 日起诉答辩人并要求答辩人赔偿因混凝土质量不合格而产生的违约金、资金占用利息及房屋租金等损失合计 3000 多万元。该案经乐山中院、四川高院两级法院审理，均只支持其违约金的主张，对于资金占用利息及房屋租金等损失全部予以驳

回。二原告仍不服又向最高院申请再审，最高院于 2020 年 12 月 25 日作出 [2020] 最高法民申 X 号民事裁定，裁定驳回二原告的再审申请。

2. 本案答辩人已经按照 [2020] 川民终 X 号判决书履行了赔偿义务，该款项足以弥补给被答辩人所造成的损失

在本案中，2019 年 9 月 27 日，乐山中院作出 [2019] 川 11 民初 X 号民事判决，判决答辩人配合向被答辩人交付原材料的材质检验报告、配合比报告、质量合格的检测报告等资料，并判决答辩人向被答辩人支付违约金约 359 694 元。该判决作出后，双方均不服上诉至四川高院。2020 年 5 月 27 日，四川高院作出 [2020] 川民终 X 号终审判决，判决驳回上诉，维持原判。在此情况下，2020 年 8 月 26 日，答辩人以银行转账的方式向被答辩人支付 367 782 元以履行 [2020] 川民终 X 号判决书项下的给付义务，并及时将原材料的材质检验报告、配合比报告、质量合格的检测报告等资料交付于被答辩人。由此可见，答辩人所支付的违约金 367 782 元完全足以弥补被答辩人的损失。在此情况下，被答辩人仍以"混凝土质量不合格"为由向贵院提起诉讼要求赔偿损失显然是严重缺乏事实依据和法律根据的，依法应予以驳回。

3. 本案被答辩人通和公司应当对案涉工程的"检测加固费用"等扩大损失自行承担责任

（1）在本案中，被答辩人在双方对混凝土质量存在争议的情况下，仍继续施工直至主体工程完工，显然，被答辩人严重违反了上述《建筑工程施工质量验收统一标准》中关于"在隐蔽工程验收合格后方可继续施工"的强制性规定。因此，所造成的一切经济损失，显然应当由原告自行承担。

（2）对于该问题，最高院在 [2020] 最高法民申 X 号民事裁定书中也已经作出认定，即"根据双方所签订的《预拌（商品）混凝土买卖合同》的约定，被答辩人对答辩人供应的混凝土质量有异议的，应当在 24 小时内以书面形式通知富裕公司，双方协商解决，若双方协商不成，可通过政府权威机构进行鉴定。双方合同约定的施工期限为 2015 年 6 月 11 日至 2016 年 12 月 31 日，被答辩人在案涉工程施工不久后，即已知悉答辩人的混凝土存在质量问题，其应当依约及时处理，但其未依约处理而是继续施工直至工程竣工"，因此，根据《合同法》第 119 条之规定，对于被答辩人所受到的上述"加固检测修复"等"扩大部分的损失"应当由其自行承担。

4. 本案答辩人向被答辩人所提供的混凝土质量完全合格，并且符合"合同约定"

（1）即使本案《检测报告》真实，那么乐山市建设工程质检中心也仅是认定了有39组混凝土试压块标号低于C30，但根本没有认定答辩人所提供的混凝土存在质量"不合格"问题。

（2）在本案中，通和公司是于2017年6月22日就接到了《检测报告》，但是并没有在上述期限之内以书面形式通知过答辩人，也没有要求答辩人停止供货。在供货完毕之前也就是2016年1月31日前，也没有提出过任何质量异议。因此，根据《合同法》第158条及《最高人民法院关于审理买卖合同纠纷案件适用法律问题的解释》第20条之规定，由于通和公司并未在上述质量异议期内提出异议，也没有在供货完毕之前提出过任何异议，在此情况下，应当视为通和公司认可混凝土质量合格，并且愿意承担未在上述期间内提出瑕疵异议的法律后果。

由以上可见，答辩人向原告通和公司所提供的混凝土质量完全合格，并且也符合合同约定。

综上所述，被答辩人通和公司要求答辩人赔偿其"检测加固修复"损失是严重缺乏事实和法律依据的，纯属恶意诉讼，重复诉讼，根本不能成立。因此，恳请合议庭能够明察本案，依法驳回被答辩人的无理诉讼请求。

（二）富裕公司所提供的证据资料

证据一：《乐山市预拌（商品）混凝土供应合同》。

证明：（1）原、被告之间存在混凝土买卖合同法律关系的事实。

（2）该合同约定了"原告通和公司对供应的混凝土质量如有异议，应当在24小时内以书面形式通知富裕公司。如协商不成，可通过政府权威机构进行鉴定解决"的条款。

证据二：乐山中院《民事判决书》、四川高院［2020］川民终X号《民事判决书》、最高院［2020］最高法民申X号《民事裁定书》及银行转款凭证。

证明：（1）原告的起诉严重违反了"一事不再理"原则，属于重复起诉，依法应予驳回。

（2）被告富裕公司已经按照判决承担了违约责任，向原告支付了违约金367 782元的事实。

证据三：市中区法院［2016］川 1102 民初字 X 号案件第三次《开庭庭审笔录》。

证明：原告在"地基基础工程"尚未验收通过的情况下就继续修建"主体工程"，由此所造成的"扩大损失"应由其自行承担的事实。

证据四：《鉴定申请书》。

证明：被告所提供的混凝土质量完全合格的事实。

（三）一审审理情况及裁判结果

1. 本案申请鉴定的情况

在本案中，如前所述，最关键的问题仍是富裕公司所供应的二期工程桩基混凝土质量是否合格。在本案发生之前，我们曾多次向法院提出质量鉴定申请，但是，由于对方拒不配合，所以导致该质量鉴定无法完成。出于诉讼策略考虑，为了让法官相信富裕公司所提供的混凝土质量是合格的，所以，在本案中仍然要提出混凝土《质量鉴定申请书》。如果真的能够完成鉴定，而且其结论为合格，本案诉讼也就会迎刃而解了。2021 年 8 月，富裕公司正式向法院递交《质量鉴定申请书》，请求对案涉 14 根桩基混凝土质量是否合格进行鉴定，理由为：因 2015 年检测机构出具的《检测报告》仅是确定了部分混凝土"试压块"的强度低于 C30 标准，但 2015 年混凝土"试压块"的强度并不能等同于现在"实体桩基"质量不合格，因此，为了确定富裕公司所供应的混凝土（即 53#、57#、62#、64#、68#、69#、71#、72#、75#、76#、79#、82#、86#、90#，共计 14 根桩基础）是否存在质量问题，即是否高于 C25 标准，从而彻底解决本案纠纷，为此，根据《民事诉讼法》的有关规定，特申请鉴定。

对此，法院于 2021 年 9 月委托了四川宝铁遂工程检测技术有限公司作为本案鉴定机构，对案涉 14 根桩基混凝土是否存在质量问题进行鉴定。这次，可能是由于对方所换的律师做了大量的工作，对方居然对本次鉴定非常配合。但遗憾的是，由于鉴定机构到现场勘验时，发现根据现场情况，其混凝土取样不具有可操作性，故于 2021 年 12 月 1 日致函法院作退案处理。在这种情况下，案涉 14 根混凝土质量是否合格就成了一个像"谁构建了金字塔"一样的谜。

对于加固费用问题，对方也向法院提出鉴定申请，法院委托了富源咨询公司作为本案的鉴定机构。富源咨询公司于 2021 年 12 月出具了《征求意见稿》，初步确定案涉桩基工程以 2021 年 7 月为基期，其加固费用为 225 万元。对此，我们认为，其结论过高，因为根据我们技术人员陈述，加固费用不应该超过 40 万元；而对方却认为过低，没有计算"底板拆除及恢复费用"，并向鉴定机构提出了异议。经过复核，鉴定机构于 2022 年 1 月 19 日作出《工程造价意见书》载明，案涉工程加固造价确定为 4 298 257 元。对于这个结果，我们感到特别的惊讶。14 根桩基总计需要 429 万多元加固费用，平均每根需要 30 多万元。

2. 对方惯用的伎俩：查封我公司的银行账户

在这里，不得不提的是，财产保全问题。财产保全确实是一种可以防止被告逃债的措施，运用得当，确实能发挥"速战速决"的效果。但是，也容易造成当事人权利的滥用。虽然 2016 年《最高人民法院关于人民法院办理财产保全案件若干问题的规定》第 13 条第 1 款明确规定，被保全人有多项财产可供保全的，在能够实现保全目的的情况下，人民法院应当选择对其生产经营活动影响较小的财产进行保全。这就是"实现保全目的兼顾生产经营"条款，但是，在司法实践中，该条规定的落实较为困难。在对方起诉富裕公司多次诉讼中，对方都会向法院提出保全申请，要求查封我公司名下的所有银行账户，特别是两次提起的索赔 3000 多万元案件中，由于索赔金额巨大，所以，在申请保全时，法院往往会将我公司所有的银行账户全部查封，导致我公司现金流动出现问题，而富裕公司提出以厂房、机械设备等作为"反担保"或者"置换"以解除对银行账户查封时，法官往往都不会同意，并建议富裕公司与对方协商以解除对银行账户的保全。在这种状态下，对方却沾沾自喜，坚持不懈，所以最后只有在案件二审终结之后，才能申请解除其查封。这种恶意保全的做法对公司会造成严重的影响，一是对外声誉造成影响；二是公司如果基本账户被冻结之后，发放员工工资、缴纳社保费用以及进行投标活动都会受到影响。另外，即使在案件结束之后，提起"保全错误损害赔偿之诉"，在全国范围内获得支持的可能性都是比较小的。大家可以看一下中国裁判文书网上所公布的一些案例。所以，有些时候，对于"恶意保全"行为，真是无计可施。

在本案，对方又像前两次那样，一起诉就申请保全查封富裕公司所有的银行账户，对此，我们向法院提出申请，愿意以一、二期工程货款及违约金等执行款予以"置换",同时也向法院申请解除在执行过程中对通和公司所有银行账户的查封,以"换取"解除对富裕公司银行账户的查封。但是,办案法官却执意不肯,要求我们与对方协商解除保全事宜。2021年9月26日,在"忍无可忍"的情况下,笔者以律师身份向省纪委第五巡视组举报该法院"不作为、乱作为"问题,才引起了该法院的高度重视,才组织双方对执行拍卖和保全问题进行调解,最后于2021年9月28日达成了"互相解除查封并先支付200万元执行款"的执行和解协议。即使在上述和解协议达成之后,对方仍然耍赖,拖延向法院提出查封申请,直到富裕公司于2021年12月14日提出"坚决要求拍卖其案涉土地"后,对方才迫于压力向法院提出解除对富裕公司所有银行账户查封的申请,法院于2022年1月7日作出解除保全的裁定。所以,从2021年7月8日至2022年1月7日,富裕公司银行账户又被对方"恶意"保全了6个月之久。

3. 闪电式的判决

在本案加固造价鉴定结束后,一审法院于2022年2月21日对本案进行了公开审理。本案审理的争议焦点问题主要有以下两个:

第一,富裕公司所提供的混凝土质量是否合格;第二,富裕公司是否应当承担案涉工程全部加固费用。

对于上述问题,我们的观点非常明确,第一,本案现有证据尚不足以确定富裕公司所提供的混凝土存在质量问题;第二,对于本案的加固费用损失,我们认为,"最高院〔2020〕最高法民申X号《民事裁定书》"认定,对方在案涉工程施工不久,既已知悉富裕公司的混凝土存在质量问题,其应依约及时处理,但其未依约处理而是继续施工直到工程竣工。所以,对于扩大部分的损失应由其自行承担责任。而对方的观点认为:第一,《检测报告》足以证明了富裕公司所提供的混凝土存在质量问题,需要加固处理;第二,既然存在质量问题,那么加固费用就应当由富裕公司全部承担,而不应区分扩大损失问题。

在本案庭审结束之后,我们团队分析认为,应当申请补充鉴定,对本案"扩大损失"的金额予以明确。但是,在我们还未来得及提交《补充鉴定书》的情况下,一审法院在开庭后的第二天即2022年2月23日就作出了〔2021〕川1102民初X号《民事判决书》,可谓是"闪电式"判决!其判决结果也令我们极其吃惊,一审居然支持了对方全部诉求,即判决富裕公司要向对方支付二期工程加固费用 429 万多元。其裁判观点为：

本院认为，双方当事人签订的合同是双方当事人的真实意思表示，其内容不违反法律行政法规的效力性强制性规定及公序良俗原则，双方签订的合同依法成立，双方均应按合同约定履行。

本案是否构成重复起诉的问题，2019 年 4 月 3 日乐山中院立案受理城西蔬菜市场、通和公司与富裕公司买卖合同纠纷一案，城西蔬菜市场、通和公司共同向乐山中院提出诉讼请求：（1）判令富裕公司立即提供混凝土验收资料、完成工程验收；（2）判令富裕公司赔偿城西蔬菜市场、通和公司贷款资金占用利息 12 393 553 元、违约金约 359 694 元（按贷款发生额的 10%）房屋租金 17 248 350 元，损失共计 30 001 598 元；（3）本案诉讼费用全部由富裕公司承担。从其请求来看，城西蔬菜市场、通和公司并未主张本案的加固费用，因此前后的诉讼请求不同，依照《最高人民法院关于适用〈中华人民共和国民事诉讼法〉解释》（2015 年）第 247 条第 1 款规定，当事人就已经提起诉讼的事项在诉讼过程中或者裁判生效后再次起诉，同时符合下列条件的，构成重复起诉：（1）后诉与前诉的当事人相同；（2）后诉与前诉的诉讼标的相同；（3）后诉与前诉的诉讼请求相同，或者后诉的诉讼请求实质上否定前诉裁判结果。故本案并未构成重复起诉。

本案鉴定意见是否采信的问题，本院认为本案涉及的鉴定程序合法、鉴定依据充分。其鉴定结论可以作为本案纠纷的依据。

本案损失的认定及承担问题，2020 年 8 月 12 日乐山市建设工程质量安全监督站作出的乐质安监函〔2020〕25 号《关于富裕公司提供桩基预拌（商品）混凝土低于设计标准及相关资料的函》的回复意见，桩身混凝土强度低于 C25 的（53#、57#、62#、64#、68#、69#、71#、72#、75#、76#、79#、82#、86#、90#，共计 14 根）建设单位应委托具有资质的设计单位对其进行加固设计，并委托相关施工单位及时进行加固处理，处理完成后，建设单位组织相关单位按照加固设计进行验收。故此根据上述意见桩身混凝土强度低于 C25 的基桩需要加固才能进行验收，故鉴定认为加固造价为 4 298 257 元，应作为本案损失。

《技术服务报告》《人工挖孔桩技术加固设计图纸》《加固工程施工技术方案》是进行后续鉴定所必需的材料，故原告支付的技术服务费和设计费共计 160 000 元也应作为本案损失。

城西蔬菜市场、通和公司为了保障以后判决的有效执行,城西蔬菜市场、通和公司申请保全,并不违反法律规定,虽然其后经双方协商解除了保全,但城西蔬菜市场、通和公司支付的保全费 5000 元不应予以退还,故也应作为本案损失。

在混凝土试压块送检前,桩基混凝土已供货完毕,其实际桩基已施工完毕,由于上述损失并非是城西蔬菜市场、通和公司在知悉富裕公司所供货物不合格而继续施工所造成,且富裕公司并未提供证据证明上述损失系城西蔬菜市场、通和公司扩大的损失,因而该损失系富裕公司未按合同约定提供货物所造成,故应由富裕公司承担。根据双方合同约定:"乙方不能按合同约定履行义务以及发生其他使合同无法履行的行为,则构成违约,乙方应承担违约责任,违约金按总货款金额的 10% 计算。如果给甲方造成的经济损失超过违约金时,超过部分乙方应当予以赔偿。"2019 年 9 月 27 日乐山中院作出 [2019] 川 11 民初 X 号民事判决,富裕公司向城西蔬菜市场、通和公司支付违约金 359 694 元。因此,富裕公司在本案中应承担的赔偿费用应扣减该违约金,即富裕公司应赔偿的费用为 4 098 563 元(4 458 257-359 694 元),保全费另行支付。

综上所述,依照《最高人民法院关于适用〈中华人民共和国民法典〉时间效力的若干规定》第 1 条,《合同法》第 60 条、第 107 条、第 112 条,《民事诉讼法》第 67 条规定,判决如下:

(1) 在本判决生效后 10 日内,被告富裕公司赔偿原告城西蔬菜市场、通和公司损失 4 098 563 元;

(2) 在本判决生效后 10 日内,被告富裕公司赔偿原告城西蔬菜市场、通和公司保全费 5000 元;

(3) 驳回原告城西蔬菜市场、通和公司的其他诉讼请求。

## 第二节 二审:为名誉而战

在一审败诉后,我们召开了一次团队会议,认真研究一审判决所存在的错误以及我们在一审中所存在的不足,并根据"不足"制定了相应的诉讼策略。对于我们而言,二审,不是简单的"胜与败"的问题,也不是简单的诉讼博弈问题，而是涉及团队声誉问题。如果二审仍然败诉，那么客户则有可能对我们团队失去信心，也就有可能丧失以后继续合作的机会。所以，二审之战，实际上是"为名誉而战"！

我们制定的诉讼策略如下：

（1）在上诉期限内提出上诉；

（2）单方委托一家有资质的并且具有权威性的"造价机构"，对案涉工程加固费用进行造价计算，以使自己清楚地了解到本案加固费用到底需要多少；

（3）将富裕公司单方面委托评估而形成的《造价咨询报告》提交给二审审理法庭，争取向二审合议庭申请对本案加固费用进行补充鉴定，从而区分出"原有损失"和"扩大损失"的数额；

（4）在开庭前，申请富裕公司专家"证人"以及本案鉴定人员出庭，接受法官和双方的询问，弄清楚本案所涉及的一些混凝土专业问题；

（5）向二审法院提交详细具体的《代理意见》。

## 一、富裕公司作为上诉方的观点

### 诉讼请求

（1）依法撤销市中区法院于 2022 年 2 月 23 日作出的［2021］川 1102 民初 X 号民事判决，驳回二被上诉人的全部诉讼请求；

（2）本案一审受理费、保全费、二审受理费由二被上诉人承担。

### 事实和理由

上诉人认为，一审判决认定事实严重不清，判决结果极为不公，严重损害了上诉人的重大合法权益，严重损害了国家法律的公正性和权威性，依法应予纠正。

（一）一审在"本案所涉工程桩基混凝土质量是否合格"不明确的情况下就直接认定"需要加固处理"是极其错误的

在本案中，一审判决在第 20~21 页中认定"本案损失的认定及承担问题，2020 年 8 月 12 日乐山市建设工程质量安全监督站作出的乐质安监函［2020］

25号《关于富裕公司提供桩基预拌（商品）混凝土低于设计标准及相关资料的函》的回复意见，桩身混凝土强度低于C25的桩基（53#、57#、62#、64#、68#、69#、71#、72#、75#、76#、79#、82#、86#、90#，共计14根）建设单位应委托具有资质的设计单位对其进行加固设计，并委托相关施工单位及时进行加固处理，处理完成后，建设单位组织有关单位按照设计进行验收。故此根据上述意见桩身混凝土强度低于C25的基桩需要加固才能进行验收，故鉴定X号加固造价为4 298 257元，应作为本案损失"，对此，上诉人认为，这种认定是严重缺乏"前提"条件的，也是极其错误的。

1. 本案所涉工程桩基是否"需要加固处理"应建立在上诉人所供应的混凝土确实存在"质量不合格"这一"前提基础"之上

在本案中，上诉人所供应的混凝土质量是否合格是至关重要的。如果合格，即不需要加固处理；反之，如果不合格，才需要加固处理。要确定本案所涉工程桩基混凝土是否合格，必须要委托有资质的鉴定机构对其检测，才能最终确定。因为2015年6月的《检测报告》显示案涉桩基工程有14根桩基试压块的强度低于C25，但是并不代表现在2022年埋入地下的实体桩基的强度。也就是说，要确定本案现在所涉桩基混凝土强度是否合格，必须要对本案实体桩基进行"钻芯取样"予以检测，才能确定。这也符合双方所订《混凝土供销合同》第6条第11款关于"质量异议处理"之约定以及2018年7月12日乐山市建设工程质量安全监督站办公室《会议纪要》之内容。根据该份《会议纪要》，上诉人、被上诉人曾约定"委托四川省建筑科学研究院对桩基础进行鉴定，鉴定费用由被告方支付"，如果鉴定质量不合格，由上诉人予以加固处理。由此可见，一审绕开对"实体桩基质量"需要鉴定这一前提条件就直接作出"需要加固处理"的决定是极其错误的，依法应予纠正。

2. 一审未对案涉桩基混凝土质量"无法鉴定"的责任承担作出认定也是非常错误的

在本案中，为了确定上诉人所供应的混凝土是否存在质量问题，上诉人曾于2021年8月10日向一审法院提出《鉴定申请书》，即对案涉14根桩基混凝土是否存在质量问题进行鉴定。在诉讼过程中，一审法院曾委托四川宝铁桥隧工程检测技术有限公司对案涉14根混凝土桩基的质量进行检测。该鉴定机构于2021年10月29日向一审法院出具了《情况说明及风险告知函》称，"此次质量鉴定需对14根实体桩基进行钻芯取样，因其空间高度不满足取样设备要求，故承台钻芯取样可行性不足"，并对质量鉴定予以退案。

对此，上诉人认为，对于本案所涉工程桩基混凝土质量鉴定无法进行的原因主要是由被上诉人通和公司所造成的。由于本案被上诉人在2015年6月明知"地基工程"存在质量争议而仍然继续修建案涉蔬菜市场二期"主体工程"，导致"其现在空间高度无法满足取样设备要求"即无法将取样设备放置于现场予以钻芯取样，造成现在鉴定机构无法采取第二种方案即"在承台上钻芯取样"方式来进行检测鉴定。因此，其无法鉴定的责任显然应当由被上诉人承担，而非由上诉人承担。上诉人已经对案涉桩基混凝土质量是否合格尽到了举证责任。在案涉混凝土质量无法鉴定的情况下，本案"实体"桩基混凝土的强度就有两种可能：一种是质量合格，即"全部"强度高于C25标准；一种是质量不合格，即"个别"桩基混凝土强度低于C25标准。在这种情况下，要确定双方的责任承担，就必须根据"公平原则"予以处理，即应对加固费用损失按照各自50%的比例予以处理，这样对于双方才是较为合理的。由此可见，一审判决"由上诉人承担全部加固费用"是非常错误的，依法应予纠正。

（二）一审法院并未区分"原有损失和扩大损失"就直接判决由"上诉人承担全部加固费用"也是极其错误的

在本案中，一审判决在第21页认定"在混凝土试压块送检前，桩基混凝土已供货完毕，其实际桩基已施工完毕，由于上述损失并非城西蔬菜市场、通和公司在知悉富裕公司所供货物不合格而继续施工所造成的，且富裕公司并未提供证据证明上述损失系城西蔬菜市场、通和公司的扩大损失"，对此，上诉人认为，这种认定显然是极其错误的，更是不能成立的。

1. 对于本案"加固费用"损失，应当将其区分为"原有损失"和"扩大损失"

在本案中，原有损失即指在被上诉人发现本案所涉混凝土存在质量问题的情况下就及时通知上诉人并及时采取加固措施而产生的费用；扩大损失即指在被上诉人明知上诉人已经违约的情况下仍然不采取适当措施防止损失的扩大而产生的费用。结合本案事实来看，被上诉人在2015年6月就收到了《检测报告》，就知道了上诉人所供应的混凝土强度不符合合同约定，那么，在这种情况下，就应该停止施工，进行修复，而不应继续修建其"主体工程"，以防止损失的进一步扩大。由此可见，对于上诉人而言，应当承担的是"原有损失"部分，而不应对"扩大损失"负责。

2. 对于本案的"扩大损失"承担，最高院已经作出了责任认定

在本案中，最高院在［2020］最高法民申 X 号民事裁定书第 3 页中，对于本案的责任问题作出了明确认定，即"城西蔬菜市场、通和公司在案涉工程施工不久，即已知悉富裕公司的混凝土存在质量问题，其应依约及时处理，但其未依约处理而是继续施工直到工程竣工……"由此可知，导致本案损失扩大的责任完全是由于被上诉人继续施工所造成的，因此，应当由被上诉人自身对"扩大损失"承担责任。

3. 对于"扩大损失"的举证问题，一审并未尽到举证分配责任

第一，一审法院在审查本案时，并未及时向上诉人释明，要求上诉人对"扩大损失"承担举证责任。

第二，在鉴定过程中，一审法院在收到《征求意见稿》和《造价鉴定意见书》后，并未要求鉴定机构区分"原有损失"和"扩大损失"。在《征求意见稿》中，鉴定机构对加固费用鉴定为 204 万多元；而正式的《鉴定意见书》中，则鉴定为 429 万多元。两者相差了近 225 万元。对于差距过大的原因，一审并未要求鉴定机构作出说明而直接将《鉴定意见书》作为确定损失的依据，显然这种做法是过于草率的。

第三，针对差距过大的原因，经过上诉人在一审判决后向相关鉴定人员询问才得知，"在《征求意见稿》中，没有考虑加固方案中需要拆除车库底板砼拆除并外运并恢复的费用。因为车库底板拆除后，需要重做防水系统"，由此就增加了 225 万元的拆除底板并修复的费用。而这部分损失就是因被上诉人继续施工直至工程竣工所造成的。

第四，据上诉人委托的有资质的造价机构进行测算，如果在 2015 年 6 月发现混凝土存在质量问题时，就"及时"采取加固处理的话，则加固费用约为 505 307 元，而不可能造成 429 万多元的损失。对于该部分"原有损失"，上诉人是愿意承担的。

由以上可见，一审并未区分"原有损失和扩大损失"就直接判决"由上诉人承担全部加固费用"是完全错误的，依法应严格予以纠正。

（三）本案判决结果极为不公，严重损害了上诉人的重大合法权益

本案虽然是比较"复杂"的案件，但是，一审法院只要严格遵循证据裁

判规则，准确分配举证责任和严格适用《合同法》第 119 条关于"减损规则"之规定，那么，其判决结果自然是公正的。然而，一审法院并未对"案涉桩基混凝土质量无法鉴定"的责任进行划分，也未区分本案"原有损失"和"扩大损失"，就直接依据《鉴定意见书》而判决上诉人承担 429 万多元的加固费用，显然，这种判决是经不起推敲的，也是极不公平的。对于该判决结果，上诉人是难以服气的。

综上所述，上诉人认为，一审判决确实存在事实认定严重不清，判决结果极为不公等问题，依法应严格予以纠正。为此，根据《民事诉讼法》有关规定，上诉人特向贵院提出上诉，请求贵院依法查明本案，依法撤销市中区法院［2021］川 1102 民初 X 号民事判决，驳回被上诉人的诉讼请求，以切实维护上诉人的合法权益，以真正维护国家法律的权威性和严肃性。

## 二、富裕公司单方委托鉴定情况

在本案中，鉴定机构对案涉工程加固费用所出具的最终造价结论，与其《征求意见稿》中的结论相差巨大，在《征求意见稿》中，鉴定机构对加固费用鉴定为 204 万多元；而正式的《鉴定意见书》中，则鉴定为 429 万多元，两者相差了近 225 万元。由于一审鉴定人员没有出庭接受询问，所以就没有机会弄清楚两者差距之大的原因。在这种情况下，我们首先与鉴定人员窦老师取得了联系，向他了解差距之大的原因，他在微信里回复说："主要是《征求意见稿》里没有计算'底板拆除及恢复费用'，对方提出异议后，在正式稿里计算了上述费用，这就是两者差距之大的原因。"

在了解到两者差距之大的根本原因之后，我们让公司技术人员蔡工程师自己先计算一下，在"不存在"底板的情况下加固所产生的费用以及"存在"底板的情况下加固所产生的费用。另外，经我们团队讨论，本案鉴定所采纳的时点也是存在问题的，即如果以 2021 年 6 月作为基础进行加固，那么肯定比当时发现质量问题时即 2015 年 6 月进行加固所产生的费用要大得多。因为，现在的混凝土、钢材价格要比过去高得多。所以，我们要求蔡老师要以 2015 年 6 月作为加固的时点来计算费用。经过其认真计算，最后结论是，如果以 2015 年 6 月为基期，在"不存在"底板的情况下加固所产生的费用约为 50 多万元，在"存在"底板的情况下加固所需要的费用为 260 多万元。

在自己心里有数的情况下，为了使"造价结论"具有权威性，以便被法院所采纳，富裕公司决定联系四川省工程造价领域中最有权威性的鉴定机构即成都交大工程建设有限公司来进行鉴定。该鉴定机构原隶属于西南交通大学，所以在四川省内工程质量鉴定、造价鉴定方面非常有话语权。我们的态度是请其本着客观、公正原则，实事求是地帮我们计算一下案涉工程在"不存在底板"的情况下所产生的加固费用。

2022年4月2日，成都交大工程建设有限公司作出了交大〔2022〕字第10号《工程造价咨询报告书》，其分析说明及鉴定意见为：

2015年6月，乐山市建设工程质量检测中心就出具了试压块砼强度的报告，报告中指出了部分桩所用的砼强度不符合设计所要求的C30强度标准；本次鉴定是按问题出现后就及时采取加固措施而产生的费用，故按2015年7月为基期，对乐山市城西蔬菜市场项目人工挖孔桩加固项目进行了工程造价鉴定。

2015年7月，该项目还处于地下室桩基施工期，原桩基施工的地下水排水系统还在正常运行，相应的地下室底板还未开始施工，所以本鉴定未考虑拆除底板并恢复等而产生的费用。

故我公司鉴定人员根据项目实际情况，依据委托方转交的材料，结合现场踏勘情况，对乐山市城西蔬菜市场项目人工挖孔桩加固项目的53#、57#、62#、64#、68#、69#、71#、72#、75#、76#、79#、82#、86#、90#基桩按《乐山市城西蔬菜市场项目人工挖孔桩加固设计图纸》进行了加固造价的鉴定，经我们鉴定后，确定性鉴定意见为：413 700元。

### 三、富裕公司申请补充鉴定情况

在接收上述《工程造价咨询报告书》后，富裕公司将该《报告书》以及《补充鉴定申请书》《鉴定人员出庭申请书》等资料递交给了二审合议庭，在这种情况下，主审法官决定开庭后再决定是否进行"补充鉴定"。

2022年5月28日，法官决定采用"在线"方式开庭审理。2021年6月16日，最高人民法院发布了《人民法院在线诉讼规则》，明确了在线诉讼的适用案件范围，包括各类民事、行政、特别程序和执行案件，对于刑事速裁程序和减刑假释案件等也可以在部分环节适用在线诉讼。2021年12月《民事诉讼法》在修改时，总结了在线诉讼的司法实践，增设了一条即第16条："经当事人同意，民事诉讼活动可以通过信息网络平台在线进行。民事诉讼活动通过信息网络平台在线进行的，与线下诉讼活动具有同等法律效力。"这就以法律形式确认了对线上民事诉讼方式的新需求，激发互联网司法模式更大制度活力，充分尊重了当事人对诉讼方式的选择权，确保了案件审理的质量效率。本次开庭审理，主要是围绕着询问富裕公司专家辅助人和鉴定人员而展开的。富裕公司邀请了成都交大工程建设有限公司李清伦老师作为"专家辅助人"来参加本次庭审，法院通知了本案鉴定人员出庭接受双方的询问。

以下是关于向李清伦老师发问的问题提纲。

李工您好，我这边主要问你三个问题：

（1）2022年1月19日富源咨询公司所出具的《鉴定意见书》，案涉工程加固费用为429万多元，而你们公司在2022年4月2日出具的《造价咨询报告书》，加固费用仅为41万多元。请问，两者差距之大的原因主要在哪些方面？请详细说明一下。

（2）如果在2015年6月就及时采取加固措施，在原桩基施工的地下水排水系统还在正常运行的情况下，与现在相比，是不是就会大幅度节省降水及排水的费用？

（3）桩基工程属于隐蔽工程，在该工程完工后是否要经过五方主体验收，方能进行下一道工序即底板的铺设？

（4）2015年《检测报告》显示案涉桩基工程有14根桩基试压块的强度低于C25，能否意味着现在实体桩基混凝土强度不合格？

对于上述四个问题，既与工程造价有关，也与工程质量有关。之所以这样发问，主要在于李清伦老师作为一位60多岁的老专家，资历极深，在业界也很有威望，所以，他对上述问题的回答，其观点很容易被合议庭所接受。

对于第一个问题，李老师的解释是之所以差距如此之大：一是鉴定时点不同；二是在《造价咨询报告》中仅计算了"不存在"底板的情况下所产生的加固费用。

对于第二个问题，李老师的解释是如果在2015年6月就及时采取加固措施，在原桩基施工的地下水排水系统还在正常运行的情况下，肯定会在一定程度上节省降水及排水的费用。

对于第三个问题，李老师的解释是根据建筑相关法律，桩基工程完工后，必须要进行五方主体验收，方能进行底板的铺设。

对于第四个问题，李老师的解释是混凝土有一个特性，抛物线理论，即前25年强度会随着时间的增长而增长，此后就会慢慢地减弱，所以，现在案涉混凝土是有可能合格的。

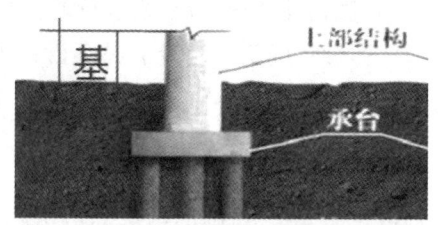

对于李老师的上述回答，法官们也听得特别认真，也向李老师进行了发问，发问的内容主要是第三个和第四个问题，李老师都作了"专业化"的回答。同时，为了搞清楚"在桩基工程完工后，是否需要五方主体验收合格后，才能进行下一道工序"问题，主审法官也向本案鉴定人员进行了询问，得到的答复是按照法律都应该这样做，但在工程惯例中，往往都不会这样做。所以，这些问题回答下来，对富裕公司帮助很大，也对法官们影响很大。因此，对于有些复杂案件，尽量争取"专家辅助人"出庭"作证"，往往会产生"意想不到"的效果。

第三天，我们就接到法院的通知，同意富裕公司的补充鉴定申请，分别以2015年7月和11月为基期，分两种情况即"不存在底板"和"存在底板"对案涉工程加固费用进行鉴定。这就使本案开始朝着对我们有利的一面倾斜了。

2022年7月28日，富源咨询公司出具了富源〔2022〕字第017号《造价鉴定项目意见书》，其确定鉴定意见为：

（1）以2015年7月为基期，地下室底板未完成，鉴定金额为：659 215元（大写：陆拾伍万玖仟贰佰壹拾伍元整），详细鉴定意见附件1《乐山市城西蔬菜市场桩加固造价鉴定（2015年7月，底板未完成）造价鉴定意见书》。

(2) 以 2015 年 7 月为基期，地下室底板完成，鉴定金额为：3 429 287 元（大写：叁佰肆拾贰万玖仟贰佰捌拾柒元整），详细鉴定意见附件 2《乐山市城西蔬菜市场桩加固造价鉴定（2015 年 7 月，底板完成）造价鉴定意见书》。

(3) 以 2015 年 11 月为基期，地下室底板未完成；金额为：665 651 元（大写：陆拾陆万伍仟陆佰伍拾壹元整），详细鉴定意见附件 3《乐山市城西蔬菜市场桩加固造价鉴定（2015 年 11 月，底板未完成）造价鉴定意见书》。

(4) 以 2015 年 11 月为基期，地下室底板完成；金额为：3 454 792 元（大写：叁佰肆拾伍万肆仟柒佰玖拾贰元整），详细鉴定意见附件 4《乐山市城西蔬菜市场桩加固造价鉴定（2015 年 11 月，底板完成）造价鉴定意见书》。

通过以上数据，可以看出，如果把鉴定时点回到 2015 年，其案涉工程加固费用将会大大地降低。这对富裕公司来说是十分有利的。

### 四、二审对本案的最后庭审情况

在收到补充鉴定书后，二审决定于 2022 年 8 月 14 日对本案再次公开审理。考虑到本案的复杂性，合议庭将开庭时间确定为一天。在开庭审理过程中，主审法官首先征求双方对《补充鉴定书》的质证意见，富裕公司表示该鉴定意见客观真实，应当以 2015 年 7 月为基期，在未铺设地下室底板情况下所产生的加固费用 659 215 元作为本案确定损失的依据；对方认为，不应以 2015 年 7 月为基期，也不应加以"区分"，而应以 2021 年 6 月为基期计算全部加固费用。

在对《补充鉴定书》发表完质证意见后，法官又询问对方，"在桩基工程完工后，是否进行了验收？有无验收文件？"这个问题在本案中是非常关键的。如果没有验收，那么就对底板进行施工，则产生的扩大损失自然应由对方自己承担。对此，对方及代理人回答说，按照工程惯例，桩基工程完工后就可以进行底板施工了。法官又进一步询问，对方只好承认，没有组织验收，没有验收文件。

在法庭调查完毕后，主审法官将本案争议焦点问题主要归纳为以下两点：一是富裕公司所供应的混凝土质量是否合格？二是如果不合格，富裕公司是否应赔偿因此而给对方所造成的加固费用损失？如果赔偿，是否应该全部赔偿。法官在征求我们意见时，我们又增加了一项焦点问题，即在验收桩基础工程时，各方是否必须查验《混凝土试压件强度检测报告》？

为何富裕公司要增加第三个问题呢？因为根据建设部 2002 年《建筑地基基础工程施工质量验收规范》第 5.6.3 条之规定，混凝土灌注桩施工结束后，应检查混凝土强度，并应做桩体质量及承载力的检验。如果对方没有等到《检测报告》出具就进行底板施工，责任自然由其自行承担。

对于以上三个问题，我们双方展开了激烈的辩论。对于第一个问题，我们认为，富裕公司所提供的混凝土质量是否合格，尚处于"待定"状态，在此情况下，如果要承担损失，则应各自承担 50%；而对方认为，本案《检测报告》足以证明了富裕公司所提供的混凝土存在质量问题；所谓"抛物线理论"是不能成立的，不能说 15 年买的东西存在质量问题，过了几年就变好了，就不承担违约责任了，这是非常荒谬的事情。对于第二个问题，我们认为，富裕公司应赔偿的范围仅限于原来损失，而不应该赔偿扩大损失；而对方认为，应由富裕公司赔偿由此所造成的全部损失。对于第三个问题，我们认为根据《验收规范》，在桩基完工后，应当要查验《混凝土试压件强度检测报告》，方能进行下一道工序；而对方认为，是不需要的，只要有"低应变"等三个报告即可。

本次法庭审理从上午 9 点 30 分开始，一直持续到下午 1 点，审判长才宣布休庭，择日宣判。

## 五、一份"精雕细琢"的代理词

由于本案非比寻常，所以在开庭完毕后，我们团队认为，需要向法庭提交一份详细的《代理意见》，以全面阐述和论证我们的观点。在写好一稿后，笔者将《代理意见》"群发"给团队成员，让大家再提出相应的修改意见。再几易其稿，多次打磨后，才形成了最后一稿的《代理意见》。该份《代理意见》，我们认为，这是团队近些年来写得最"有理有据"的一份法律文书，也是最令我们满意的"法律作品"。内容如下：

尊敬的审判长、审判员：

我们作为富裕公司的代理人，在通和公司及其城西蔬菜市场诉买卖合同上诉纠纷一案中，依法参加了本案诉讼活动。现根据事实和法律，提出以下代理意见,以供合议庭参考。

我们认为,被上诉人通和公司要求我们上诉人赔偿经济损失445万多元是根本不能成立的,依法应予驳回。

(一)本案上诉人向被上诉人通和公司所提供的混凝土质量是合格的

在本案中,上诉人所供应的混凝土质量是否合格是至关重要的。如果合格,即不需要加固处理;反之,如果不合格,才需要加固处理。对于该问题,我们认为,上诉人所提供的混凝土质量是合格的。根据富裕公司所聘请的专家辅助人李清伦老师阐述,2015年6月的《检测报告》显示案涉桩基工程有14根桩基试压块的强度低于C25,但是这并不代表现在2022年埋在地下的实体桩基的强度。根据混凝土的特点,混凝土的强度会随着时间的推移而呈"抛物线"式变化,即前25年会逐渐增长,而后会慢慢减弱。本案中,根据乐山市建设工程检测中心于2015年6月23日所出具的《检测报告》可见,在14根低于C25的桩基中,其中最低一根桩基即72#混凝土试压块的强度为C22.2。那么,从2015年6月到现在2022年8月,埋在地下的实体桩基已有7年之久,显然,现在的桩基混凝土强度早已超过了C25标准。由此可见,本案所涉14根桩基混凝土到现在都是质量合格的。在质量合格的情况下,是不需要加固处理的。

(二)导致本案所涉桩基础工程混凝土无法进行质量鉴定的原因主要是由被上诉人通和公司造成的

在本案,为了确定上诉人所供应的混凝土是否存在质量问题,上诉人曾于2021年8月10日向一审法院递交了《鉴定申请书》,即对案涉14根桩基混凝土是否存在质量问题进行鉴定。在诉讼过程中,一审法院曾委托四川宝铁桥隧工程检测技术有限公司对案涉14根桩基混凝土的质量进行检测。该鉴定机构于2021年10月29日向一审法院出具了《情况说明及风险告知函》称,"此次质量鉴定需对14根实体桩基进行钻芯取样,因其空间高度不满足取样设备要求,故承台钻芯取样可行性不足,"并对本次质量鉴定作退案处理。

对此,我们认为,对于本案所涉桩基础工程混凝土无法进行质量鉴定的原因主要是由被上诉人通和公司所造成的。由于本案被上诉人在2015年6月明知"桩基础工程"存在质量争议而仍然继续修建案涉蔬菜市场二期"地下室"及"主体工程",导致"其现在空间高度无法满足取样设备要求"即无法将取样设备放置于现场予以钻芯取样,造成现在鉴定机构无法采取第二种方案即"在承台上钻芯取样"方式来进行检测鉴定。因此,其无法鉴定的责任显然应当由被上诉人承担,而非由我们上诉人承担。我们上诉人已经对案涉桩基混凝土质量是否合格尽到了举证责任。在案涉混凝土质量无法鉴定的情况下,本案14根"实体"桩基混凝土的强度就处于"待定"状态,就有两种可能:一种是质量合格,即"全部"强度高于C25标准,而无需"加固"处理;另一种是质量不合格,即"个别"桩基混凝土强度低于C25标准,需要进行加固处理。在这种"待定"状态下,要确定双方的责任承担,就必须根据"公平原则"予以处理,即应对"加固费用"损失按照各自50%的比例予以处理,这样对于双方才是较为合理的。

(三)本案因加固桩基础工程而产生的"扩大损失",应当由被上诉人通和公司及其施工方正良建筑公司承担

1. 对于本案"加固费用"损失,我们认为,应当将其区分为"原有损失"和"扩大损失"。在本案,对于原有损失,也就是指在被上诉人经过对案涉桩基工程验收后发现存在"质量问题"即停止对底板施工的情况下,而"及时"进行加固而产生的费用。对于该笔原有损失,经过鉴定机构鉴定,以2015年7月为基期,在未铺设底板的情况下所产生的加固费用为65.9万多元,上诉人是愿意按照各自50%的比例予以赔偿的。

2. 对于扩大损失,也就是指被上诉人在未对案涉桩基础工程验收的情况下就继续进行地下室"底板"铺设而造成的加固费用损失。经过鉴定机构鉴定,以2015年7月为基期,在已经铺设底板的情况下所产生的加固费用为342万多元,其扩大损失为277万多元。对于该笔扩大损失,我们认为,应当由被上诉人及其施工方、监理方予以承担。理由如下:

第一,根据被上诉人所提供的证据,2015年10月13日《城西蔬菜市场二期基础验收会议记录》载明,"二期工程由于施工许可证正在办理中,现对基础实体进行验收",由此可见,被上诉人是在没有取得主管部门所颁发的《施工许可证》的情况下就开始对二期工程进行修建的,这种做法明显是在"违法施工",由此所造成的一切法律后果均应当由被上诉人承担。

第二,根据《民法典》第798条规定,隐蔽工程在隐蔽以前,承包人应当通知发包人检查。发包人没有及时检查的,承包人可以顺延工程日期,并有权请求赔偿停工、窝工等损失。又根据《建设工程质量管理条例》第30条

之规定，施工单位必须建立、健全施工质量的检验制度，严格工序管理，作好隐蔽工程的质量检查和记录。隐蔽工程在隐蔽前，施工单位应当通知建设单位和建设工程质量监督机构。再根据住建部2013年《建筑工程施工质量验收统一标准》第3.0.3-2条之规定，每道施工工序完成后，经施工单位自检符合规定后，才能进行下一道工序施工。第3.0.6-5条规定：建筑工程施工质量应按下列要求进行验收，即隐蔽工程在隐蔽前应由施工单位通知监理单位进行验收，并应形成验收文件，验收合格后方可继续施工。本案中，案涉桩基础工程显然属于基础部分的隐蔽工程，而施工方正良公司在桩基础工程完工之后，并未组织被上诉方即业主方、设计方、监理方、勘察方等"五方主体"进行验收，就直接进行了下一道工序，即对地下室"底板"予以铺设，由此可见，其行为严重违反了上述《条例》和《标准》的强制性规定，因此，对于上述扩大损失，其责任应当由施工方正良公司予以承担。

第三，根据住建部2010年《混凝土结构工程施工质量验收规范》第10.2.1条之规定，混凝土结构子分部工程施工质量验收时，应提供下列文件和记录：5. 混凝土试件的性能试验报告；9. 隐蔽工程验收记录；又根据建设部2002年《建筑地基基础工程施工质量验收规范》第5.6.3条之规定，混凝土灌注桩施工结束后，应检查混凝土强度，并应做桩体质量及承载力的检验；再根据富裕公司专家辅助人李清伦老师及富源咨询公司鉴定人的陈述可见，要检验桩基混凝土质量是否合格，必须要检查混凝土试件的《检测报告》，方可进行下一道工序。在本案中，根据被上诉人所提供的证据《发货单》可见，被上诉人及其施工方正良公司是于2015年6月19日将案涉混凝土试压块送至乐山市建设工程质检中心的，然而就在"当日"，在检测结果"尚未"出具的情况下，施工方正良公司就开始继续对地下室底板予以铺设，而后在2015年6月23日收到《检测报告》后"明知"混凝土存在质量问题，不但不"停工整改"，而且还继续对底板予以施工，显然，其行为严重违反了上述住建部两个《验收规范》的强制性规定，因此，对于其扩大损失，应当由施工方正良公司等主体予以承担，而不应由上诉人承担。被上诉人完全可以通过"另行"起诉施工方正良公司来获得加固费用的赔偿。

综上所述，我们认为，被上诉人通和公司要求上诉人赔偿经济损失445万多元是严重缺乏事实和法律依据的，纯属恶意诉讼，根本不能成立。因此，恳请二审合议庭能够查明本案，依法驳回被上诉人无理的诉讼请求，以维护富裕公司作为出卖人的重大合法权益。

以上意见，请审理法庭予以充分考虑。

代理人：郭金福、王强<br>2022 年 8 月 18 日

**六、乐山中院对本案的判决情况**

经过多次的开庭审理，乐山中院于 2022 年 8 月 30 日作出了［2022］川 11 民终 X 号《民事判决书》，判决书总计长达 35 页，其判决理由基本采纳了我们的上述《代理意见》，裁判观点如下：

本院认为，本案争议焦点是：①富裕公司供应的混凝土强度是否合格，应否对案涉人工挖孔桩进行加固；②若需加固，加固费用应如何确定。

依照《最高人民法院关于适用〈中华人民共和国民法典〉时间效力的若干规定》第 1 条第 2 款规定："民法典施行前的法律事实引起的民事纠纷案件，适用当时的法律、司法解释的规定，但是法律、司法解释另有规定的除外。"因本案系民法典施行前的法律事实引起的民事纠纷案件，应适用当时的法律、司法解释的规定。

一、富裕公司供应的混凝土强度是否合格，应否对案涉人工挖孔桩进行加固

（一）城西蔬菜市场、通和公司提供的证据能证明案涉 14 根人工挖孔桩不合格，需进行加固的事实

第一，乐山市建设工程质量检测中心出具的《检测报告》，能证明案涉 14 根人工挖孔桩的桩身混凝土强度不满足设计要求；第二，工程设计单位创想公司于 2015 年 7 月 10 日出具《关于城西蔬菜市场二期工程——挖空桩不满足原设计要求的设计核算》，能证明经该公司复核验算后，案涉 14 根人工挖孔桩不满足设计荷载要求，需由具有资质的法定检测单位对此进一步进行检测的事实；第三，四川省建筑科学研究院有限公司作为有资质的法定检测单位，其接受通和公司的委托于 2020 年 7 月 7 日出具的《技术服务报告》，同样证明了案涉 14 根人工挖孔桩的桩身混凝土强度等级低于 C25，不满足《混凝土结构设计规范》及《建筑地基基础设计规范》的相关要求，需对案涉 14

根人工挖孔桩进行加固设计、处理的事实；第四，乐山市建设工程质量安全监督站于2020年8月12日作出的《关于富裕公司提供桩基预拌（商品）混凝土低于设计标准及相关资料的函》的回复意见，再次证明了案涉14根人工挖孔桩的桩身混凝土强度低于C25，不满足验收要求，需进行加固设计和加固处理后，方按照加固设计进行验收的事实。

上述证据能相互印证，证明案涉14根人工挖孔桩既不符合设计要求，也不符合《混凝土结构设计规范》《建筑地基基础设计规范》关于桩身混凝土强度等级不得低于C25的要求，需进行加固后才能进行验收的事实，城西蔬菜市场、通和公司已完成了案涉14根人工挖孔桩不合格，需进行加固的初步举证责任，富裕公司主张该14根人工挖孔桩合格需提供反驳证据予以证明。富裕公司未能提供案涉14根人工挖孔桩合格的反驳证据，应承担举证不能的不利后果。第一，虽然专家辅助人李清伦陈述混凝土强度会随着时间的推移变大，但其仍X号案涉14根人工挖孔桩的混凝土强度是否合格不能确定，需进行钻芯取样，即李清伦的陈述并不能证明案涉14根人工挖孔桩合格的待证事实。第二，虽然《建筑地基基础工程施工质量验收规范》（G 四川通和50202-2002）》第8.0.5条作出了"……混凝土试件强度评定不合格或对试件的代表性有怀疑时，应采用钻芯取样，检测结果符合设计要求可按合格验收"规定，且富裕公司也申请对案涉14根人工挖孔桩使用的混凝土强度是否高于C25标准进行鉴定检测，但鉴定机构以现场的空间高度不满足取样设备要求，混凝土取样不具有可操作性为由，予以了退案，即案涉14根人工挖孔桩是否合格已无法通过钻芯取样的方式予以确定，富裕公司应承担举证不能的责任。案涉地基基础工程至今未验收，乐山市建设工程质量安全监督站等部门均要求对案涉14根人工挖孔桩进行加固后再行验收，故案涉14根人工挖孔桩需进行加固。

（二）富裕公司应承担加固费用

城西蔬菜市场、通和公司与富裕公司签订的《预拌（商品）混凝土买卖合同》系双方真实的意思表示，不违反法律行政法规的强制性规定，合同合法有效，各方均应遵守。根据本案事实，富裕公司提供的混凝土不符合设计要求已构成违约，依照《合同法》第107条"当事人一方不履行合同义务或者履行合同义务不符合约定的，应当承担继续履行、采取补救措施或者赔偿损失等违约责任"的规定，其应承担违约责任。根据本案事实，案涉14根人工挖孔桩需由具有资质的设计单位对其进行加固设计，并委托相关施工单位进行加固处理，富裕公司应依法承担相应加固费用。

二、若需加固，加固费用应如何确定

（一）鉴定意见应予采信

富源咨询公司系由法院组织当事人选定后委托进行鉴定的机构，该鉴定机构和鉴定人员均具备鉴定资格，与本案当事人无利害关系，据以鉴定的材料已依照法定程序经过当事人的质证和法院认证，其鉴定程序合法，鉴定机构作出的《工程造价意见书》以及《补充鉴定意见书》已经质证，当事人虽提出异议，但鉴定机构已作出回应证明其异议不能成立，故鉴定结论客观真实，应予采信。富源咨询公司已根据法院的委托，以3个不同时间点作为基期，按底板已完成和未完成所需的加固费用作出了不同的鉴定结论，本院将结合本案事实和证据确定富裕公司应承担的加固费用。

（二）城西蔬菜市场、通和公司存在扩大损失的情形，对其扩大部分的损失不应由富裕公司承担

《合同法》第119条第1款规定："当事人一方违约后，对方应当采取适当措施防止损失的扩大；没有采取适当措施致使损失扩大的，不得就扩大的损失要求赔偿。"即当事人在履行合同的过程中，若一方违约，则另一方当事人应积极采取措施，减少损失，若其未采取积极措施导致损失扩大的，不应就损失扩大部分主张赔偿。具体到本案：第一，城西蔬菜市场、通和公司自认其于2015年6月29日已知晓案涉14根人工挖孔桩的桩身混凝土强度不满足设计要求的事实，案涉工程的合同工期为2015年6月11日至2016年12月31日，即城西蔬菜市场、通和公司在工程施工不久时，已知悉富裕公司供应的混凝土存在质量问题。工程设计单位创想公司于2015年7月1日发出的《关于城西蔬菜市场二期工程—挖孔桩砼强度不满足原设计要求的设计核算》，工程监理单位四强公司于2015年7月11日发出的监理函，均要求对案涉14根不满足设计载荷要求的挖孔桩，由有资质的法定检测单位进行检测，不满足设计荷载时需采取加固措施，故城西蔬菜市场、通和公司应及时进行处理，其未依约处理必然会造成损失的扩大。第二，虽然城西蔬菜市场、通和公司从2015年6月19日即开始浇筑底板混凝土，但因桩基工程属于隐蔽工程，包括桩基工程在内的工程隐蔽前，均应依照《建筑工程施工质量验收统一标准》第3.0.6—5条"建筑工程施工质量应按下列要求进行验收：……隐蔽工程在隐

蔽前应由施工单位通知监理单位进行验收,并形成验收文件,验收合格后方可继续施工"的规定,由监理单位进行验收合格后方可继续施工。案涉隐蔽工程未经验收合格即继续施工进行底板浇筑,造成了加固桩基需进行底板拆除等工序,而拆除底板部分的损失并非富裕公司提供不合格的混凝土所致,该部分损失不应由富裕公司承担。第三,根据本案事实,人工挖孔桩的加固需由有资质的单位进行检测,其混凝土强度不合格后,应由具有资质的设计单位进行加固设计,确定施工方案后,方可委托施工单位进行加固处理,故富裕公司主张鉴定加固损失的基点应从 2015 年 7 月,即城西蔬菜市场、通和公司知晓混凝土强度不合格后立即告知的时间点开始计算的主张不符合本案事实,本院酌定考虑 4 个月的时间作为确定加固施工方案的期限,即应以 2015 年 11 月为基期鉴定加固损失,结合地下室底板拆除等费用不应由富裕公司承担的事实,本院采信富源咨询公司作出的以 2015 年 11 月为基期,地下室底板未完成的鉴定金额,确定富裕公司应承担的加固损失为 665 651 元。

(三)《技术服务报告》《人工挖孔桩技术加固设计图纸》《加固工程施工技术方案》系进行加固必须具备的材料,城西蔬菜市场、通和公司因此支付 160 000 元,该损失系因富裕公司提供不合格混凝土造成的损失,其应承担该损失

综上,富裕公司应承担的加固损失为 825 651 元(665 651 元 + 160 000 元)。依照《合同法》第 113 条第 1 款"当事人一方不履行合同义务或者履行合同义务不符合约定,给对方造成损失的,损失赔偿额应当相当于因违约所造成的损失,包括合同履行后可以获得的利益,但不得超过违反合同一方订立合同时预见到或者应当预见到的因违反合同可能造成的损失"的规定,富裕公司系因违约行为承担加固损失,其已在 [2019] 川 11 民初 X 号民事案件中因同一违约行为承担了约 359 694 元违约金,故富裕公司在本案中应承担的加固费用需扣减其已承担的违约金,即富裕公司应承担加固费用为 465 957 元(825 651 元 - 359 694 元)。

(四)城西蔬菜市场、通和公司为了保障判决的有效执行申请保全,并支付财产保全费 5000 元,该费用亦是城西蔬菜市场、通和公司的损失,应由富裕公司承担。

综上所述,富裕公司的上诉请求部分成立。依照《合同法》第 60 条、第 107 条、第 119 条第 1 款、第 112 条、第 113 条第 1 款,《最高人民法院关于

适用《中华人民共和国民法典》时间效力的若干规定》第1条第2款,《民事诉讼法》第67条规定、第177条第1款第2项规定,判决如下:

(1) 维持市中区法院［2021］川 1102 民初 X 号民事判决第二项,即"二、在本判决生效后 10 日内,富裕公司赔偿通和公司城西蔬菜市场、通和公司保全费 5000 元";

(2) 撤销市中区法院［2021］川 1102 民初 X 号民事判决第 1 项、第 3 项,即"一、在本判决生效后 10 日内,富裕公司赔偿通和公司城西蔬菜市场、通和公司损失 4 098 563 元";

(3) 驳回通和公司城西蔬菜市场、通和公司的其他诉讼请求;

(4) 在本判决生效后 10 日内,富裕公司赔偿通和公司城西蔬菜市场、通和公司加固损失 465 957 元;

(5) 驳回通和公司城西蔬菜市场、通和公司的其他诉讼请求。

### 七、二审胜诉后的喜悦

2022 年 8 月 31 日,在收到二审判决书后,我们团队成员都非常喜悦!这份"来之不易"的判决书,蕴含了我们团队大量的集体智慧和汗水!可以说,这份判决书,是送给我们团队 2022 年 8 月最完美的礼物,是在 8 月酷暑中送给了我们一杯冰红茶。我在微信朋友圈是这样记载的:

【一起实现"惊天逆转"的买卖合同赔偿案】

经过五六年的较量,从区法院,打到市中院,再到省高院,最后诉至最高院,接着又是区法院,再到市中院,一起混凝土买卖合同纠纷终于要画个句号了。

在原告两次诉至最高院索赔 3000 多万元未果后,原告于 2021 年 6 月又换了两名律师,以富裕公司所供应的二期工程混凝土强度低于 C30 即"质量不合格"为由,又提起诉讼,要求富裕公司赔偿 400 多万元的加固费用。

然而,一审判令富裕公司承担了 400 多万元加固费用。

对此,富裕公司是坚决不服的,遂提起了上诉。

经过我们团队多次讨论,多次分析,在此基础上,制定相应的诉讼方案和策略,通过向二审法院提出补充鉴定,让本案鉴定时点回到 2015 年,而不是 2021 年，让本案的损失区分成了"原有损失"和"扩大损失"两部分，这样下来，就大大降低了加固费用。

同时，又检索了大量国家关于"混凝土质量与验收"的强制性规定，提交给法院，向法官阐明了对方存在"违反施工工序即违法施工"，其责任应由对方自行承担的问题。

二审期间，本案经过了三四次庭审，法官审理得特别有耐心，让双方充分阐明各自的观点，让真理越辩越明。最后，二审支持了我们大部分上诉请求，对本案实现了"改判"，加固费用由一审 400 多万元"改判"为 40 多万元。

至此，我们团队对本案实现了"惊天逆转"！

## 第三节　为了再审，拼尽全力

在本案二审结束后，对方为扭转败局，于 2022 年 12 月 5 日向四川高院提出了再审申请，至 2023 年 5 月 6 日，四川高院整整用了 6 个月的时间来审查本案，才作出审查结果。可谓是极其少见的。

一般而言，对于申请再审案件，四川高院在 3 个月之内就会审查完毕。但是，对于本案，为什么会花费 6 个月的时间才出结果呢？

在 2023 年 2 月 7 日，主审法官对本案举行了一次听证会。在此次听证会上，我明显感觉到本案主审法官对申诉方有些主观倾向，想从所问的问题中找到富裕公司的破绽。幸好，我们准备充分，没有被其找到任何蛛丝马迹。

按照常理，在听证会举行完毕后，合议庭应当及时作出审查结果。但是，直至 3 月底也没有一个结果。

4 月 23 日，本案主审法官"突然"通知我们到四川高院来，说申诉方又提交了一份"新证据"，要求我们过来复印，并尽快发表一份质证意见。我们要求法官帮我们拍照，传到邮箱里即可，但法官坚持要求我们过来复印。经过几番交涉之后，法官才同意通过电子送达平台将所谓的"新证据"送达给我们，并要求我们在 4 月 25 日之前必须提交一份质证意见，否则就按照法律规定处理。

我们收到送达短信后，打开发现，是一份总计 5 页纸的《建设工程隐蔽检验记录"。对方提交该份证据的目的，主要是想证明"桩基础工程是经过验收合格后才进行下一道工序的施工即底板的铺设"，所以本案不存在"扩大损失"问题，即400多万元损失都应当由我公司承担。

对于该份《建设工程隐蔽检验记录》，我们见到后极其惊讶！如果真的存在此份证据，且真的是关于"桩基础工程"的验收记录，那么本案真的有可能被省高院裁定"再审"，到那时，前面的努力都将化为灰烬。所以，对于该份证据，必须百分之百地加以重视。

晚上，我们联系了公司蔡工程师，让他帮我仔细研究一下这份证据存在的问题。经过分析，他告诉我，"此份证据仅是对桩基础工程中的钢筋笼的验收记录，而不是对混凝土强度或者整个桩基础工程的验收记录"。

结合他的观点，我们在第二天整理了一份质证意见，内容如下：

四川省高级人民法院：

关于你院所送达的申诉方所提交的5页《建设工程隐蔽检验记录》证据，富裕公司已经收悉。现提出以下质证意见：

1. 对上述证据的真实性有异议。在本案二审期间以及上次贵院所组织的《听证会》上，主审法官曾多次要求申请人提交案涉二期工程的验收资料包括隐蔽工程的验收资料，申诉方的法定代表人赖某表示"上述案涉工程所有的验收资料都被2020年8月18日大洪水冲走了，已经无法找到"（见庭审笔录及听证笔录），然而，现在又"突然"向贵院提交了几张所谓的《建设工程隐蔽检验记录》，很显然，这是为了启动再审程序而人为"疯狂"制造的"假资料"。其"原件"从何取得？是如何"炮制"而成？请贵院予以明查。

2. 上述证据与本案严重缺乏关联性。第一，仔细查看上述证据复印件，不难看出，上述5页《建设工程隐蔽检验记录》是对桩基础工程中的"钢筋"项目进行的验收，而不是对桩基础中的"混凝土强度"进行的验收，更不是对整个"桩基础工程"验收所形成的"验收记录"。上述《检验记录》右侧清楚地写明"经检查，钢筋品种、规格、型号、数量及绑定方式符合设计和规范要求，同意隐蔽"，中间标明了8#、14#、16#等部位以及"钢筋笼"的图纸，由此可见，上述5页《建设工程隐蔽检验记录》都是关于"钢筋"项目的检验记录，显然与本案缺乏关联性。

第二，人工挖孔桩的施工流程是：其一，先人工挖孔；其二，放置"钢筋笼"；其三，对"钢筋笼"进行检验；其四，合格后浇筑混凝土，予以隐蔽；其五，对整个桩基础工程进行验收，合格后再进行下一道工序，即铺设"底板"，予以隐蔽。在本案中，即使申请人所提交的五张《建设工程隐蔽检验记录》是真实的，那也是仅对"第三步"的检验，而不是对第五步"整个"桩基础工程所作的验收。

第三，本案关键的问题有两个：一是申请人在未对"整个桩基础工程进行验收"的情况下，就违反建筑强制性规定而进行了下一道工序即底板的铺设，这在二审判决中认定得非常清楚；二是申请人所聘请的施工方四川正良公司在2015年6月19日将案涉混凝土试压块送交给乐山市建设工程质检中心检测，另一边就对"底板"进行了施工，即在未"等到检测结果"出来的情况下就违法进行了"底板"施工，显然，如果追究责任的话，申请人应当向施工方四川正良公司主张赔偿权利，而不应向我们供货方要求赔偿。

综上，我们认为，申请人所提交的上述5页《建设工程隐蔽检验记录》等证据，明显是想"蒙混过关"、欺骗法官，来达到启动再审程序之目的。我们相信，贵院合议庭一定会明察本案，驳回申请人的无理再审请求。

以上质证意见，请合议庭予以考虑。

在写好上述意见后，笔者于4月24日下午就将该材料邮寄给了本案主审法官。

2023年5月6日上午，笔者在学校上课。下课期间，突然收到了一条四川高院的送达短信。当时，笔者内心非常紧张，忐忑不安起来，生怕"裁判结果是对我们不利的"。但是，到了这个时候，也只能坦然面对了。打开网页后，我快速翻到裁定书的最后一页，看到结论是"驳回申诉方的再审申请"，这个时候，我才有了一种如释重负之感。再仔细翻看省高院驳回其再审的理由，合议庭最后居然基本上"一字不差"地采纳了我们的质证意见，即"经审查，该记录系对桩基础工程中的钢筋项目进行验收，不是对桩基础工程中的混凝土强度或整个桩基础工程进行的验收，与本案争议事实不具有关联性。亦不构成再审"新证据"。

回过头来说，本案如此清楚，为什么法官会审查如此之久呢？本应该在上次听证会结束后就及时作出裁决，为什么拖着又给申诉方将近3个月的"翻盘"机会呢？在这3个月里，对于本案，始终有一种不祥的预感困扰着我们。

还好的是，对方在穷途末路之际，虽然人为炮制了5页"假证据"，企图启动再审程序，但是终被我们所揭穿识破。

至此，本案以富裕公司彻底胜诉而尘埃落定了。诸葛亮在《隆中对》中曾说："然操遂能克绍，以弱为强者，非惟天时，抑亦人谋也。"对于本案而言，也是如此。从富裕公司一审中处于被动状态，到二审中一步一步地实现主动，再到再审审查阶段中的"稳扎稳打"，都是"人谋"所致的。

# 第九章

# 法庭必胜之方法：民案分析十步法

作为律师，应当具备两项最基本的能力：一是能说；二是会写。能说，即要具有良好的口头表达能力，即法庭质证、辩论能力。会写，即要具备一定的写作能力，即写作法律文书的能力。

良好的口才艺术，是律师法庭获胜的一个非常重要的因素，但是这种口才艺术必须建立在对一个案件分析透彻的基础之上。如果形容口才艺术与案件分析之间的关系，就恰似大楼与地基之关系，九层之台起于垒土，千里之行始于足下。如果不能透彻地将案件分析清楚，再好的口头表达能力也会失去用武之地；相反，虽然没有良好的口才，但是，如果能够将案件分析清楚，讲得明白，也会最终获得胜诉。

那么，在民商事诉讼过程中，作为律师，如何去分析案件呢？这就需要我们掌握民事案件的分析方法。结合我们团队的执业经验，我把民事案件的分析方法，归结为十步，我把它命名为"民案分析十步法"。

## 第一节 要准确确定本案所涉及的"法律关系"

法学家郑玉波说，法书万卷，法典千条，头绪纷繁，莫可究诘，然一言以蔽之，其所研究和所规定者，不外法律关系而已。

对于一些年轻律师而言，在拿到一个案子后，最棘手的就是不知从"何"入手来分析一个案件，或者仅凭自己的主观意识对案件加以分析和判断，最后导致在法庭上无法自圆其说，或者处于被动"挨打"状态。长此以往，不仅会对自己的执业能力及信心造成影响，也会使法官对其产生轻蔑之心态。

那么，首先如何去分析一个案件呢？笔者认为，正如郑玉波老先生所言，无论任何一个案件，都应该先从法律关系入手进行研究，只有准确界定了本案的法律关系，那么才能保证所提出的诉求准确，进而所引用的法律规定才能准确，这样就可以达到"通一脉而活全身"之目的。

试举几例，以作说明。

### 一、[2017]最高法民申3637号康某江与刘某民间借贷纠纷再审案

（一）基本案情

2011年6月22日，刘某、康某江、郭某某签订合伙协议。

2014年7月28日，三人签订退伙协议。2014年9月15日，刘某与康某江签订《二人解除协议》，确认合伙期间刘某出资2000万元，应收利息2100万元，合计4100万元。同日，依据该协议康某江为刘某出具4100万元借据。后因康某江未完全按约向刘某返还资金，刘某于2016年1月21日将康某江诉至哈尔滨市中级人民法院。

被告康某江的抗辩理由为：由于刘某是公务员，所以不能经商，因此，所签订的《合伙协议》无效，在此情况下，其主张的利息不能得到支持。

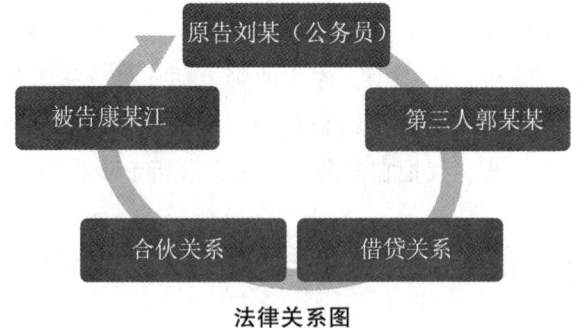

**法律关系图**

（二）争议焦点

本案应按民间借贷纠纷还是应按合伙纠纷审理？

（三）裁判结果

哈尔滨市中级人民法院（以下简称"哈尔滨中院"）认为，本案应当按

照民间借贷纠纷进行审理，故判决被告康某江向原告支付本金 2000 万元及利息 2100 万元；康某江不服一审判决，向黑龙江省高级人民法院（以下简称"黑龙江高院"）提起上诉，黑龙江高院裁定驳回上诉，维持原判。2017 年，康某江向最高院申请再审，最高院裁定驳回其再审申请。

（四）裁判理由

哈尔滨中院经审理认为，根据《最高人民法院关于审理民间借贷案件适用法律若干问题的规定》第 15 条，原告以借据、收据、欠条等债权凭证为依据提起民间借贷诉讼，被告依据基础法律关系提出抗辩或者反诉，并提供证据证明债权纠纷非民间借贷行为引起的，人民法院应当依据查明的案件事实，按照基础法律关系审理。当事人通过调解、和解或者清算达成的债权债务协议，不适用前款规定。《二人解除协议》是双方以清算的意思表示形成的债权债务协议，均应在法律保护范围内履行义务，故本案应当按照民间借贷纠纷进行审理。因此，原告主张被告偿还本金 2000 万元及利息 2100 万元应当得到支持。

（五）案件分析

前事不忘，后事之师。现结合法院裁判观点，针对本案所产生的问题，总结分析如下，供实务参考。

对于本案，我们认为，最关键的问题就是本案法律关系应当归为民间借贷法律关系，还是合伙关系。在最高院关于民间借贷司法解释没有出台之前，司法实务界对此争论很大。在该解释出台之后，才明确了按"基础法律关系"审理的规则，但是在具体处理案件过程中，还要注意这个"但书"条款。所以，对于本案，律师接手之后，在设计诉求时，就要坚定地按"民间借贷关系"起诉，最后必会赢得胜诉，为当事人争取到最大的诉讼利益。

## 二、四川高院 [2022] 川民申 1236 号邱某与江某离婚后财产分割纠纷再审案

（一）案情简介

2008 年 2 月，邱某与江某登记结婚。2010 年，双方共同将邱某婚前在北京崇文门购买的一套房屋进行了出售，售价为 325 万元，其中有 150 万元交由江某持有。2012 年 10 月，双方成立了北京三合轩文化传播有限公司。后因

感情破裂，二人于2014年1月24日协议离婚并办理了离婚登记手续，《离婚协议》（打印）"夫妻共同财产的处理"处载明"双方婚内无共同存款，无共同房产"。后双方又另行签订了一份《离婚协议》（手写），载明："经商议，江某和邱某自愿离婚。其中江某同意支付邱某人民币500万元，离婚当日起开始实施支付相关款项"，落款日期：2014年1月24日。

离婚后，双方又保持同居关系，直至2018年2月26日。其间，2016年，双方以江某名义与案外人江某1采取按揭贷款方式签订《房屋买卖合同》，房屋总价为708万元。对于首付款，邱某出资150万元，江某出资250万元。2017年2月28日，该房屋的不动产权登记证书办理至江某名下。此后，双方签订一份《房屋买卖代持协议书》。2018年2月26日，江某签署的《借条》载明："今江某借邱某借款人民币壹仟万元整。"按双方口头协议约定，江某将于2019年3月1日起向邱某支付借款利息，每月不低于3万元。

此后，江某拒绝承担偿还借款。邱某向市中区法院起诉，请求判令江某支付离婚后财产分割款500万元。一审判决，以超过诉讼时效为由，驳回其诉请。邱某不服，向乐山中院提起上诉，二审判决支持其诉求。江某不服，向四川高院申请再审，四川高院经审查后，裁定发回乐山中院重审此案。

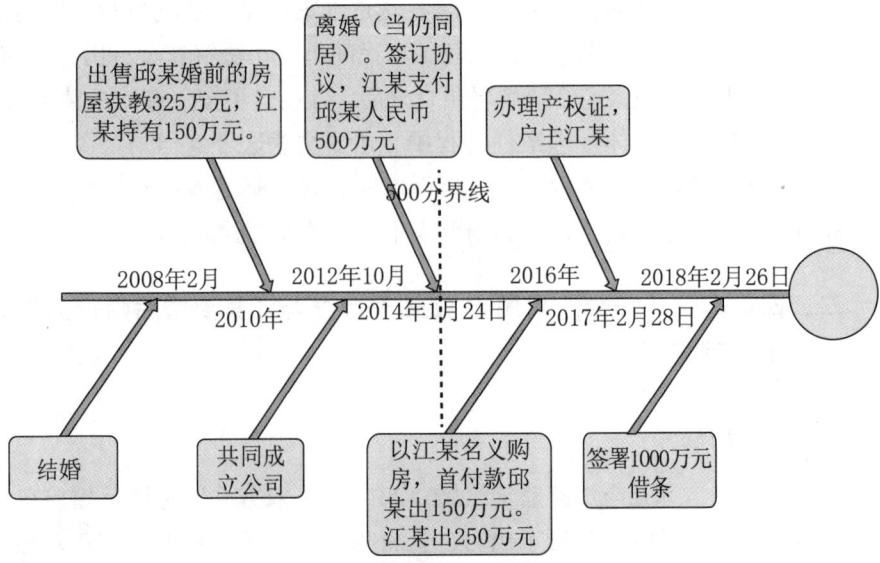

**邱某与江某财产分割纠纷案时间线图**

(二) 争议焦点

本案应按离婚后财产分割纠纷还是同居析产纠纷审理？

(三) 裁判结果

四川高院认为，本案案由为离婚后财产纠纷，本案争议的焦点实质上是邱某、江某二人离婚后对财产分配问题发生争议或者双方离婚后因履行协议离婚时达成的对财产分割协议而引发的争议。邱某主张依据的是 2014 年 1 月手写版的《离婚协议》，即双方自愿离婚，江某同意支付邱某 500 万元。那么，本案就要审查案涉 500 万元的具体构成情况。但原审法院对本案焦点问题未予审查，属于对案件的主要事实没有查清的情形。综上，江某的申请再审理由成立，裁定发回重审。

(四) 案件分析

现结合法院裁判观点，针对本案所产生的问题，总结分析如下，供实务参考。

对于本案，我们认为，原告设计本案诉求是主张支付离婚后财产分割款 500 万元，主要依据的是 2014 年 1 月手写版的《离婚协议》，这就导致在诉讼过程中较为被动。因为法院可能要审查 500 万元的具体构成情况，即离婚前是否有 500 万元或者相当于 500 万元的财产。如果无法查清，就可能被判决驳回。

本案正确的处理思路应当是按同居析产纠纷处理，即按照 2018 年所达成的《借据》予以主张，因为 2018 年《借据》是二人从 2008 年结婚至 2018 年同居关系结束期间财产及补偿的概括性结算。这样，就可以顺利获得胜诉。而按离婚后财产分割纠纷处理，则使本案变得极为复杂。法律关系一旦确定"错误"，就像大海中的船舶，偏离了航道，就无法到达成功的彼岸。正所谓"差之毫厘，谬以千里"。

## 三、[2023] 川 11 民终 435 号柯某胜与柯某平、柯某全林木所有权确认纠纷"一女二嫁"案

(一) 案情简介

原告柯某胜于 2011 年 12 月至 2014 年 4 月期间，经第三人柯某全和其女

柯某霞同意,在柯某全父女承包的土地和自留山上,即芭沟镇陈家榜村2组(原泉水镇陈家榜村3组)小地名叫青岗山、圆坪、岩腔扁等处土地范围内,自行出资雇请工人种植红椿树、千丈树、青木树和桦槁树大约20多亩,并请人进行了长期的维护管理。2018年1月16日,第三人柯某全与被告柯某平、柯某学签订了《土地承包合同》,将其田土和林地转包给被告经营,其中包括原告已栽种树木多年的林地。2020年12月22日,原告通过芭沟镇人民政府发布的《林木采伐公示》知悉,被告柯某平已申请采伐原告种植的红椿树2.3亩,并且芭沟镇政府拟同意核发林木采伐许可证。原告认为,根据《森林法》《林木林地权属争议处理办法》的相关规定,原告自行出资种植并管理的红椿树依法应归原告所有,被告申请采伐的行为侵害了原告林木的所有权。为维护原告的合法权益不受侵害,特向人民法院起诉,请求确认原告在第三人柯某全承包地和自留山上种植的全部林木(包括被告申请采伐的红椿树林木)为原告所有。

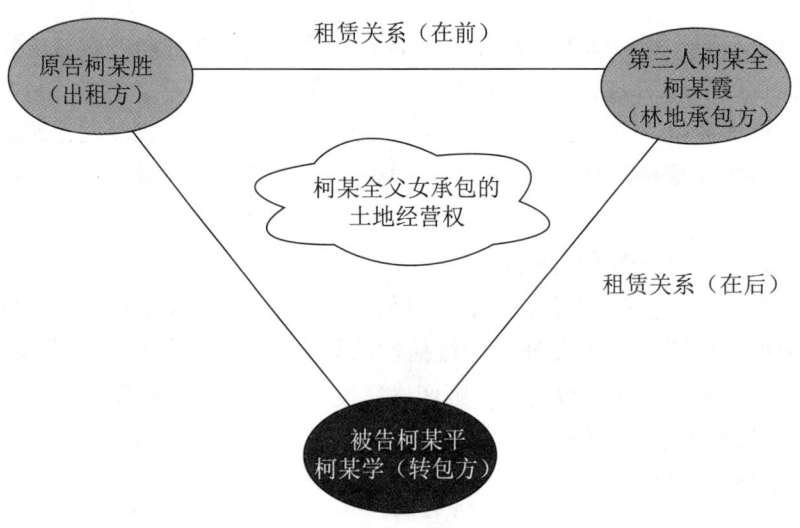

柯某胜与柯某平、柯某全林木"一女二嫁"案

(二)争议焦点

本案原告要求确认案涉林木所有权归其所有是否成立?

（三）裁判结果

一审法院认为，原告提起本案诉讼，其请求为判决确认原告在第三人柯某全承包地和自留山上种植的全部林木（包括被告申请采伐的红椿树林木）为原告所有，属于林木所有权确认诉讼。根据《森林法》第 17 条第 2 款、第 3 款之规定，个人之间、个人与单位之间发生的林木所有权和林地使用权争议，由乡镇人民政府或者县级以上人民政府依法处理。当事人对有关人民政府的处理决定不服的，可以自接到通知之日起 30 日内，向人民法院起诉。因此，本案不属于人民法院民事案件受案范围，裁定如下：驳回原告柯某胜的起诉。

（四）本案正确处理思路

对于本案，原告在败诉后，按照判决指引，又向当地镇人民政府申请确权，该政府裁定不予受理。后又向当地县政府申请复议，结果为维持。此后，又向法院起诉当地县政府，在诉讼过程中予以撤诉。

在几次败诉之后，原告找到我们团队，经过团队讨论分析后，我们认为，本案正确处理思路应当按确认"林地经营权"之诉，向法院提起诉讼解决。如果林地经营权被确认归原告所有，那么其所栽种的树木自然就归其所有。所以，我们在代理本案过程中，即提出三项诉求：一是确认原告与被告柯某全在 2011 年所达成的《口头林地承包协议》有效；二是确认案涉林地经营权归原告所有；三是判决二被告共同赔偿因违法砍伐林木而给原告造成的经济损失 1 万元。由于将法律关系界定准确，所以法院支持我们的诉讼请求，原告最后拿回了案涉林地经营权。

## 四、[2020] 渝行申 250 号江西安石建设集团有限公司与重庆市梁平区人力资源和社会保障局、颜某仁工伤认定纠纷再审案

（一）基本案情

2016 年 9 月 25 日，江西安石建司的项目负责人叶某以江西安石建司的名义，将该工程内的水电安装工作承包给自然人吴某华，吴某华安排张某海招用颜某仁，颜某仁在该工地从事搬、抬、挑等工作。2017 年 6 月 25 日 18：00 左右，颜某仁在该工地下班后，驾驶二轮电动车从工地出发，回其住所地。当日 18：06，颜某仁途经梁平区桂东路与泰和路交叉口时，与对向由雷某东

驾驶的轿车发生碰撞致其受伤，由 120 救护车送至梁平区人民医院治疗。重庆市梁平区公安局交通巡逻警察支队出具《道路交通事故认定书》，认定颜某仁承担本次交通事故的同等责任。2018 年 5 月 17 日，颜某仁之子颜某浪向重庆市梁平区人力资源和社会保障局（简称"梁平人社局"）提出颜某仁的工伤认定申请，梁平人社局于 2018 年 6 月 1 日受理。2019 年 4 月 17 日梁平区人民法院宣告颜某仁为无民事行为能力人，指定颜某仁之子颜某浪为颜某仁的监护人；颜某仁受伤时年满 65 岁，未享受基本养老保险待遇。梁平人社局于 2018 年 7 月 26 日作出颜某仁受伤性质属于工伤的梁平人社伤险认字［2018］120 号《认定工伤决定书》，并于 2018 年 7 月 30 日邮寄送达给江西安石公司，同日直接送达颜某仁之子颜某浪。现江西安石公司提起诉讼，请求撤销梁平人社局作出的《认定工伤决定书》。

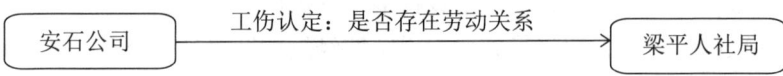

（二）争议焦点

（1）颜某仁的工伤认定是否应当以确认劳动关系为前提？

（2）颜某仁年龄已超过 60 周岁是否应当认定为工伤？

（三）裁判结果

梁平县人民法院认为，本案颜某仁的工伤认定不应当以确认劳动关系为前提，其年龄已超过 60 周岁，但不影响认定为工伤。因此，驳回了江西安石公司的诉讼请求。江西安石公司不服一审判决，向重庆市第二中级人民法院提起上诉，重庆二中院裁定驳回上诉，维持原判。随后，江西安石公司向重庆高院申请再审，重庆高院裁定驳回其再审申请。

（四）裁判理由

（1）违法转包情况下的工伤认定不以存在劳动关系为前提。根据《最高人民法院关于审理工伤保险行政案件若干问题的规定》第 3 条第 1 款第 4 项规定："用工单位违反法律、法规规定将承包业务转包给不具备用工主体资格的组织或者自然人，该组织或者自然人聘用的职工从事承包业务时因工伤亡的，用工单位为承担工伤保险责任的单位。"无用工主体资格的组织或个人聘用的人从事发包工程遭受工伤情况下，职工与违法转包用工单位之间并非以存在真实劳动关系为前提，这是司法解释从有利于职工的角度出发，（注：通过"法律拟制"方式）对《工伤保险条例》将劳动关系作为工伤认定前提的一般规定之外的特殊情形处理。

（2）超过法定退休年龄的进城务工农民可以认定为工伤。根据《最高人民法院行政审判庭关于超过法定退休年龄的进城务工农民因工伤亡的，应否适用〈工伤保险条例〉请示的答复》（[2010] 行他字第 10 号）规定，用人单位聘用的超过法定退休年龄的务工农民，在工作时间内、因工作原因伤亡的，应当适用《工伤保险条例》的有关规定进行工伤认定。人力资源和社会保障部《关于执行〈工伤保险条例〉若干问题的意见（二）》（人社部发[2016] 29 号）第 2 条规定，达到或超过法定退休年龄，但未办理退休手续或者未依法享受城镇职工基本养老保险待遇，继续在原用人单位工作期间受到事故伤害或患职业病的，用人单位依法承担工伤保险责任。用人单位招用已经达到、超过法定退休年龄或已经领取城镇职工基本养老保险待遇的人员，在用工期间因工作原因受到事故伤害或患职业病的，如招用单位已按项目参保等方式为其缴纳工伤保险费的，应适用《工伤保险条例》。

（五）案件分析

现结合法院裁判观点，针对本案所产生的问题，总结分析如下，供实务参考。

对于本案，笔者认为：第一，根据现在法律规定，建筑工人往往是受包工者所雇请在建筑工地上从事建筑相关工作的，其本身与包工者所形成的法律关系应当属于民事雇佣关系，如果建筑工人在遭受人身损害时，可以按照雇佣关系向包工头主张人身损害赔偿，但是，作为包工者，往往赔偿能力是比较弱的。所以，作为建筑工人如果能够主张工伤赔偿，要求用工单位来承担工伤保险责任，更有利于其自身合法权益的保障。另外，在实践中，由于人身损害的评残标准与工伤评残标准存在差异，能够构成工伤伤残 10 级，并不一定能够构成人身损害伤残 10 级，所以，劳动者更倾向"选择"工伤赔偿。如果工伤认定要以确认劳动关系的存在为前提，那么，很显然，如同本案，是找不到"用人单位"的。所以，最高院从保护劳动者利益的角度，规定应当由"用工单位"来承担工伤保险责任,而不必再以确认劳动关系存在为前提。因此,在今后我们遇到类似案件时,就可以直接向人社部门申请工伤认定即可,而不用再先提起"确认劳动关系"之诉。第二,对于那些已经超过60周岁的劳动者在发生事故后,应否认定为工伤。这里应当注意的是,最高院采取的是区别对待的观点,即如果是进城务工农民,仍应当以工伤予以认定,反之,要根据情况来确定。这也突破了"工伤认定要以确认劳动关系为前提"的观点。

(六)案件拓展研究:本案是否可以绕开"工伤认定"程序而直接向法院提出工伤赔偿之诉?

要解决该问题,还是要从法律关系入手加以分析,在违法转包状态下,劳动者与总包单位之间不存在劳动关系,而是一种非法用工关系。故本案不属于劳动关系项下的工伤保险待遇纠纷,总包单位所承担的是工伤保险责任,即应当赔偿劳动者相当于工伤保险待遇的损失。因此,总包单位作为被告主张此类案件赔偿应当以工伤认定为前提,理由不能成立。

在[2022]浙02民终434号李某远与宁波景业建设有限公司等工伤保险待遇纠纷案件中,宁波市中级人民法院就持这种观点。对此,笔者比较认同。即对于类似案件,法官可以综合各种证据来认定"原告所受到的事故伤害是否属于工伤",而不必再经过繁杂的"工伤认定"程序加以解决。

## 五、[2019]川06民终332号四川国润物业管理有限公司、中国铁塔股份有限公司德阳市分公司、绵阳恒盛通信网络工程有限公司追偿权纠纷案

用人单位在承担工伤赔偿责任后,无权向实施侵权行为的第三人追偿。

(一)基本案情

林某建原系原告国润公司员工,从事水电安装工作。2016年6月13日,林某建在实施检查作业攀爬梯子时从高处坠落受伤。2017年12月15日,四川省绵竹市人民法院作出[2017]川0683民初302X号民事判决,认定:案外人林某建的工伤保险待遇的具体赔偿费用包括:一次性工伤医疗和伤残就业补助金192 630元、住院伙食补助费480元、鉴定费300元、检查费483元、医疗费34 775.95元(林某建自行支付部分)、一次性伤残补助金38 472

元、停工留薪期待遇 5340 元，以上合计 272 480.95 元。后林某建对上述判决不服向德阳中院提起上诉，德阳市中院驳回林某建的上诉，维持原判。2018年8月22日，原告国润公司向林某建支付了赔偿金 182 011 元。此后，原告遂向绵竹市人民法院提起诉讼，①要求判令二被告向原告支付已支付给案外人林某建与工伤有关的一次性医疗补助金 48 090 元、停工留薪期待遇 5340元、住院伙食补助费 480 元、鉴定费 300 元、检查费 483 元、医疗费77 497.95 元等与医疗有关的费用；②判令二被告向原告支付原告已支付给案外人林某建与工伤有关的一次性伤残补助金 38 472 元、一次性就业补助金144 270 元，以上合计 314 932.95 元。

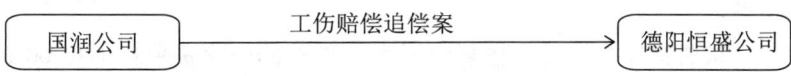

（二）争议焦点

本案原告四川国润公司作为用人单位在承担工伤赔偿责任后，是否有权向实施侵权行为的第三人追偿？

（三）裁判结果

绵竹市人民法院认为，除医疗费用外，原告四川国润公司作为用人单位在承担工伤赔偿责任后，无权向上述两被告追偿其所遭受的经济损失，仅判决被告绵阳恒盛公司向原告四川国润公司支付垫付的赔偿款 46 786.77 元，驳回了原告四川国润公司的其他诉讼请求。原告四川国润公司不服，向德阳中院提起上诉。德阳中院经审理，驳回其上诉。

（四）裁判理由

根据《最高人民法院关于印发〈第八次全国法院民事商事审判工作会议（民事部分）纪要〉的通知》第 10 条规定，用人单位未依法缴纳工伤保险费，劳动者因第三人侵权造成人身损害并构成工伤，侵权人已经赔偿的，劳动者有权请求用人单位支付除医疗费之外的工伤保险待遇。用人单位先行支付工伤保险待遇的，可以就医疗费用在第三人应承担的赔偿责任范围内向其追偿。本案原告所主张的医疗费 77 497.95 元、住院伙食补助费 480 元均属于该条所规定的医疗费用范畴，原告可向本案的侵权人在应承担的赔偿责任范围内追偿。

而原告所主张向被告追偿的停工留薪期待遇、鉴定费及鉴定检查费、一次性医疗补助费、一次性伤残补助金、一次性就业补助金均属于工伤保险待遇中的伤残费用范畴，根据《最高人民法院关于审理工伤保险行政案件若干问题的规定》第8条第1款关于"职工因第三人的原因受到伤害，社会保险行政部门以职工或者其近亲属已经对第三人提起民事诉讼或者获得民事赔偿为由，作出不予受理工伤认定申请或者不予认定工伤决定的，人民法院不予支持"的规定，林某建可以同时主张工伤保险待遇和请求民事侵权赔偿，原告无权向被告追偿该部分赔偿费用，故原告的该诉讼请求于法无据，一审法院不予支持。

综上，被告恒盛公司仅对林某建因本次事故的医疗费项目承担60%的赔偿责任，一审法院支持46 786.77元〔（住院伙食补助金480元+医疗费77 497.95元）×60%〕。

（五）案件分析

现结合法院裁判观点，针对本案所产生的问题，总结分析如下，供实务参考。

对于本案，我们认为：

第一，根据《社会保险法》第42条的规定，除工伤医疗费用外，工伤职工可以同时享受工伤保险待遇和获得民事侵权赔偿。工伤职工可以同时主张工伤保险待遇和请求民事侵权赔偿。工伤保险与民事侵权赔偿性质不同。工伤保险待遇属于公法领域的补偿，人身损害赔偿则属于私法领域的赔偿。工伤保险金是用人单位而不是侵权的第三人缴纳的，那么用人单位以外的第三人承担民事责任不能免除用人单位工伤保险基金支付受伤职工工伤保险待遇的法定义务，否则工伤保险基金便拥有了"享受权利而不承担义务"的特权。但是，作为用人单位在遇到此类事故时，可以根据"就高不就低"原则来区分"物质损失"和"精神损失"尽量减少给自己所造成的损失。一般而言，属于"精神损失"范畴的项目，均可重复主张赔偿；而属于"物质损失"范畴的项目，则可采取"就高不就低"原则予以处理。在遇到此类案件时，用人单位最好建议职工先提起"人身损害赔偿之诉"，然后再根据判决结果确定自己所应承担的工伤赔偿费用。

**重复且双赔项目**

| 工伤保险 | 侵权赔偿 |
|---|---|
| 一次性伤残补助金 | 残疾赔偿金 |
| 一次性工亡补助金 | 死亡赔偿金 |

**专属项目**

| 工伤保险 | 侵权赔偿 |
|---|---|
| 伤残津贴 | 营养费 |
| 一次性工伤医疗补助金和伤残就业补助金 | 精神抚慰金 |
| 陪护人员住宿费、伙食费 | |

**按照"就高原则"赔偿项目**

| 工伤保险 | 侵权赔偿 |
|---|---|
| 原工资福利 | 误工费 |
| 医疗费 | 医疗费 |
| 护理费(停工留薪期间) | 护理费 |
| 生活护理费 | |
| 住院伙食补助费 | 住院伙食补助费 |
| 交通费 | 交通费 |
| 外省市就医食宿费 | 外省市就医住宿费、伙食费 |
| 康复治疗费 | 康复费、康复护理费、适当的整容费、后续治疗费 |
| 辅助器具费 | 残疾辅助器具 |
| 供养亲属抚恤金 | 被抚养人生活费 |
| 丧葬补助金 | 丧葬费 |

第二，在法律规定上，虽然法律不禁止工伤职工享受工伤保险待遇后再获得民事赔偿，《社会保险法》《工伤保险条例》明确规定了构成工伤应享受相关待遇，没有规定第三人侵权所发生的工伤应当扣减第三人赔偿部分，也没有规定工伤基金或用人单位追偿权（除工伤医疗费用），但是，也因情况而异。最公平的处理方法仍然是以"就高不就低"原则来处理追偿问题。如上图所示，如果用人单位所发放的停工留薪期工资为 3 万元，而劳动者在人身损害赔偿之诉中，从侵权第三人手中已经得到高于 3 万元的误工费，那么，劳动者就应向用人单位退还所获得的停工留薪期工资，反之，则应当"补足后而退还"。

在现实生活中，这类案件是相当普遍的。如前例"颜某仁案"，劳动者因在上下班途中发生了交通事故而构成了工伤，本身对于用人单位而言是"无辜"的，所以，适当扩大"有限追偿"的范围，尽量减轻用人单位的工伤赔偿责任也是十分必要的。

## 六、[2023] 兵01民终46号陈某与某酒店、某保险公司提供劳务者受害责任纠纷案：意外伤害险可以抵扣受伤雇工赔偿责任！

（一）基本案情

陈某诉称，其于2021年3月2日到某酒店从事服务员工作。2021年5月18日，陈某在打扫卫生时因地面有水，导致滑倒后右肩膀骨折，经鉴定为伤残十级。某酒店在某保险公司为员工购买了团体意外伤害保险，因此某保险公司应当在保险责任范围内承担赔偿责任，请求判令：①某酒店、某保险公司赔偿陈某93 882元；②诉讼费由某酒店、某保险公司承担。

被告某酒店辩称：①陈某系成年人，在拖地的时候未尽到相应注意义务而导致滑倒，自身存在过错；②酒店为陈某购买了团体意外伤害保险，意外伤害10万元，意外医疗1万元，保额共计11万元，保险公司应当在保险责任范围内承担责任。被告某保险公司辩称，①医疗费在意外医疗保额范围内已赔付；残疾赔偿金，应当按照保险条款约定的鉴定标准鉴定后再予赔付；如陈某伤残等级为十级，保险公司承担10%，即1万元；其余住院伙食补助费、营养费、鉴定费及交通费不属于保险责任范畴，不予赔付；②诉讼费不属于保险责任，不予承担。

法院经审理查明：某酒店于2020年3月30日依法登记，类型为个体工商户，经营范围为住宿服务、餐饮服务等。2021年3月，陈某（时年57岁）经介绍到某酒店处从事服务员工作，主要工作内容为清扫酒店餐厅卫生、打饭等，工资3500元/月。2021年5月18日午饭后，陈某在清扫餐厅时，因地面水污导致滑倒受伤，被某酒店送医治疗，经诊断为右肱骨近端骨折，住院11天。某酒店先行垫付全部医疗费13 476.58元，后某保险公司向某酒店支付医疗保险金9647.52元。经司法鉴定，陈某伤残程度为十级。2021年4月27日，某酒店为陈某等5名员工在某保险公司投保《团体意外伤害保险A型（2019年版）》1份，保险责任：意外伤害，每人保额：10万元；险种名称：附加意外伤害医疗保险条款，保险责任：意外医疗，每人保额：1万元，保险保额合计：550 000元。特别约定：本保单适用条款为《附加意外伤害医疗保险》。加意外伤害医疗保险免赔额100元，赔付比例80%，在符合条款规定的范围内，按上述比例赔付，并以每人保险金额为限。合同第5条第2项意外伤害伤残保险责任：在保险期间内，被保险人因遭受意外伤害造成《人身保险伤残评定标准及代码》所列伤残程度之一的，保险人按《评定标准及代码》所对应伤残等级的给付比例乘以意外伤害保险金额给付伤残保险金。与人身保险伤残程度等级相对应的保险金给付比例分为十档，伤残程度第一级对应的保险金给付比例为100%，伤残程度第十级对应的保险金给付比例为10%，每级相差10%。2022年3月15日，陈某向劳动争议仲裁委员会申请仲裁。该委员会以陈某已达到法定退休年龄、不符合受理条件为由作出《不予受理通知书》。

（二）争议焦点

（1）团体意外伤害保险A型中被保险人被评定为十级伤残的，保险金为全额支付10万元还是仅为10%的1万元？

（2）本案中保险金是否应抵扣酒店应付的赔偿款？

（三）裁判结果

新疆生产建设兵团阿拉尔垦区人民法院认为，本案保险合同合法有效，某保险公司应当在保险范围内承担保险责任，遂于2022年12月29日作出［2022］兵0103民初868号民事判决：①某保险公司于判决生效后7日内赔付陈某保险金共计62 076.4元；②驳回陈某对某酒店的诉讼请求；③驳回陈某的其他诉讼请求。宣判后，某保险公司不服提出上诉。新疆生产建设兵团第一师中级人民法院于2023年5月12日作出［2023］兵01民终46号民事判决：①撤销新疆生产建设兵团阿拉尔垦区人民法院［2022］兵0103民初868号民事判决；②某保险公司在保险责任内赔付陈某保险金10 000元；③某酒店赔偿陈某各项损失49 077元；④驳回陈某的其他诉讼请求。

（四）裁判理由

（1）关于保险金为全额支付10万元还是仅为10%的1万元的问题。《保险法》第11条第1款规定："订立保险合同，应当协商一致，遵循公平原则确定各方的权利和义务。"根据该条规定，保险合同的订立应兼顾投保人与保险人的利益，合理分担各方的权利义务。本案中，某酒店与某保险公司协商一致，为陈某等5名员工投保《团体意外伤害保险A型（2019年版）》，其中在保险责任中第5条第2项意外伤害伤残保险责任约定，将保险金给付比例分为十档，每级相差10%。该约定是对被保险人遭受意外伤害后给付伤残保险金的计算方式的约定，被保险人因意外伤害造成不同程度的伤残，保险人按照伤残等级对应的给付比例乘以意外伤害保险金额进行不同额度赔付，并未限制或损害被保险人利益，也未在保险公司承担保险责任的范围内减轻或排除其应当承担的风险与损失，不属于《最高人民法院关于适用〈中华人民共和国保险法〉若干问题的解释（二）》第9条规定的"比例赔付或者给付"，不应当认定为免除保险人责任的条款。某酒店提出未向其告知保险条款内容，对责任免除条款没有明确提示和说明，按照10%进行赔偿的约定不具有法律效力的意见不能成立，不予支持。陈某受伤事故发生在保险期间内，被评为十级伤残，保险公司应当按照保险合同的约定，在案涉团体意外伤害保险范围内赔付陈某保险金1万元（10万元×10%）。

（2）本案中保险金是否应抵扣酒店应付的赔偿款的问题。对民事行为性质及后果的认定应当依据当事人真实意思表示作出相应裁决。本案中，案涉保险系某酒店为排除未来可能发生的损害赔偿责任而为陈某等人购买，其目的也在于分担赔偿责任；其投保团体意外伤害保险最根本的意思表示是为了让保险公司来代替其履行保险事故发生时对受到伤害的员工进行赔偿，以减少将来发生事故后应当承担的赔偿数额。某酒店为陈某投保团体意外伤害保险不仅有以保险金抵扣部分赔偿款的意思表示，客观上也缴纳了保险费。陈某在受到伤害前并不知道某酒店投保的事实，其本身也无投保的意思表示，那么其期待发生一定法律后果即取得保险金的民事法律行为也就无此前提。同时因提供劳务者受害责任纠纷属于侵权纠纷，是以填补损害为宗旨，故根据补偿原则，无论陈某从哪种方式何种渠道获取救济，只要其损失能够得到弥补即可。某酒店虽不是案涉保险利益的直接享有者即被保险人，无权以自己的名义直接请求保险公司给付保险金，但其作为投保人从保险利益上相应免除自己本该对受到伤害员工承担的赔偿责任，故保险金应抵扣某酒店对陈某的损害赔偿款。

（五）案件分析

现结合法院裁判观点，针对本案所产生的问题，总结分析如下，供实务参考。

对于本案，笔者认为：第一，本案存在两种法律关系，一是陈某与酒店之间的雇佣关系；二是酒店与保险公司之间的保险合同关系。但是，正如本节第四个案例所述，陈某在事发当时已经57周岁，法院并未根据《最高人民法院行政审判庭关于超过法定退休年龄的进城务工农民因工伤亡的，应否适用〈工伤保险条例〉请示的答复》（［2010］行他字第10号）"用人单位聘用的超过法定退休年龄的务工农民，在工作时间内、因工作原因伤亡的，应当适用《工伤保险条例》的有关规定进行工伤认定"之规定，将陈某所遭受的事故伤害认定为"工伤"，而是直接按照民事侵权中"人身损害"规则予以处理的。对此问题，理论界及实务界是争议比较大的。第二，某酒店为陈某向保险公司投保团体意外伤害保险，其受益人为陈某，这与投保雇主责任险有很大的不同，在雇主责任险中，其投保人和受益人均为一人，故在以往的案例中，如果用工主体投保的是雇主责任险，那么将其所得的保险金用于直接"抵扣"某酒店对陈某的损害赔偿款项，是没有争议的。而对于团体意外险，在以往的案例中，各个法院均未支持"抵扣"的观点。因此，本案例之所以被列入《人民法院案例库》，就在于开了投保团体意外险而获得的保险金可以"抵扣"损害赔偿款项的先河。

（六）案件拓展研究：本案是否可以在"认定工伤"情况下，其所获得的保险金仍可以实现"抵扣"的问题？

如前所述，本案是法院在认定双方存在"雇佣关系"属于"人损"的情况下，是可以作出"抵扣"判决的。但是，如果认定为"工伤"，那么，是否仍然可以"抵扣"，目前争议还是很大。有人认为，一般来讲，除非雇主责任险，否则不得抵销工伤赔偿，但本案有一个极其特殊之处，即本案劳动者已达到退休年龄。而本案诉求的是人损的民事赔偿，而民事赔偿是填平原则，因而予以扣减有一定的合理性。而工伤并非以填平为原则，因此，如果确实是劳动争议，这种情形不应认定为"可扣减"的范围。对此，笔者认为，是否应当支持"抵扣"，还是要考察用工主体的真实意愿，即用工主体为劳动者投保团体意外伤害保险是否有以保险金抵扣部分赔偿款的意思表示，如果有，无论是劳动关系，还是雇佣关系，都应支持"抵扣"的观点，这样才能大大减轻用工主体的经济负担。

## 七、[2023] 川 01 民终 46 号黄某与九天文化公司追索劳动报酬纠纷案：股东差额填补责任的承担

**（一）基本案情**

2017 年 1 月 1 日，黄某与九天文化公司签订《全日制用工劳动合同书》，由黄某担任副总经理一职，每月工资 5000 元。2017 年 10 月 15 日，九天文化公司向黄某出具《工资欠条》一张，证明九天文化公司欠黄某 2016 年 11 月至 2017 年 3 月工资合计 12 930.50 元。由于九天文化公司至今未向黄某支付所欠上述工资，黄某遂于 2017 年 11 月 29 日起诉至一审法院，诉讼请求为，九天文化公司、大河实业公司、九天圣境公司支付原告 2016 年 11 月至 2017 年 3 月的工资共计 12 930.50 元。

另查明：九天文化公司成立于 2015 年 8 月 19 日，公司性质为有限责任公司，大河实业公司、九天圣境公司为该公司的股东。九天圣境公司认缴出资额为 900 万元，认缴出资日期为 2016 年 4 月 30 日。大河实业公司认缴出资额为 100 万元，认缴出资日期为 2015 年 9 月 24 日。至 2017 年 8 月 28 日止，大河实业公司已实缴出资 100 万元，九天圣境公司实缴出资额为 535.39 万元，尚欠缴出资 364.61 万元。2017 年 2 月 28 日，大河实业公司向九天文化公司发出了《关于解除〈合作协议〉的通知》，2017 年 3 月 10 日，大河实业公司向九天文化公司发出《关于解除〈租赁协议〉的通知》。

**（二）争议焦点**

关于九天圣境公司、大河实业公司是否应对九天文化公司所欠债务承担补充赔偿责任的问题。

**（三）裁判结果**

一审法院认为，九天文化公司向黄某出具欠条后即证明其拖欠黄某工资未付的事实，对该事实该院予以确认；劳动报酬的支付依赖劳动关系的建立而存在，本案中，虽然九天文化公司是由大河实业公司和九天圣境公司发起成立的，但公司性质是依法成立的有限责任公司，在被依法注销以前是对外

独立承担民事责任的主体，且作为劳动关系的建立也是由九天文化公司与黄某建立的，所以九天文化公司作为用人单位负有向黄某支付所欠劳动报酬的义务，黄某所举的证据亦不能证明九天圣境公司出资不到位，黄某要求大河实业公司和九天圣境公司作为股东承担连带责任的主张于法无据，该院不予支持。为此，一审法院依照《劳动法》第 50 条，《民事诉讼法》第 64 条、第 144 条的规定，判决：①九天文化公司在本判决生效后 10 日内支付黄某 2016 年 11 月、12 月和 2017 年 1 月、2 月、3 月份工资共 12 930.50 元；②驳回黄某的其他诉讼请求。黄某不服，依法向二审法院提起上诉。二审法院认为，截至 2017 年 8 月 28 日，九天圣境公司尚欠缴出资 364.61 万元。大河实业公司主张该事实不足以证明至今九天圣境公司仍未足额出资，但大河实业公司及九天圣境公司作为九天文化公司的股东，对于九天圣境公司是否足额出资的事实应当清楚，对于九天圣境公司在 2017 年 8 月 28 日后是否足额出资的事实应当由大河实业公司、九天文化公司、九天圣境公司承担举证责任，但其并未向本院提交相应证据，应承担由此造成的不利后果。黄某主张九天圣境公司尚欠缴出资 364.61 万元的事实成立，遂撤销一审判决，判决九天圣境公司在未足额出资 364.61 万元本息范围内对本判决第一项确定的九天文化公司不能清偿的债务部分承担补充赔偿责任；大河实业公司对九天圣境文化发展有限公司承担的前述补充赔偿责任承担连带责任。

（四）案件分析

现结合法院裁判观点，针对本案所产生的问题，总结分析如下，供实务参考。

对于本案，笔者认为，本案二审法院所作出的判决是存在错误的。第一，本案存在两种法律关系：一是黄某与九天文化公司之间的劳动关系；二是九天文化公司与九天圣境公司、大河实业公司之间的股东出资关系。第二，本案之所以二审会出现错误判决，关键在于没有正确理解"股东出资关系"下的"差额填补责任"问题。根据《公司法》（2013 年）第 30 条之规定，有限责任公司成立后，发现作为设立公司出资的非货币财产的实际价额显著低于公司章程所定价额的，应当由交付该出资的股东补足其差额；公司设立时的其他股东承担连带责任。在本案中，考察大河实业公司是否应对另一股东九天圣境公司尚未出资的部分承担连带责任，最重要的是要仔细研究"公司设立时"九天圣境公司是否履行了出资义务。如果履行，则大河实业公司即予免责。从本案事实可见，按照公司章程规定（具体如下图），九天圣境公司如果在公司设立时即 2015 年 9 月 24 日前支付了首期出资 400 万元，那么作为另一股东大河实业公司也对以后的"尚未出资的部分"不承担连带责任。这种判决不仅是对股东承担有限责任制度的否定，同时也混淆了公司法关于"股东责任和董事责任"的基本理论。对于公司设立之后的出资问题，不应再由出资者即其他股东负责，而应由管理者即董事来承担责任。

**第七条** 股东名称、认缴出资额、实缴出资额、出资方式、出资时间一览表。

| 股东名称 | 认缴出资额 | 出资比例 | 其中 出资 | | |
| --- | --- | --- | --- | --- | --- |
| | | | 第一期出资（2015年9月24日前） | 第二期出资（2015年11月1日前） | 第三期出资（2016年4月30日前） |
| 山九天圣境文化发展有限公司 | 900万元 | 90% | 400万元 | 300万元 | 200万元 |
| 山大佛实业有限公司 | 100万元 | 10% | 100万元 | | |
| 合计 | 1000万元 | 100% | | | |

## 八、[2023] 最高法民终 210 号袁某、十九局二公司等建设工程施工合同纠纷：实际施工人可以直接向承包人主张支付工程款！

（一）基本案情

2015 年 4 月，二公司中标某国道线，同年，公路项目中心作为发包人与二公司签订了《施工承包合同》约定，发包人公路项目中心将国道线改建工程交由二公司施工。

2015 年 5 月，二公司（甲方）与劳务公司（乙方）就公路工程劳务作业签订了《劳务作业协作施工合同》。

2016 年 11 月，劳务公司（甲方）与袁某（乙方）签订《劳务施工合同》，约定由袁某承担公路工程劳务作业的所有施工。

之后，二公司与劳务公司提前终止了《劳务作业协作施工合同》，并于 2018 年 1 月 20 日双方结算形成了《劳务验工计价汇总单》。此后，袁某施工队继续在案涉工地施工。2018年8月28日，二公司与袁某施工队签署《计价汇总表》确认结算价款，双方同时签署《结算账单》，上述《计价汇总表》和《结算账单》上均由二公司的项目部负责人高某、物资部负责人刘某和袁某施工队代表陈某签字确认。

（二）争议焦点

十九局二公司与袁某之间的法律关系如何认定问题。

（三）裁判结果

最高院认为，二公司上诉主张其虽与劳务公司在2018年1月20日结算形成了《劳务验工计价汇总单》，但劳务公司至2018年6月才与袁某施工队一起退场，故不存在一审认定的劳务公司提前退场，进而导致与袁某之间形成事实上劳务施工合同关系。本院认为，二公司在二审中陈述其在2018年1月20日之后未再与劳务公司进行结算。如按照二公司的主张，在劳务公司施工至2018年6月才退场的情形下，二公司未与劳务公司结算此期间的款项，这与正常交易逻辑存在矛盾，二公司对此亦未能做出合理解释。劳务公司在二审庭审中明确认可其在2018年1月20日即退出案涉项目施工的事实，本案中亦未对2018年1月20日之后的施工费用主张权利。结合二公司在2018年8月28日直接与袁某施工队签订《计价汇总表》《结算账单》的事实，依据《最高人民法院关于民事诉讼证据的若干规定》第85条第2款"审判人员应当依照法定程序，全面、客观地审核证据，依据法律的规定，遵循法官职业道德，运用逻辑推理和日常生活经验，对证据有无证明力和证明力大小独立进行判断，并公开判断的理由和结果"及第88条"审判人员对案件的全部证据，应当从各证据与案件事实的关联程度、各证据之间的联系等方面进行综合审查判断"的规定，一审法院认定袁某施工队在2018年1月20日之后与二公司形成事实上的劳务施工合同关系，并无不当。另对二公司主张袁某未主张过双方构成事实上劳务施工合同关系的理由，经查阅一审庭审笔录，袁某在陈述其提交证据的证明目的时，已对此予以主张，二公司亦对此理由作出回应，故该上诉理由于事实无据，不能成立，本院不予支持。

（四）案件分析

现结合法院裁判观点，针对本案所产生的问题，总结分析如下，供实务参考。

对于本案，笔者认为，根据《最高人民法院关于审理建设工程施工合同纠纷案件适用法律问题的解释（一）》第 43 条之规定，实际施工人以转包人、违法分包人为被告起诉的，人民法院应当依法受理。实际施工人以发包人为被告主张权利的，人民法院应当追加转包人或者违法分包人为本案第三人，在查明发包人欠付转包人或者违法分包人建设工程价款的数额后，判决发包人在欠付建设工程价款范围内对实际施工人承担责任。在本案中：第一，袁某与劳务公司之间存在劳务施工关系；第二，劳务公司与二公司存在劳务施工关系。因此，按照上述规定，袁某作为实际施工人可以要求被告劳务公司承担支付工程款的责任，并要求被告二公司在欠付工程款范围内承担责任。在现实生活中，很少有判决发包人或者总承包人"直接"承担付款责任的案例。但是，本次最高院能够绕开合同相对性原理，在存在多层分包、转包关系下，实际施工人如果有证据能够证明其与承包人之间存在事实上的劳务施工合同关系（有过对账、结算、付款等行为）的，其可以直接向承包人主张支付工程款。这是开了可以向发包人或者总承包人直接要求承担付款责任的先河。

通过以上几个案例，不难看出，准确界定案件法律关系是极为重要的。如果法律关系界定错误，那么就会一错再错，最后导致丧失胜诉的机会。

## 第二节 全面彻底地查找案件所涉及的法律规范

在准确界定本案法律关系后，我们接着就可以准确查找案件所涉及到的法律规定。但是，"找法"必须全面彻底地查找。为什么如此呢？在我们开庭过程中，经常会遇到我们说出"某部法律"对这个案件相关问题是如何规定的，然而，对方却一头雾水，不知所以然，这样现场就显得非常尴尬。那么如何实现全面彻底查找之目的呢？这就要学会"找法"的方法。一般而言，"找法"的基本路径，主要是根据法律关系的性质来选择法律规范的适用。

### 一、"找法"的顺序

1. 法律。
2. 行政法规及规章。

3. 立法解释。
4. 司法解释。
5. 习惯。我国《民法典》第 10 条规定，处理民事纠纷，应当依照法律；法律没有规定的，可以适用习惯，但是不得违背公序良俗。对于"习惯"，因各行各业以及地域不同都有其惯例，在遇到法无明文规定时，我们应当仔细了解其是否存在"惯例"，以使之运用到具体案件之中。

我国历来承认习惯是法律的渊源。从我国司法实践来看，我国是承认习惯可以作为法律渊源的，早在 1951 年 7 月，最高人民法院西南分院在《关于赘婿要求继承岳父母财产问题的批复》中指出：

（1）赘婿与岳父母是姻亲关系，与收养及血亲关系有所不同，因之李某忠对其岳母杨李氏的原有财产，原则上是没有继承权的。

（2）继承的开始，一般是在被继承人死亡时，现在杨李氏没有死亡，所以也谈不到继承问题。

（3）离婚，对婚姻关系来讲，只能是分割家庭财产的问题，而不能是男女双方任何一方向对方提出继承对方直系亲属财产的问题，李某忠所请继承杨李氏的原有财产一半，显然是不合理的。但入赘婿应享有家庭财产权才合理，因其入赘即参加家庭的劳动生产。如赘婿与妻离婚后，生活有困难，而女方经济情况好时，则女方应给男方生活费。

（4）如李某忠在共同生活中，一向不参加劳动，离婚后又想分得财产依作生活，也不能允许。

（5）如当地有习惯，而不违反政策精神者，则可酌情处理。

## 二、"混凝土买卖合同加固赔偿案"所涉及的法律规范（详见前面《代理意见》）

我们在处理本案过程中，主要查找了以下法律规范：
（1）《合同法》《建筑法》《民法典》之相关规定；
（2）《建设工程质量管理条例》及住建部 2013 年《建筑工程施工质量验收统一标准》之相关规定；
（3）《最高人民法院关于审理买卖合同纠纷案件适用法律问题的解释》之相关规定；

（4）住建部 2010 年《混凝土结构工程施工质量验收规范》、建设部 2002《建筑地基基础工程施工质量验收规范》《四川省加强预拌混凝土质量管理暂行规定》之相关规定。

## 第三节　深入研究与本案相关的法学理论（法理）

在将所有的法律规范找好之后，我们就要研究本案所涉及的法学理论。在我们所代理的上述"混凝土买卖合同"案件中，就涉及很多法学概念和术语。所以，我们就有必要对这些概念和术语进行深入研究，以便在法庭上"游刃有余"。

1. 混凝土买卖合同货款案

请求权　⟷　抗辩权

原告：付款请求权　　　被告：质量瑕疵抗辩权（物的瑕疵担保责任）

先履行抗辩权

原告：检验期满抗辩权（24 小时、最长检验期 2 年）

2. 混凝土买卖合同加固案

请求权　⟷　抗辩权

原告：违约损害请求权　　被告：检验期满抗辩权（24 小时）

损益相抵规则

扩大损失

地基基础工程

桩基础工程

底　板

## 第四节　全面检索类案和关联案例并制作《检索报告》

在研究完案件所涉及到的"法理"之后，接着我们要做的就是检索类案和关联案例。我国虽然不是判例法国家，但是判例在我国仍具有重要的指导意义和适用价值。2010年11月，最高人民法院颁布了《关于案例指导工作的规定》，标志着具有中国特色的案例指导制度初步确立。自2011年以来，最高院已经颁布了20多批次指导案例，这些案例的颁布对于各级法院审理相关案件，统一裁判尺度都起到了重要的作用。2017年7月，最高人民法院印发了《司法责任制实施意见（试行）》，在第五部分新创设了"类案与关联案件检索制度"，要求承办法官在审理案件时，均应依托办案平台、档案系统、中国裁判文书网、法信、智审等，对本院已审结或正在审理的类案和关联案件进行全面检索，制作类案与关联案件检索报告。

对于我们律师而言，类案检索是我们办理每一个案件的指路明灯，它指引着我们朝着正确处理案件的方向前进。在接手一个案件后，我们完成上述几步后，就必须要进行"类案检索"并制作"检索报告"，在检索到相关案例之后，就要学会"比较"，找到类案与本案所存在的"异同"，然后再进行梳理，在自己的《答辩状》以及《代理词》中加以运用。在检索类案时，最好能找到最高院和省高院的相关判例并提交给法庭，这样对法官的裁判更有影响力，也更有说服力。可以说，不检索类案与关联案件，就"盲目地"到法庭上阐述自己的观点，这是对当事人不负责任的。

在"混凝土买卖合同货款案"中，我们就曾向法庭提交过两个省高院的判例，供合议庭参考。

（1）山东省高院［2015］鲁商终字第291号济宁鲁南公路工程公司与济宁市同诚建筑安装有限公司买卖合同纠纷二审民事判决书；

（2）吉林省高院［2014］吉民二终字第38号贵州建工集团第一建筑工程有限责任公司与长春市金世纪商品混凝土工程有限公司买卖合同纠纷二审民事判决书。

另外再举一例，来说明查找类案的重要性。

张某在某除尘公司打工，月工资3000元。2018年1月，因操作机器不当，被机器切除食指一半，构成八级伤残。公司李某和赵某两位股东为逃避责任，私自将公司注销。请问此案应如何处理？

通过检索类案，可以查找到最高人民法院指导案例9号：上海存亮贸易有限公司诉蒋某东、王某明等买卖合同纠纷案。其裁判要点：有限责任公司的股东、股份有限公司的董事和控股股东，应当依法在公司被吊销营业执照后履行清算义务，不能以其不是实际控制人或者未实际参加公司经营管理为由，免除清算义务。

结合9号案例，我们就可以设计出正确的诉讼方案，以使本案得到令当事人满意的结果。

## 第五节　确定适格的原、被告主体

在检索完类案后，我们就应对诉状进行起草。在起草诉状过程中，首先就要做的是确定好适格的原、被告主体。这个问题虽然看似比较简单，实则是非常重要的。因为主体确定错误特别是被告主体确定错误，可能会直接导致起诉被裁定驳回。另外，在确定被告主体时，我们应采取"宜多不宜少"原则来处理，这样对于最终责任主体的承担以及胜诉后的执行都会有很大的帮助作用。

试举几例，以作说明：

1. 酒店欠款案

2022年6月，成都快捷商务酒店欠张三货款200万元，酒店老板李四一直拖着不付。张三如果向法院提起诉讼，应当以何者作为被告？

对于本案，我们作为该酒店的代理律师接手后，发现原告是以李四作为被告的，鉴于此，我们在开庭之前并没有向法庭递交答辩状，而是当庭发表了答辩意见，理由只有一点：即本案被告主体不适格，根据《最高人民法院关于适用〈中华人民共和国民事诉讼法〉的解释》第59条之规定，应当以成都快捷商务酒店作为被告，而不应以其经营者李四作为被告。在这种情况下，原告无奈，只好撤回起诉。

像这种低级错误，我们都不知道原告律师在撤诉之后，如何向自己的当事人交待？不仅损失了诉讼费，而且还导致当事人无法尽快地收回货款。

2. 最高人民法院指导案例15号：徐工机械公司诉成都川交工贸公司等买卖合同纠纷案

在15号指导案例中，作为原告方的律师，最聪明的地方就是未受"合同相对性原理"的影响，仅起诉合同相对方川交工贸公司，而是运用公司法人人格横向否定理论，将其背后的股东及其相关联的公司全部作为被告予以起诉，最后起到了非常好的效果。

另外，我们作为原告方的律师，在起诉分公司案件时，应当将总公司一并起诉。这样在执行过程中，就会避免再申请追加总公司为被执行人的问题。

由以上可见，确定适格的原、被告主体是多么重要呀！

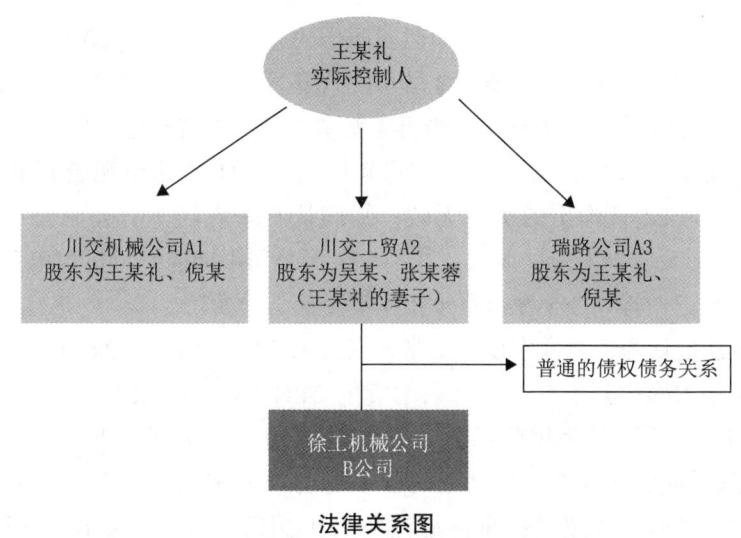

**法律关系图**

## 第六节　诉状设计要有明确的诉讼请求

在民商事案件中，无论是在一审、二审还是再审阶段，法庭都是围绕着当事人的诉求进行审理的。因此，我们作为原告方的律师，在设计诉求时，一定要明确具体，而不能含糊不清。在设计诉求时，应注意以下问题：

### 一、避免"前后矛盾"

试举一例，以作说明。

2022年1月，甲公司将新华六期工程承包给乙公司修建，为此，乙公司向甲公司交纳了履约保证金50万元。双方约定，一方违约，应向另一方支付违约金20万元。该工程需要二级建筑资质，但乙公司仅具备三级资质。后甲公司以乙公司不具备相应资质为由，拒绝将该工程交由乙公司修建。请问：乙公司是否可以要求甲公司承担违约责任？

我们在处理类似案件时，经常会遇到，原告律师一边主张要求退还履约保证金，一边要求对方支付违约金。这显然是前后矛盾的。既然合同无效，那么就应该主张损失赔偿，而不应该再主张违约金。当然有些律师在设计诉求时，可能基于"某种诉讼策略考虑"故意设计两个"相互矛盾"的诉求，在此情况下，法院也不能基于此而驳回原告的起诉。例如：[2019] 最高法民再152号甘肃省国营八一农场、金昌水泥（集团）有限责任公司（简称"金泥公司"）公司决议效力确认纠纷再审案中，最高院就持这种观点。

在该案中，八一农场向一审法院起诉请求：①确认金泥公司股东会于2014年10月22日作出的决议无效；②确认八一农场享有金泥公司增资的2404.2922万元资产对应的股权；③判令金泥公司限期向登记机关申请撤销该增资变更登记；④判令金泥公司承担本案全部诉讼费用。

一审法院认为，八一农场既主张金泥公司2014年10月22日股东会决议无效，又请求确认其享有金泥公司增资的2404.2922万元的对应股权，其诉讼请求相互矛盾，经庭审释明后八一农场明确表示不变更诉讼请求，根据《最高人民法院关于民事诉讼证据的若干规定》第35条的规定，对八一农场的起诉应予驳回。依照《民事诉讼法》第119条、第154条第1款第3项、《最高人民法院关于民事诉讼证据的若干规定》第35条规定，裁定：驳回八一农场的起诉，八一农场预交的案件受理费248 127元予以退回。

八一农场向二审法院提起上诉后，二审法院认为，八一农场向一审法院提出的第一项、第三项诉讼请求与第二项诉讼请求截然相反，导致人民法院无法确定八一农场的具体诉讼请求，八一农场的起诉不符合法定的受理条件。根据《最高人民法院关于适用〈中华人民共和国民事诉讼法〉的解释》第208条第3款"立案后发现不符合起诉条件或者属于民事诉讼法第一百二十四条规定情形的，裁定驳回起诉"之规定，一审法院裁定驳回八一农场的起诉并无不当。《最高人民法院关于适用〈中华人民共和国民事诉讼法〉的解释》第332条规定："原判决、裁定认定事实或者适用法律虽有瑕疵，但裁判结果正确的，第二审人民法院可以在判决、裁定中纠正瑕疵后，依照民事诉讼法第一百七十条第一款第一项规定予以维持。"据此，一审裁定适用《最高人民法院关于民事诉讼证据的若干规定》第35条的规定，虽在适用法律上存在瑕疵，但裁判结果正确，二审法院对一审裁定适用法律瑕疵予以纠正，裁判结果予以维持。故，二审法院依照《民事诉讼法》第170条第1款第1项、第

171条,《最高人民法院关于适用〈中华人民共和国民事诉讼法〉的解释》第208条、第334条规定,裁定:驳回上诉,维持原裁定。

最高院再审认为,根据《公司法》(2018年)第22条之规定,股东会决议存在无效因素时,股东可以请求认定股东会决议无效,八一农场作为金泥公司的股东,享有请求认定公司股东会决议无效的诉权,其起诉请求确认金泥公司股东决议无效及办理相应的变更登记,符合《民事诉讼法》规定的受理条件,应依法受理。根据《公司法》(2018年)第34条关于有限责任公司股东享有优先认缴新增资本权利的规定,八一农场主张金泥公司增资时侵犯其股东权益,依法应享有诉讼权利。八一农场在提起股东会决议无效之诉的同时,又请求确认该股东会决议增资对应的股东权益归其所有,两个诉讼请求虽然是相互矛盾的,但八一农场提起的两个诉,诉讼要素齐全,均符合《民事诉讼法》规定的立案标准,当事人可以在前一个诉的请求不被支持时,退一步选择主张后一个诉的诉讼请求,对当事人的两个诉,人民法院均应立案受理。甘肃省高级人民法院裁定驳回起诉,属于适用法律错误。

综上,本院依照《民事诉讼法》第207条第1款、第170条第1款第2项、第171条之规定,裁定如下:

(1) 撤销甘肃省高级人民法院〔2018〕甘民终647号、甘肃省金昌市中级人民法院〔2016〕甘03民初85号民事裁定;

(2) 指令甘肃省金昌市中级人民法院审理本案。

## 二、充分利用加速到期理论

(一) 利用"分期买卖合同"中的加速到期理论

根据《民法典》第634条规定,分期付款的买受人未支付到期价款的数额达到全部价款的五分之一,经催告后在合理期限内仍未支付到期价款的,出卖人可以请求买受人支付全部价款或者解除合同。出卖人解除合同的,可以向买受人请求支付该标的物的使用费。

在遇到买卖合同纠纷案件,如果双方约定的是分三次以上支付货款,那么如果有一期违约,我们在起诉时,就可以请求法院判决被告支付"全部"款项。在这种情况下,就不应该仅要求法院判决被告支付到期货款100万元,而应该要求被告支付全部货款500万元。同理,这种理论也可运用到建设工程施工合同纠纷案件中。在索要工程款案件中，我们不仅应主张到期工程款，也要把尾款以及质保金一并起诉，一并解决。另外，对待上述案件，如果能够在诉讼过程中采取财产保全措施，查封被告名下的账户，往往会起到意想不到的效果。

（二）利用《公司法》中的资本加速到期理论

在以公司作为被告时，我们可以不仅可以起诉公司，还可以将公司股东作为被告一并起诉，要求其在出资不足的部分承担补充赔偿责任。在调查公司如果无财产可供执行的情况下，必须采用"加速到期理论"将股东列为被告，这样就可以在审判和执行过程中占据主动。

### 三、在购房者起诉开发商解除商品房买卖合同纠纷案中，尽量将银行作为第三人加入诉讼中来，以达到一案处理的效果

在商品房买卖案件中，往往有两份合同、三方当事人，两份合同即《商品房预售合同》，《住房抵押按揭贷款合同》，三方当事人分别为开发商、购房人、银行。一旦出现《商品房预售合同》解除的情况，购房人向银行的贷款该由谁来偿还，商品房买卖合同纠纷与按揭贷款合同纠纷一并处理时银行诉讼地位义如何确定？这就是作为原告律师应当全面考虑的问题。

我们在设计诉讼请求时，一定要把银行增加进来，不但要解除《商品房预售合同》，而且也要将《住房抵押按揭贷款合同》一并解除，这样才能彻底地解决本案纠纷，从而达到息诉解纷的目的。试举一例，基本案情如下：

2019年2月26日，原告张某、被告中顺恒信签订《商品房买卖合同（预售）》（合同编号19022600034）及《商品房买卖合同补充协议》，内容为：由原告购买位于峨眉山市黄湾镇报国村、峨山镇冠峨村峨眉见山府一期8幢1单元××楼×号商品房，总价款为人民币709 997元，原告于2019年2月26日前支付首期房价款人民币289 997元，占全部房价款的40.84%；余款420 000元向指定银行（贷款机构）申请贷款支付。合同第7章第20条约定，买受人对该商品房地基基础和主体结构质量有异议的，可以委托建设工程质量检测机构重新核验；买受人自行委托申请的，出卖人予以配合。经检测不合格的，检测费用由出卖人承担，买受人有权解除合同。买受人解除合同的，书面通知出卖人。出卖人自解除合同通知送达之日起15日内退还买受人已付全部房

价款（含已付贷款部分），并自买受人付款之日起，按照中国人民银行公布的一年期同期贷款基准利率100%（不低于中国人民银行公布的同期贷款基准利率）计算给付利息。给买受人造成损失的，由出卖人承担相应赔偿责任。

上述合同签订后，原告于2019年2月26日至5月27日支付了289 997元的首付款，并于2019年6月14日在被告中国银行峨眉山支行营业部办理了抵押贷款，贷款金额为420 000元。原告按月还款至2023年9月1日，共计还款237 589.5元，剩余贷款本金共270 238.63元及利息。2020年12月21日，被告中顺恒信通知原告交房验收，原告发现购买房屋存在严重的质量问题，与被告中顺恒信工作人员交涉整改后再交房。2021年3月，被告中顺恒信又通知验收房屋，原告发现问题并未整改，遂组织该小区业主与被告多次交谈未果。

2023年8月31日，原告委托成都首脑深度工程检测有限公司对案涉房屋是否符合验收标准进行检测，并出具《装修房屋验房报告》，内容为，多处顶面混凝土现浇板开裂；2023年9月18日，原告委托成都首脑深度工程检测有限公司对案涉房屋主体结构问题再次进行检测，并出具《既有住宅屋面混凝土现浇板开裂纹第三方鉴定验收报告》，内容为，顶面混凝土现浇板（也称：屋面板）出现多处开裂纹区域为土建主体结构的一部分，也是重要受力构件，均属于主体结构的重要组成部分。鉴于上述情况，原告多次与被告中顺恒信协商退房事宜，但被告中顺恒信均拒绝配合。为此，原告向法院提起诉讼。

那么，在本案中，如何设计诉讼请求呢？有经验的律师，都会这样设计：

（1）依法判决解除原告与被告中顺恒信所签订的《商品房买卖合同》（合同编号：19022600034）、《商品房买卖合同补充协议》；

（2）依法判决解除原告与被告中国银行所签订的《中国银行股份有限公司个人一手住房贷款合同》；

（3）依法判决被告中顺恒信退还原告支付的购房首付款289 997元及利息44 188.29元（以289 997元为基数，按全国银行间同业拆借中心公布的一年期贷款市场报价利率的标准，自2019年5月27日起暂计算至2023年10月31日，剩余利息计算至本金付清日止）；依法判令被告中顺恒信退还原告已支付给被告中国银行的贷款本金149 761.37元以及贷款利息87 828.13元。以上费用共计571 774.79元；

（4）依法判决被告中顺恒信将原告未偿还的贷款本金270 238.63元及利

息返还给被告中国银行。

在本案，只有将上述四项诉讼请求都一一列举出来，才能达到"一起诉讼全案解决"的目的。

在 2021 年 1 月，由最高院中国应用法学研究所、最高院机关团委联合组织的"促公正·法官梦"第二届全国青年法官案例评选活动"中，上海一中院金绍奇法官主审的"肖某生、陈某玲诉上海银行股份有限公司青浦支行、上海博锦房地产开发中心有限公司等商品房预售合同、按揭贷款合同案"荣获最高院特等奖。这个案件判决结果是，在商品房预售合同解除后，由开发商来偿还购房人银行贷款！司法实践中购房人若遇楼盘烂尾无需再由其承担还款责任，这是一个突破。我们在遇到这类案件时，可以参考上述案例来设计诉讼请求。

## 第七节 准确确定民事法律行为（物权行为与债权行为）的效力

我们在处理民事案件时，一定要研究民事法律行为的效力问题。因为有效、无效还是可撤销，直接影响到我们处理案件的思路。作为法官，在审理案件过程中，首先重点审查的就是民事法律行为的效力问题。经过审查，如果认为，本案性质应属于无效，则可能行使释明权，要求原告方变更诉讼请求。因此，我们作为原告律师，必须要重视这个问题。

在借款担保合同纠纷中，我们一定要审查"抵押权""质押权"是否有效，一定要审查"借款合同""担保合同"的效力；在建设工程施工合同纠纷案件中，我们一定要根据《最高人民法院关于审理建设工程施工合同纠纷案件适用法律问题的解释（一）》之相关规定来判定案涉合同是否有效。

试举三例，以作说明。

### 一、2022 年度全国法院十大商事案件之三：胡某瑞诉王某"矿机"买卖合同纠纷案

（一）基本案情

2021 年 10 月 18 日，胡某瑞与王某通过微信方式达成买卖协议：胡某瑞

向王某购买三台神马 M20S 型机器，又名"矿机"，特指在网络上挖比特币的专用计算机设备。2021 年 10 月 19 日，胡某瑞通过微信、支付宝向王某转款共计 62 220 元。当天，胡某瑞通过微信指定交货地点为四川省成都市温江区高家村 4 组 45 号、收货人为唐某，同时王某通过微信将上游卖家的货物快递单号发送给胡某瑞。2021 年 10 月 23 日，胡某瑞以微信电话方式欲告知王某机器无法使用，但最终没有联系上王某，胡某瑞随即对机器进行了拆机检查。2021 年 10 月 24 日，胡某瑞联系上王某后将机器的测试视频、SN 码及设备照片发送给王某，要求协商处理。2021 年 10 月 25 日之后，胡某瑞无法再联系上王某。胡某瑞遂诉请解除合同并返还设备款。四川省乐山市井研县人民法院认定，双方就"矿机"买卖形成的合同无效，设备款和设备由双方互相返还。宣判后，双方当事人均未提起上诉，该判决已发生法律效力。

（二）争议焦点

原、被告双方所签订的《买卖合同》是否有效？如果有效，本合同就继续履行；如果无效，则应各自返还。

（三）案件分析

在接手本案后，我们团队对本案进行了认真地分析，认为，本案所涉买卖合同应属于无效。根据 2021 年 9 月中国人民银行等 10 部门发布《关于进一步防范和处置虚拟货币交易炒作风险的通知》、国家发展改革委等 11 部门发布《关于整治虚拟货币"挖矿"活动的通知》之相关规定，虚拟货币相关业务活动属于非法金融活动，严禁新增虚拟货币"挖矿"活动。由此可见，对于事关国家金融管理制度、事关金融安全的虚拟货币相关活动，国家采取的是严格监管态度。市场主体如有违反，相关交易合同的效力应当依据《民法典》第 153 条第 2 款关于"违背公序良俗的民事法律行为无效"的规定，给予否定性评价，并对各方的权利义务作出相应的处理。

本案纠纷产生于比特币生产的上游"矿机"买卖环节，合同签订及履行均在 2021 年 9 月前述通知发布之后。因此，不能简单地认为只有违反了法律、行政法规的强制性规定才能无效，如果违反行政规章，损害了公共管理秩序或者善良风俗，也应依据《民法典》第 153 条第 2 款来主张合同无效。鉴于以上，我们团队提出了两项诉求：①确认双方所签订的买卖合同无效；②被告返还原告所支付的购机款。正是由于我们准确确定了本案所涉买卖合同的效力,最后我们的两项诉求均得到了法院的支持。在最高院评选2022年度全国法院十大商事案件时,由于本案非常特殊,具有重大社会影响和标志性意义,所以被选为"2022年度全国法院十大商事案件"之一。

## 二、王某与成都合能置业有限公司商品房买卖合同纠纷案

### (一)基本案情

2021年7月20日,原告王某与被告成都合能置业有限公司签订了《商品房买卖合同》一份,约定原告购买由被告开发的,位于成都市天府新区沈阳路东段的商品房项目×栋×单元×楼×号商品房一套,房屋总价款为1 682 321元。合同第9条关于"付款方式"约定,采取一次性的付款方式,于2021年7月20日支付该商品房全部价款;第18条关于"房屋交付时间和手续"约定,出卖人在2023年8月30日前向买受人交付该商品房;第24条关于"预售合同登记备案"约定,出卖人自本合同签订之日起30日(不超过30日)内办理商品房预售合同登记备案手续,买受人在签订本合同之日起30日后向当地房地产管理部门查询本合同登记备案信息;第25条关于"预售合同登记备案的违约责任"的约定:出卖人违反本合同第24条第1款约定逾期办理本合同登记备案的,给买受人造成损失的,承担相应的赔偿责任等。随后,经原、被告双方协商又于2021年7月20日签订了《补充协议一》和《补充协议二》,对合同付款方式和违约责任进行了调整。其中,《补充协议二》第1条约定,原告在签订《商品房买卖合同》之日支付总房款30%,即512 321元。剩下的商品房价款由原告分别在2022年1月19日之前支付总房款10%,即168 000元;在2022年7月19日前支付总房款的20%,即334 000元;在2023年1月19日前支付总房款20%,即334 000元;在2023年7月19日前支付总房款的20%,即334 000元。上述协议签订后,原告即于当日向被告支付了首付512 321元。然而,被告并没有按照约定在该合同签订之后的30日内即在2021年8月20日前为原告办理商品房预售合同登记备案手续。此后,原告曾多次联系被告并要求为其办理商品房预售合同登记备案手续,但被告却以各种理由迟迟不予办理。

为此,2022年8月1日,原告在无奈之下只好向被告发出《催告函》,要求被告在收到本函后10日内为原告办理商品房预售合同登记备案手续,如逾

期仍不办理完成，原、被告签订的《商品房买卖合同》将自动解除。然而，被告在收到该函后仍然置之不理，拒绝为原告办理该房产的登记备案手续。原告无奈之下，只好向法院提起诉讼，请求依法确认原、被告双方已于2022年8月12日解除所签订的《商品房买卖合同》，依法判令被告退还购房款512 321元，并赔偿资金占用利息损失。

被告抗辩理由是，根据《补充协议二》第4条约定，"在支付全部购房款后30日内为乙方办理商品房备案登记手续"，因此，本案为原告办理商品房备案登记手续的条件尚未成就。

（二）争议焦点

在本案中，双方争议的焦点问题就是该第四条约定是否有效？

如果无效，那么，原告的诉求即可成立。如果有效，原告的诉求就可能不会成立。

（三）案件分析

本案主要涉及的是《城市房地产管理法》第45条第2款、《城市房地产开发经营管理条例》第26条之规定和《城市商品房预售管理办法》第10条之规定。《城市房地产管理法》第45条第2款规定，商品房预售人应当按照国家有关规定将预售合同报县级以上人民政府房产管理部门和土地管理部门登记备案。《城市房地产开发经营管理条例》第26条规定，房地产开发企业预售商品房时，应当向预购人出示商品房预售许可证明。房地产开发企业应当自商品房预售合同签订之日起30日内，到商品房所在地的县级以上人民政府房地产开发主管部门和负责土地管理工作的部门备案。《城市商品房预售管理办法》第10条第1款规定，商品房预售，开发企业应当与承购人签订商品房预售合同。开发企业应当自签约之日起30日内，向房地产管理部门和市、县人民政府土地管理部门办理商品房预售合同登记备案手续。

由上述规定可见，本案《补充协议二》第4条之约定与《城市房地产管理法》第45条、《城市房地产开发经营管理条例》第26条之规定是存在冲突的。根据《民法典》第153条第1款之规定，违反法律、行政法规的强制性规定的民事法律行为无效。在此情况下，应当认定双方之间的约定为无效。

如果本案仅此而已，可能就比较简单了。但是，由于强制性规定存在"管理性"与"效力性"规定之分，所以，对本条的理解，在现实生活中有很大的争议。因此，我们的分析不应仅停留在这个层次，还要研究在双方订立合同之前被告是否存在"在建工程抵押"问题，这就会影响到合同本身"是无效还是可撤销"的情形。这个问题值得我们进一步地探讨和研究。

### 三、"前期"物业合同纠纷案：天蓝物业公司诉张某物业服务合同纠纷案

（一）基本案情

2021年2月25日，万泰投资公司在"前期"东方物业公司退场的情况下，又与原告天蓝物业公司签订了《万泰商城前期物业服务合同》，其中第6条约定："物业服务费用标准如下（按建筑面积计算）。集中商业：3元/月/平方米（不含中央空调能耗费用）；办公、酒店：2元/月/平方米（不含中央空调能耗费用）；物业服务费按半年收取，业主或物业使用人应当分别在每半年度首月的5日前预交下半年度物业服务费，原告可按日加收欠费总额千分之五的违约金。"

被告张某系万泰商城商业、酒店、办公的业主，房屋面积10 244.57平方米。其中，商业面积4056.47平方米、酒店面积4123.80平方米、办公面积2064.30平方米。经核算，被告尚欠原告2021年3月1日至2023年12月31日的物业服务费合计834 550元。对于上述款项，原告多次以张贴公告、发函的方式进行催收，但被告均以各种理由拒绝支付。2023年12月1日，原告向法院提起诉讼，请求依法判决被告向原告支付2021年3月1日至2023年12月31日的物业服务费834 550元及违约金167 581.0613元（按全国银行间同业拆借中心公布的一年期贷款市场报价利率的4倍标准，自2021年3月1日暂时计算至2023年9月1日，直至款项付清之日止）；本案案件受理费由被告承担。一审判决认为，案涉《前期物业服务合同》是在"前期"物业公司退场的情况下签订的，万泰投资公司作为建设单位不能单方面继续与其他物业公司签订《物业服务合同》，其所签订的《物业服务合同》对小区业主不具有法律约束力。遂判决驳回原告的上述诉求。原告不服，遂向二审法院提出上诉，最终二审法院撤销一审判决，支持了原告的诉讼请求。

（二）争议焦点

在"前期"物业公司退场的情况下，原告与万泰投资公司签订的《前期

物业服务合同》，是否有效？如果有效，原告的主张就应得到支持。

（三）案件分析

从法律上来看，《前期物业服务合同》具有其特殊性，它打破了合同相对性原理，即其不仅对合同相对方具有约束力，而且对第三人即全体小区业主均具有约束力。在接手本案后，我们团队对一审判决进行了认真地分析，认为，本案所涉《前期物业服务合同》应当认定为"有效"，一审判决关于"无效"的观点是根本不能成立的。理由如下：

（1）在本案中，万泰投资公司系"万泰商城"的建设单位。自万泰商城建成之初（2016年）至2021年2月，包括张某在内的许多业主无故不缴纳物业服务费，致原物业服务公司无法继续经营。在此情况下，原物业公司以此为由向万泰投资公司提出解除其与万泰投资公司所签订的《前期物业服务合同》。原物业公司退场前，考虑到万泰商城物业服务的实际情况，由原物业公司、万泰投资公司及原告签订《债权转让协议》，并以张贴公告、在微信群里发送通知的方式通知各个业主。在此情况下，原告与万泰投资公司于2021年2月25日签订案涉《前期物业服务合同》。自2021年3月1日起至今，原告一直为万泰商城提供物业服务。因此，案涉《前期物业服务合同》对被告具有约束力。

（2）万泰商城至今尚未成立业委会及业主大会，在此情况下，作为建设单位的万泰投资公司有权代表全体业主选聘物业服务企业。根据《物业管理条例》第21条"在业主、业主大会选聘物业服务企业之前，建设单位选聘物业服务企业的，应当签订书面的前期物业服务合同"之规定，万泰投资公司作为万泰商城的建设单位有权代表全体业主选聘物业服务企业，其所签订的前期物业服务协议对包括张某在内的全体业主具有约束力。因此，一审法院认定建设单位无权解除原《前期物业服务合同》是没有法律依据的，依法应予以纠正。

（3）在本案中，万泰投资公司与原告所签订的案涉合同的内容与原《前期物业服务合同》是一致的，既未加重业主的义务，也未排除业主的权利，业主也是概括性的继受原《前期物业服务合同》的内容。因此，案涉前期物业服务合同对被告具有约束力。

（4）法律也没有限制建设单位签订《前期物业服务合同》的"次数"。

根据《民法典》第 939 条规定，建设单位依法与物业服务人订立的前期物业服务合同，以及业主委员会与业主大会依法选聘的物业服务人订立的物业服务合同，对业主具有法律约束力。第 940 条规定，建设单位依法与物业服务人订立的前期物业服务合同约定的服务期限届满前，业主委员会或者业主与新物业服务人订立的物业服务合同生效的，前期物业服务合同终止。在本案中，考察案涉《前期物业服务合同》的效力，最重要的是业委会是否成立以及是否与新物业服务人签订了"后期"物业服务合同。从本案事实来看，本小区业委会并未成立，因此，万泰投资公司作为建设单位仍有权为了全体业主的利益代表全体业主签订《前期物业服务合同》，因此，案涉《前期物业服务合同》对全体业主包括被告均具有法律约束力。

## 第八节　审查原告的起诉是否超过时效（诉讼时效、除斥期间及保证期间等）

在我们作为被告律师时，在接到法院送达的诉状后，首先就应该审查原告的起诉是否超过了时效。

例如，在借款担保合同纠纷案件中，我们要注意审查两点：第一，原告要求被告偿还借款的主张是否超过了诉讼时效？第二，原告要求被告承担担保责任是否已过了保证期间？原告主张行使抵押权是否超过了期限？在可撤销合同之诉案件中，原告行使撤销权是否已过了法定期间？如果经过审查发现，原告的起诉已超过了诉讼时效或者除斥期间，那么我们就可以依法提出抗辩，以达到"快速"胜诉之目的。

试举两例，以作说明。

（1）2017 年 2 月 26 日，借款人刘某彪向出借人周某出具一份《还款补充协议二》，内容为，截至今日刘某彪尚欠周某借款 100 万元，利息 60 万元，合计本息 160 万元。刘某彪定于 2017 年 9 月起逐步归还，至 2017 年 12 月底前付清。如逾期，利息按月息 2% 计算直至付清借款本息为止，利随本清。担保人王某华在《还款补充协议二》上签字："继续催收。"上述借款到期后，刘某彪无力偿还，周某于 2018 年 3 月向法院提起诉讼，要求刘某彪偿还借款本息，王某华承担连带保证责任。

第九章 法庭必胜之方法：民案分析十步法

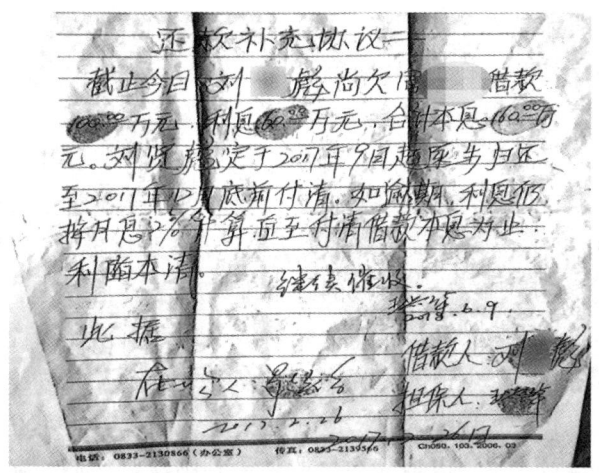

在本案中，如果作为被告王某华的律师，就可以从保证期间届满角度提出抗辩，因此，本案争议的最大问题是对于"继续催收"这四个字的理解问题，即能不能看作是"继续担保"问题。二字之差，但意义却截然不同。

（2）2016年1月1日，甲向乙提供借款20万元，约定2017年1月1日归还。乙分别于2018年1月1日和2019年1月1日以现金方式在自己家中向甲归还了10万元，对于剩余10万元，乙迟迟不予归还。无奈之下，甲于2020年1月3日诉讼至法院。

在本案，看似原告必胜，但是如果没有做好固定证据的准备，也可能败于被告之手。令人惊讶的是，被告律师在法庭审理过程中抗辩称："被告从来未向原告偿还过一分钱，故原告的起诉已经超过诉讼时效"，在此情况下，法官要求原告提供"被告曾向其偿还过10万元"的证据，结果由于原告事先未作好"诉讼准备"，而无法举证证明，最后原告只好撤回起诉。

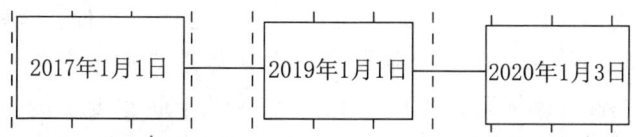

由这个小的案例给我们的启示是，任何一个案件的结果都不是铜墙铁壁的，都是有漏洞可寻的，所以这就要求我们在起诉之前必须能够发现漏洞，堵住窟窿，这样才会使对方无计可施，从而达到胜诉的目的。须知，在诉讼

过程中，法官和对方是不会给你"亡羊补牢"机会的。

时效问题虽然看起来是比较简单的，但也是极易让一些律师忽视的问题。一旦在"一审"诉讼程序中没有提出时效抗辩，那么因其败诉而给当事人造成损失的话，则面临着当事人的索赔问题。这样的案例在国内已经存在。

2024年3月，网上流传了一个帖子《代理律师未提诉讼时效抗辩导致案件败诉，被仲裁赔偿全案损失300多万元》，案情是这样的，"申请人接受被申请人的全权委托后，在代为诉讼的过程中却疏于研判案情，未对《股权转让协议》中李某某股权转让款请求权是否经过诉讼时效期间进行审查，违反注意义务，存在过错。申请人未提出时效已过的抗辩，导致被申请人被人民法院判决承担351.621万元股权转让款的法律责任。申请人与被申请人之间系有偿的委托合同关系，申请人在执业中未勤勉尽责履职，存在过错，给被申请人造成财产损失，构成违约，应当承担赔偿责任"。

这起案例，被称之为"血的教训"！这个事件给我们最重要的启示：代理被告，第一个抗辩就是诉讼时效！

## 第九节　审查法律的溯及力问题

一部新法颁布之后，面临的首要问题就是对过去所发生的事实是否具有溯及力。一般而言，新法没有溯及力，但也存在例外情形。我国《民法典》是于2021年1月1日开始生效实施的，为了解决法律衔接与适用问题，《最高人民法院关于适用〈中华人民共和国民法典〉时间效力的若干规定》，总计28条。这些条文对于我们在现实生活中处理各类案件都有很重要的作用。

试举一例，以作说明。

2018年4月27日，张某向李某借款500万元，借款期限为1年，即2018年4月27日起至2019年4月26日止。王某愿意提供担保，保证期间约定，至主债务还清之日起。在借款到期后，张某迟迟未向李某偿还上述借款。2021年3月1日，李某无奈之下，只好向法院提起诉讼要求被告张某归还上述借款，并要求王某承担担保责任。在诉讼过程中，被告王某以李某的主张超过保证期间6个月为由要求驳回原告的诉讼请求。

在本案中，到底是应当适用《担保法》还是《民法典》呢？这就涉及法律适用问题。

关于保证期间问题，《最高人民法院关于适用〈中华人民共和国民法典〉时间效力的若干规定》第 27 条规定，民法典施行前成立的保证合同，当事人对保证期间约定不明确，主债务履行期限届满至民法典施行之日不满 2 年，当事人主张保证期间为主债务履行期限届满之日起 2 年的，人民法院依法予以支持；当事人对保证期间没有约定，主债务履行期限届满至民法典施行之日不满 6 个月，当事人主张保证期间为主债务履行期限届满之日起 6 个月的，人民法院依法予以支持。由此可见，我们在处理保证合同纠纷案件时，一定要认真研究第 27 条之规定，以审查原告方的起诉是否超过了保证期间，以争取获得胜诉。

## 第十节　重证据，重细节，重调查研究

打官司就是打证据，这是普通群众都知道的"真理"。对于律师而言，在没有分析证据之前，千万不能凭借个人主观认识而下"胜与败"的结论。在处理案件过程中，最重要的是应当全面地收集与固定证据。这就是涉及到收集与固定证据的方法问题。

笔者认为，首先，应当注意倾听当事人对案件过程的陈述，并对案件的一些"细节"问题进行询问，做好询问笔录；其次，我们就可以根据询问笔录去收集相关证据。对于一些年轻律师，往往不善于倾听当事人的陈述，甚至经常打断当事人的发言，这样就有可能错过案件的一些细节性信息。然而，细节决定成败。正所谓，一花而见春，一叶而知秋，窥一斑而见全豹，观滴水可知沧海。寻常细微之物，常是大千世界的缩影，无限往往珍藏于有限之中。懂得见微知著的人才能真正打开这个世界的大门。韩非子说："千丈之堤，以蝼蚁之穴溃；百尺之室，以突隙之烟焚。"[1]所以，注意倾听当事人的陈述并抓住细节问题是律师收集与固定证据的第一法则。

在前面所介绍的"林地经营权纠纷案"中，被告柯某全将自己所承包的土地"一女二嫁"，导致原告柯某胜与被告柯某平之间发生纠纷。原告先是以确认"林木所有权"为由向法院提起诉讼，后又向政府申请确权，而后又申请复议。在多次"败诉"后，原告已经绝望了。在通过朋友找到我们团队之

---

[1]《韩非子·喻老》。

后,我们让他把案件的整个经过讲述一番。在倾听和询问过程中,我们注意到一个细节:被告柯某全还是"倾向"将林地交由原告经营的,双方关系并不是剑拔弩张的,还是比较和谐的。在这种情况下,我们让原告找到被告柯某全,手写一份《情况说明》,将当年把林地承包给原告以及双方分享林木收益的事实予以固定下来,所以,在提起诉讼时,就可以主张两项诉求:一是依法确认双方于2012年12月所达成的《口头承包协议》有效;二是依法确认案涉林地经营权归原告所有。正是由于我们注意到这一细节问题,才使本案最终得以胜诉。

再试举一例,[2020]川11民终368号汪某、尹某、重庆巨能公司民间借贷纠纷案。

(一)基本案情

2014年12月10日,被告尹某以借款人的身份向原告汪某出具《借条》一张,载明:"今借到汪某现金壹佰捌拾万零玖仟壹佰元整(1 809 100元)。此款于2014年6月24日至2014年11月11日间4次共计款总额,都用于乐青路、碧山路工程开支,2014年12月前利息已结算,2015年起按年息24%计取。"落款时间为2014年12月10日,日期覆盖有尹某加盖的"重庆巨能公司四川中心城区乐青路道路项目经理部"印章。《借条》左下方书写:"因两项目未完结账暂无还款能力,承诺尽快归还。尹某(捺印)2016年12月1日"。2019年5月,汪某向市中区法院提起诉讼,请求判决被告重庆巨能公司与尹某共同归还原告借款本金1 809 100元及利息。

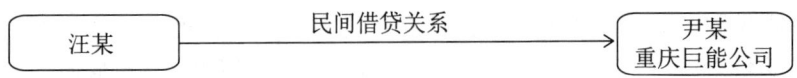

(二)争议焦点

本案被告重庆巨能公司对上述债务是否应当承担连带清偿责任?

(三)裁判结果

市中区法院审理认为,被告尹某以重庆巨能公司项目部的名义向原告出具借条,不构成"表见代理",因此,该笔债务属于汪某与尹某的个人债务,重庆巨能公司不应承担责任。遂判决由被告尹某对上述债务承担清偿责任。汪某不服向乐山中院提起上诉,二审改判"由重庆巨能公司对本判决第一项债务承担连带清偿责任"。

(四) 裁判理由

尹某系两个项目部的负责人,且案涉借条反映出的借款用途及重庆巨能公司的工作人员在借条上加盖项目部印章的行为,汪某有理由相信其出借的款项用于了案涉两个项目工程的开支,主观上构成善意。依照《合同法》第49条之规定,尹某的行为构成表见代理。故重庆巨能公司应对尹某应返还汪某的借款本金1 809 100元及利息承担连带清偿责任。

(五) 案件分析

现结合法院裁判观点,针对本案所产生的问题,总结分析如下,供实务参考。

对于本案,我们团队在接手后,仔细研究下来,认为,如果要想实现"逆转"是很困难的。本案如果该《借条》是被告尹某利用自己手中所掌握的"项目部印章"所出具的,那么,一审判决不能说是不公正的。所以,弄清楚本案所涉"项目部印章"掌握在"谁"手中是至关重要的。为此,我们找到了被告尹某,让他"回忆"一下当时出具《借条》及盖章的"细节"情况。他说,借条是他写好的,但是章并不是自己盖的,而是找到了重庆巨能公司掌管"项目部印章"的工作人员盖上去的。正是发现了这一"细节"问题,在二审法庭审理过程中,我们向审判长阐述了这个"细节"问题,并请审判长采取"电话"方式向"管章的人"核实是否属实,得到的答复结果为"属实",该《借条》上的项目部印章确实是由他所盖的,而并非是尹某自己盖上去的或者"偷盖"上去的,即本案属于"人章分离"状态。最后,二审法院认定"尹某的行为构成了表见代理",故判决"重庆巨能公司与尹某共同偿还汪某借款本息总计420多万元"。由该案可见,注意案件"细节"问题对于胜诉是尤为重要的。

在处理具体案件过程中,我们一定要"多元化""多角度"地收集证据。在实践中,我们可以根据证据的"种类"一项一项地进行收集,以避免遗漏。我国《民事诉讼法》第66条第1款规定,证据包括:①当事人的陈述;②书证;③物证;④视听资料;⑤电子数据;⑥证人证言;⑦鉴定意见;⑧勘验笔录。在上述证据中,我们要特别重视"电子数据"的收集,比如短信、电话录音、微信聊天记录、QQ聊天记录等,这些"电子数据"如果能够获得全面收集,那么对我们来说可能会收获极大,对案件的胜诉会起到关键性的作用。

另外,我们也要重视"调查研究",在"混凝土买卖合同货款及索赔系列案"中,之所以我们能够最后取得胜诉,就在于我们团队能够到"现场"实地调查了解混凝土生产的整个流程,并且能够到建设工程质监部门和专业机构去咨询混凝土质量以及桩基础工程验收、加固及造价等方面的知识。所以,正如前面所言,没有调查,就不可能弄清和还原案件真相,就不可能取得最终的胜诉。

# 第十章

# 民事诉状的写作方法

## 第一节 民事起诉状的写作方法

谈起民事诉状的写作，有很多人都会认为，这是比较简单的，只要掌握其结构"首部、内容、尾部"三部分就可以了，根本不需要什么方法。实则不然，一篇好的诉状，不仅会赢得法官、对手的尊重，而且也是对一位律师法学功底深浅的考验。笔者认为，写好一篇民事起诉状，应当掌握以下五个方法，即"诉状五法"：

### 一、简洁明了

写作民事诉状的第一忌就是避免像写学术论文那样长篇大论，拖泥带水。对于事实部分，只要把案子发生的经过"概要性"写出来即可。我们经常看到，原告向法院提交的诉状，将合同条款全部写出来，这样下来，基本上都是四五页才能写完。实际上，这样写事实部分，只能说是浪费纸张，毫无意义。正确的写作方法应当是将与本案有关的合同条款提炼出来，放在诉状里。一般而言，合同的概况、价款、支付方式、违约责任及管辖条款，都应在诉状中得以体现，而其他与案件关联度不高的条款，都可以省略"不记"。

例如，在一起建设工程施工合同纠纷案中，我们就是这样写的，2021年5月7日，原、被告签订了《管廊预制及安装专业分包合同》一份，约定被告将眉山市科二路（东坡大道至滨江大道）市政道路工程管廊预制及安装专业分包工程分包给原告，合同总价为 33 414 282.45 元。第4条"工程价款的支付及结算"约定，核算产值每月计量计价产值在报批合格后，在次月20日~25日支付当期产值的70%，在乙方完成合同及设计图纸要求的所有内容并完成管廊专项验收合格后支付已完总产值的80%，交工验收合格后支付至办理结算总价的90%，审计完成后支付至结算价的97%，剩余3%作为质保金在质保期满后30日内无息支付（质保期为贰年）；第11条"违约责任"约定：一般违约。合同一方违反本合同第1~11条，无特别违约责任约定的，按一般违约处理，违约方向守约方赔偿相应损失，并支付给守约方合同结算价款的20%作为违约金。该合同签订后，原告按照合同约定开始施工。2021年6月9日，双方又签订《科二路（东坡大道至滨江大道）市政道路工程管廊预制及安装补充协议》，约定被告将2.3米电力电缆预埋钢槽及1.4米通信电缆预埋钢槽施工也分包给原告。该工程于2022年3月29日全部竣工及完成后续收尾工作，并且已经完全具备验收条件。此后，原告曾多次请求被告履行验收义务，而被告以"现浇管廊段未施工完成、管廊电气及排水管线工程未施工完成、未进行综合管廊验收"等各种理由迟迟不予以验收。

对于理由部分，更忌讳的是要把本案所有的法律规定都写进诉状里。为什么这是一大忌呢？这就像打仗一样，你都把"底牌"让别人看了，把"布防图"都交给了别人，这个仗不打都自败了。正确的写作方法是直接引用《民事诉讼法》第122条之规定即可，不要将实体法的相关规定写出来。

在所举前案中，我们对理由部分是这样写的："对此，原告认为被告迟迟不对原告完工项目进行验收，导致原告无法要求其支付剩余工程款项的行为已经构成严重违约。为此，根据《民事诉讼法》第122条之规定，原告特向贵院提起诉讼，请求贵院能够明查案情，依法支持原告的上述诉求，以维护原告作为一家施工企业的合法权益。"

## 二、形式美观

一篇好的诉状，不仅内容严谨，还应做到形式美观。在写作诉状过程中，我们一般是用黑体字和宋体字两种字体并且配以不同的字号来完成。对于标题、纲要等均用黑体字，而对于正文部分则用宋体字即可。具体看下图：

# 民事起诉状

**原　告**：四川××建筑工程有限公司，住所地：四川省成都市青羊区大石西路××号 8-1-5A，统一社会信用代码：（略）

**法定代表人**：张某，总经理

**被　告**：中欧××集团有限公司，住所地：眉山市东坡区眉州大道岷东段×号，统一社会信用代码：（略）。

**法定代表人**：李某，总经理

**案　由**：建设工程施工合同纠纷

**诉讼请求**：

1. 依法判令被告支付工程款 12 089 098.62 元及逾期付款违约金 44.43 万元（自 2022 年 4 月 25 日起，按同期银行贷款利息的 4 倍 14.7%暂时计算至 2022 年 7 月 25 日，直至付清本金为止）。

2. 本案诉讼费由被告承担。

**事实与理由**：

2021 年 5 月 7 日，原、被告签订了《管廊预制及安装专业分

### 三、称谓统一

在"首部"已经将诉讼主体写清楚的情况下，在"正文"部分，就可以直接用"原告""被告"及"第三人"等称谓取而代之即可。有些律师，在写文书时，主体称谓，前后不一，这就导致其他人看了以后很困惑，不知到底是写"谁"做了什么事情。这也是写所有法律文书的一大忌！请看下面对比图。

2021年5月7日，原、被告签订了《管廊预制及安装专业分包合同》一份，约定被告将眉山市科二路（东坡大道至滨江大道）市政道路工程管廊预制及安装专业分包工程分包给原告，合同总价为33 414 282.45元。第四条"工程价款的支付及结算"约定，核算产值每月计量计价产值在报批合格后，在次月20-25日支付当期产值的70%，在乙方完成合同及设计图纸要求的所有内容并完成管廊专项验收合格后支付已完总产值的80%，交工验收合格后支付<u>至办理结算总价</u>的90%，审计完成后支付至结算价的97%，余3%作为质保金在质保期满后30日内无息支付（质保期为贰年）；第11条"违约责任"约定：1.一般违约。合同一方违反本合同第1至第11条，无特别违约责任约定的，按一般违约处理，违约方向守约方赔偿相应损失，并处支付给守约<u>方合同结算价</u>款的20%作为违约金。该合同签订后，原告按照合同约定开始施工。2021年6月9日，双方又签订《科二路（东坡大道至滨江大道）市政道路工程管廊预制及安装补充协议》，约定被告将2.3米电力电缆预埋钢槽和1.4米通信电缆预埋钢<u>槽施工</u>也分包给原告。该工程于2022年3月29日全部竣工完成及后续收尾工作，并且已经完全具备验收条件。此后，<u>原告曾多次请求被告履行验收</u>义务，而被告以"现浇管廊段未施工完成、管廊电气及排水管线工程未施工完成、未进行综合管廊验收"等各种理由迟迟不予以验收。

截止2022年2月，经原、被告审核，该工程施工产值为22 894 692.31元，加上调价、合同外部分，<u>案涉工程</u>结算总价为23 605 639.66元。截止2022

## 四、术语准确

我们写法律文书，不仅是给我们自己的当事人去看，而且要提交给法庭，由法官对其内容予以审查。如果在一份法律文书中，其法律术语存在问题，那么无疑会让法官觉得我们不专业、不严谨。所以，写法律文书的另一大忌就是法律术语使用不准确。试看下图。

案由：建筑施工合同纠纷

诉讼请求：

1. 依法判令被告归还欠付的原告工程款 12 089 098.62 元，逾期付款违约金 44.43 万元（自 2022 年 4 月 25 日起，按同期银行贷款利息的 4 倍 14.7%暂时计算至 2022 年 7 月 25 日，直至付清本金为止）。

2. 本案诉讼费由被告承担。

这张图中，至少有四个术语不够准确。一是建筑施工合同，应当为"建设工程施工合同"；二是归还，应当为"支付"；三是同期银行贷款利息，应当为"一年期贷款市场报价利率（LPR）"；四是诉讼费，改为"诉讼费用"更为准确，诉讼费用可以包括保全费。

**五、诉求准确**

诉状的核心是诉讼请求。如前所述，我们在设计诉状过程中，一定要把诉求设计明确具体，不能含糊不清。

在前面，我们提到的"林地经营权纠纷即'一女二嫁'案"中，由于我们在诉求设计上采取"层层递进"方式，明确具体，脉络清楚，所以在法庭审理过程中，法官基本上就是按照我们的诉求一一进行审理的，最后支持我们的诉求。

本案诉讼请求如下：

（1）依法确认原告与被告柯某全在 2011 年 12 月所达成的《口头林地承包协议》有效；

（2）依法确认案涉林地经营权归原告所有；

（3）依法判决二被告柯某平、柯某全共同赔偿因违法砍伐林木而给原告造成的经济损失 1 万元。

根据《最高人民法院关于审理森林资源民事纠纷案件适用法律若干问题的解释》（法释［2022］16 号）第 7 条规定，当事人就同一集体林地订立多个经营权流转合同，在合同有效的情况下，受让方均主张取得林地经营权的，由具有下列情形的受让方取得：

(1) 林地经营权已经依法登记的;

(2) 林地经营权均未依法登记,争议发生前已经合法占有使用林地并大量投入的;

(3) 无前两项规定情形,合同生效在先的。

未取得林地经营权的一方请求解除合同、由违约方承担违约责任的,人民法院依法予以支持。

在本案,就第一项诉求而言,只要确认了《口头林地承包协议》是有效的,那么就符合了"合同生效在先"的条件;在第一项诉求成立情况下,案涉林地经营权就应归原告所有;对于第三项诉求,只要能够确认合法占有在先,那么,也会得出"案涉林地经营权归原告所有"的结论。

由以上可见,设计好诉求是极其重要的。

附:两份诉状,读者可以对比一下。一份是笔者助理所草拟的诉状,一份是笔者修改后的诉状。

## 民事起诉状

**原告**:四川××建筑工程有限公司,住所地:四川省成都市青羊区大石西路××号8-1-5A,统一社会信用代码:(略)。

**法定代表人**:张某

**被告**:中欧××集团有限公司,住所地:眉山市东坡区眉州大道岷东段×号,统一社会信用代码:(略)。

**法定代表人**:蔡某

**案由**:建筑施工合同纠纷

### 诉讼请求

(1) 依法判令被告归还欠付的原告工程款 12 089 098.62 元,逾期付款违约金44.43万元(自2022年4月25日起,按同期银行贷款利息的4倍14.7%暂时计算至2022年7月25日,直至付清本金为止)。

(2) 本案诉讼费由被告承担。

### 事实与理由

2021年5月7日,被告中欧××建工集团有限公司与原告四川××建筑工程有限公司签订《管廊预制及安装专业分包合同》，约定被告将科二路（东坡大道至滨江大道）市政道路工程管廊预制及安装专业分包工程分包给原告，2021年6月9日，双方又签订《科二路（东坡大道至滨江大道）市政道路工程管廊预制及安装补充协议》，约定2.3米电力电缆预埋钢槽及1.4米通信电缆预埋钢槽。合同总价为33 414 282.45元。合同签订后，原告按照合同约定施工，于2022年3月29日全线完成该分包项目安装及后续收尾工作，已经完全具备验收条件。此后，原告多次请求被告履行验收义务，而被告公司以"现浇管廊段未施工完成、管廊电气及排水管线工程未施工完成、未进行综合管廊验收"等理由迟迟不对原告已完工项目进行专项验收。导致原告公司迟迟无法要求被告公司支付剩余工程款项。

截至2022年2月，经原告公司上报、被告公司审核累计施工产值22 894 692.31元，2022年3月29日工程完工后，原告计算此分包工程结算总价为23 608 372.37元。根据《管廊预制及安装专业分包合同》第4条工程价款的支付及结算：核算产值每月计量计价产值在报批合格后，在次月20日~25日支付当期产值的70%，在乙方完成合同及设计图纸要求的所有内容并完成管廊专项验收合格后支付已完总产值的80%，交工验收合格后支付至办理结算总价的90%，审计完成后支付至结算价的97%，余3%作为质保金在质保期满后30日内无息支付（质保期为贰年）。截至目前，被告累计支付原告11 519 273.75元，欠付原告工程款12 089 098.62元（23 608 372.37元-11 519 273.75元=12 089 098.62元），此欠付行为已经对原告公司正常经营造成重大影响。

对此，原告认为被告迟迟不对原告完工项目进行验收，导致原告无法要求其支付剩余工程款项的行为已经构成严重违约。为此，根据《民法典》《民事诉讼法》之有关规定，原告特向贵院提起诉讼，请求贵院能够明查案情，依法支持原告的上述诉讼请求，以维护原告的合法权益。

此　致
××市东坡区人民法院

具状人：四川××建筑工程有限公司
2022年×月×日

## 民事起诉状

**原告**：四川××建筑工程有限公司，住所地：四川省成都市青羊区大石西路××号8-1-5A，统一社会信用代码：(略)。

**法定代表人**：张某，总经理

**被告**：中欧××集团有限公司，住所地：眉山市东坡区眉州大道岷东段×号，统一社会信用代码：(略)。

**法定代表人**：蔡某，总经理

**案由**：建设工程施工合同纠纷

### 诉讼请求

(1) 依法判令被告支付工程款12 086 365.91元及逾期付款违约金2 417 273.18元（以12 086 365.91元为基数，按合同约定的20%计算违约金），共计14 503 639.09元；

(2) 本案诉讼费用由被告承担。

### 事实与理由

2021年5月7日，原、被告签订了《管廊预制及安装专业分包合同》一份，约定被告将眉山市科二路（东坡大道至滨江大道）市政道路工程管廊预制及安装专业分包工程分包给原告，合同总价为33 414 282.45元。合同第4条"工程价款的支付及结算"约定，核算产值每月计量计价产值在报批合格后，在次月20日~25日支付当期产值的70%，在乙方完成合同及设计图纸要求的所有内容并完成管廊专项验收合格后支付已完总产值的80%，交工验收合格后支付至办理结算总价的90%，审计完成后支付至结算价的97%，余3%作为质保金在质保期满后30日内无息支付（质保期为贰年）；第11条"违约责任"约定：1. 一般违约。合同一方违反本合同第1~11条，无特别违约责任约定的，按一般违约处理，违约方向守约方赔偿相应损失，并支付给守约方合同结算价款的20%作为违约金。该合同签订后，原告按照合同约定开始施工。2021年6月9日，双方又签订《科二路（东坡大道至滨江大道）市政道路工程管廊预制及安装补充协议》，约定被告将2.3米电力电缆预埋钢槽及1.4米通信电缆预埋钢槽施工也分包给原告。该工程于2022年3月29日全部竣工完成及后续收尾工作，并且已经完全具备验收条件。此后，原告曾多次请求被告履行验收义务，而被告以"现浇管廊段未施工完成、管廊电气及排水管线工程未施工完成、未进行综合管廊验收"等各种理由迟迟不予以验收。

截至 2022 年 2 月，经原、被告审核，该工程施工产值为 22 894 692.31 元，加上调价、合同外部分，案涉工程结算总价为 23 605 639.66 元。截至 2022 年 7 月 28 日，被告累计支付原告 11 519 273.75 元，欠付原告工程款 12 086 365.91 元。2022 年 7 月 28 日，原告又向被告送达了《关于科二路（东坡大道至滨江大道）市政道路工程管廊预制及安装专业分包工程管廊专项验收及支付工程进度款的复函》。主要内容为："请贵司在收到本函后 7 日内履行验收义务，并在验收完成后 7 日内支付上述工程款项。逾期仍不组织验收且仍不履行付款义务，我司将向贵公司主张全部工程款项及利息和违约金，并保留进一步采取措施维护我公司的合法权益。"然而，被告在收到此函后仍然迟迟不予以验收。直到 2022 年 8 月 26 日，在原告多次催促下才完成验收事项。但是，被告却仍然拒不支付任何工程款项。

对此，原告认为，被告未按合同约定履行义务，并且迟延支付剩余工程款项的行为已经构成严重违约，应当承担违约责任，并赔偿由此给原告所造成的全部经济损失。为此，根据《民法典》《民事诉讼法》之有关规定，原告特向贵院提起诉讼，请求贵院能够明查本案，依法支持原告的上述诉求，以维护原告作为一家建筑企业的重大合法权益。

此 致
××市东坡区人民法院

具状人：四川××建筑工程有限公司<br>2022 年×月×日

## 第二节　民事上诉状的写作方法

在所有的法律文书写作中，最难写的应当是《民事上诉状》和《民事申诉状》。因为上诉状和申诉状，都是要批驳一审判决、二审判决所存在的错误，然后树立自己的观点。所以，以写上诉状为例，除了要具备以上《民事起诉状》的"写作五法"外，还要掌握以下四种方法：

## 一、提纲挈领

《韩非子·外储说右下》："善张网者引其纲，不一一摄万目而后得。"《荀子·劝学》："若挈裘领；诎五指而顿之，顺者不可胜数也。"这些古句都说明了抓住事物的关键和要领是极为重要的。在写作上诉状过程中，必须有纲，然后再写领，即将"重要"的问题写到前面，然后再写"次重要"的问题，接着再写"枝节性"问题，这样就可以避免犯本末倒置的错误。

例如，在"混凝土买卖合同加固赔偿案"中，我们的上诉观点主要分为三点：

（1）一审在"本案所涉工程桩基混凝土质量是否合格"不明确的情况下就直接认定"需要加固处理"是极其错误的。

（2）一审法院并未区分"原有损失和扩大损失"就直接判决由"上诉人承担全部加固费用"也是极其错误的。

（3）本案判决结果极为不公，严重损害了上诉人的重大合法权益。

如果仔细研究，这三点是有一个层次顺序之分的。第一点，先从混凝土质量问题入手，经过论证，混凝土如果不存在质量问题，那么就谈不上加固问题。如果混凝土质量无法鉴定，那么即处于"待定"状态，所产生的加固费用也应由双方按各自50%比例承担；第二点，如果混凝土存在质量问题，也应区分"原有损失"和"扩大损失"，富裕公司仅应承担的是"原有损失"部分，而对于"扩大损失"则应由对方自行承担；第三点，是对以上两点的一个总括，在上诉状中处于"次要"地位。

## 二、批驳有力

如前所述，上诉状的重心在于批驳一审判决所存在的错误。我们不仅要找出错误，还要通过批判其错误来树立自己的观点。在批判其错误时，可采取"先破后立，或先立后破，或边破边立"三种方式来进行。

我们仍以"混凝土买卖合同加固赔偿案"为例，来看一下"破与立"是如何展开的。

一审在"本案所涉工程桩基混凝土质量是否合格"不明确的情况下就直接认定"需要加固处理"是极其错误的。

在本案，一审判决在第 20~21 页中认定"本案损失的认定及承担问题，2020 年 8 月 12 日乐山市建设工程质量安全监督站作出的乐质安监函〔2020〕25 号《关于富裕公司提供桩基预拌（商品）混凝土低于设计标准及相关资料的函》的回复意见，桩身混凝土强度低于 C25 的桩基（53#、57#、62#、64#、68#、69#、71#、72#、75#、76#、79#、82#、86#、90#，共计 14 根）建设单位应委托具有资质的设计单位对其进行加固设计，并委托相关施工单位及时进行加固处理，处理完成后，建设单位组织有关单位按照设计进行验收。故此根据上述意见桩身混凝土强度低于 C25 的基桩需要加固才能进行验收，故鉴定加固造价为 4 298 257 元，应作为本案损失"，对此，上诉人认为，这种认定是严重缺乏"前提"条件的，也是极其错误的。

（1）本案所涉工程桩基是否"需要加固处理"应建立在上诉人所供应的混凝土确实存在"质量不合格"这一"前提基础"之上。

（2）一审未对案涉桩基混凝土质量"无法鉴定"的责任承担作出认定也是非常错误的。

由以上可见，我们在写作上诉状过程中，先将一审判决认定"错误"的部分引用出来，然后再加以批判，树立自己的靶子，这样，才会让二审法官对一审判决所存在的错误"一目了然""一清二楚"！

### 三、逻辑严谨

律师的法律思维应当具有严谨性。虽然霍姆斯提出"法律的生命不在于逻辑，而在于经验"的命题，但逻辑在法律中的重要性从来都是不言而喻的。法律人从事任何一项活动都必须严格遵守法律逻辑，这不仅包括法律推理上的逻辑，还包括语言表达和文书写作上的逻辑。一篇好的法律文书，必须要重视内在的逻辑体系。除了上面我们提到的要注意"本末顺序"外，还要注意采取"三段论"方式来论证和支撑自己的观点。

在逻辑学上，三段论是由大前提、小前提和结论所组成的。历史上最有名的三段论莫过于关于苏格拉底的三段论：所有的人都会死，苏格拉底是人，所以苏格拉底会死。

大前提：所有 M 是 P，所有的人都会死；
小前提：所有 S 是 M，苏格拉底是人；

结论是：所有 S 是 P，苏格拉底会死。

作为律师，如果我们能够经常运用"三段论"来思考和写作法律文书的话，所写出来的文书一定是非常严谨的。

**四、避免杂糅**

写作法律文书还有一大忌：存在"杂糅"问题。在写作文书过程中最常见的是句式杂糅，又称为结构混乱，即把几种结构或几个意思硬凑在一个句子里，使句子结构混乱，表意不明。形象来说，就是"胡子眉毛一起抓，结果哪个也没抓到"。

法律文书中常见的句式杂糅有两种，第一种是拿不定主意，既想用这种说法，又想用那种说法，结果把两个句式糅到一起，出现语法错误；另一种是前后牵连，即把前一句的后半句用作后一句的开头，硬把两句连成一句。

例如，"建议贵公司查阅与四川通输公司的往来沟通函件，确认在诉讼时效内是否向四川通输公司提出过履行请求的信函、电子邮件、短信、微信等证据证明"。

这句话的问题在于，将"提出履行请求"与"有证据证明"杂糅在一起，可以修改为"确认在诉讼时效期间内是否向四川通输公司提出过履行请求，是否留存信函、电子邮件、短信记录、微信记录等证据"，或者也可以修改为"确认是否留存信函、电子邮件、短信记录、微信记录等证据，用以证明在诉讼时效期间内向四川通输公司提出过履行请求"。

对于上诉状的写作，我们只要掌握了以上"写作九法"，就会写出一份漂亮而经得起推敲的法律文书。

# 第十一章
# 法庭举证、质证之方法

在庭审准备完成后,接下来就会进入法庭调查阶段。法庭调查的主要目的是要尽可能地还原案件的客观事实。而要还原案件事实,主要是通过原、被告双方举证及质证来实现的。那么,如何进行举证及质证呢?我们认为,应当遵循如下的方法进行。

## 第一节　法庭举证之方法

在现实庭审过程中,对于证据的展示,往往都是采取"一证一质"的方式来展开的。在举证过程中,无论是原告方还是被告方都应当根据事先向法庭所提交的"证据目录"而展开。这样做的好处在于,一是很有条理地举证;二是也让法庭及对方当事人更能够清楚每份证据的内容及证明目的,以便可以更好地进行质证。在举证时,应当掌握如下方法:

### 一、先说明本份证据的证明目的

每一份证据,都有其证明目的。证明目的就是当事人所举证据想要达到的目的。一般而言,当事人举证的目的就是证明案件事实。证据如何能证明案件事实,在证据法上是两个不同维度的问题。其一,诉讼活动是一个理性的活动,因此当事人举证也应当是理性的,其所举证据应当指向案件争点,这就涉及证据的关联性问题;其二,当事人所举证据要达到其目的,该份证据具有证据能力是前提,是否具有证明力则是关键。所谓证据证明力是指证据可以证明案件事实的程度。证明力的有无和大小,一是依靠法律规定,二是依靠法官的判断。前一种在诉讼法理论上称之为"法定证据原则",后一种称之为"自由心证原则"。但这都与证明目的无关,因为,无论采用哪一种证据原则,当事人所举证据本身都不可能自证本身证明力的有无和大小,证明力的有无和大小是法官依据法律规定、自由心证而认定的。

### 二、再阐述本份证据与案件有重要关联的内容。

一份证据,其内容可能是比较庞杂的。在具体阐述时,不可能面面俱到,最重要的是要将与案件诉讼请求有关联的部分详细地表达出来。例如,在买卖合同货款纠纷案件中,原告方在对案涉《买卖合同》举证时,应当主要阐述两个条款:一是关于付款方式的约定;另一个是关于违约责任的约定。而对于其他条款,因与诉求无太大关联,即可以略过。

试举一例,以作说明。

### 案例:小偷被狗咬死案

#### 一、案件基本事实

**案由:** 饲养动物致人损害赔偿纠纷

**原告:** 张某成,男,汉族,1960年7月8日生,住址:四川省双城县嘉定中路×号

**被告:** 田某军,男,汉族,1973年6月8日生,住址:四川省双城县滨江路×号

> 事实和理由

2014年6月2日凌晨2点左右,原告之子张某(男,汉族,1995年5月1日生,未婚,其生母已去世)和李某(男,汉族,1995年3月6日生)潜进双城县广都大道旁的电信花园居民楼一楼赵某家中行窃,被赵某及小区保安刘某发现后仓皇逃跑。在被小区居民追赶的过程中,由于慌不择路,见旁边有一面2米高的围墙,就翻越围墙跳进了隔壁独栋别墅被告田某军家中。当时,被告并没有在家,而其喂养的两只大狼狗见有人闯进院中,便扑向张某和李某二人,并对其二人进行撕咬。李某见此情景,急忙爬到院子里的一棵大树上,而张某因躲闪不及,遭遇两条狼狗围攻。尾追而来的电信花园的居民们见此情形试图想救下张某,但张某因被咬得很惨,在试图爬树逃生后

死于树上。事情发生后,当地彭山路派出所民警孙某、周某二人赶到现场,并对现场进行了勘验,并向有关人员作了调查。经法医鉴定,张某的死因系烈性犬撕咬流血过多而死亡。在处理完张某丧事后,原告即找到被告田某军协商处理此事,并要求赔偿死亡赔偿金、丧葬费及精神抚慰金共计51.8万多元,但被告却认为张某的死亡完全是自己造成的,因而拒绝赔偿。无奈之下,原告于2014年7月2日向双城县人民法院提起诉讼。

二、原告的诉求和被告的答辩

(一)原告的诉求

1. 判令被告赔偿死亡赔偿金447 360元、丧葬费20 892元及精神抚慰金50 000元,共计518 252元;

2. 本案诉讼费用由被告承担。

(二)被告的答辩

1. 本案被告方无过错,原告之子张某的死亡完全是由于张某擅闯别墅而造成的。

2. 本案事发别墅属于《双城县现行犬只管理办法》中的非限养区域,不属公安机关犬只管理范围,并且被告方所饲养的两只大狼狗也曾经在公安机关办理过犬只登记手续,属于合法饲养。

3. 本案张某等二人闯进别墅是由于电信小区居民们追赶所致的,因此,对于张某的死亡应该由这些居民们负责。因此,原告起诉自己是错误的。

在本案中,原告方是这样展开"举证"的。

原告提供的证据共有四组。第一组证据是户籍证明复印件;第二组证据是双城县公安局[2014]第106号《尸检病理报告书》;第三组证据是询问笔录,共包括两份,第一份是李某的询问笔录,第二份是田某军的询问笔录;第四组证据是彭山路派出所制作的《现场示意图》。

下面原告出示第一组证据《户籍证明复印件》。

该证据主要用以证明:原告张某成的主体身份情况。

1. 该户口簿载明了本案原告张某成、本案死者张某的具体身份信息,其均由四川省公安厅、双城县公安局出具并加盖印章,因此,符合真实性和合法性要件。

2. 据户籍资料显示:本案原告张某成作为户主,与本案死者张某系父子关系，受害人张某死亡后，张某成作为其近亲属，根据《侵权责任法》第 18 条第 1 款"被侵权人死亡的，其近亲属有权请求侵权人承担侵权责任"之规定，是有权提起民事诉讼，要求被告承担损害赔偿责任的。即张某成是本案的适格原告。

下面原告出示第二组证据双城县公安局［2014］第 106 号《尸检病理报告书》。

该证据主要用以证明死者张某的死亡原因是受烈性犬撕咬所导致的事实。

1. 据《尸检病理报告书》第 2 条第 1 款尸表检查显示：死者脑部软组织损伤中头皮下血肿较多，颅骨、脑膜、脑血管和脑组织机械形变，有出血或水肿或脑干区低密度影像，也就是脑干损伤。第 2 款内部检查显示：死者皮肤撕咬面积较大，腿部大动脉已遭损坏。

2. 据第三条尸检结论显示：死者死亡原因系被烈性犬撕咬流血过多而死亡。死亡时间为 2014 年 6 月 2 日凌晨 2：30 许。以上内容足以证明本案死者的死亡原因确系被告所养烈犬撕咬而致，且死亡时间与案发时间相吻合。

下面原告出示第三组证据《询问笔录》，该笔录共包括两份，一份是李某的询问笔录，一份是田某军的询问笔录。

李某的询问笔录主要证明：①受害人张某和自己是因找朋友误闯入赵某家中的事实；②受害人张某被狼狗咬死的整个事实经过。

在李某的询问笔录中，公安机关问："你讲一下今天凌晨 2 点钟左右的事情？"李某答："今天凌晨 2 点左右，我和张某二人闲着无事，就想到电信花园小区找一位朋友钱某聊聊天，我们进入小区后有一个人家还在亮着灯，我们以为就是钱某家，然后我们从窗户进去了。进去之后有一个人朝我们大声喊叫，这个人喊抓小偷，我们往外跑，由于慌不择路，就翻越了一道围墙。谁知就发生了那件事。"公安机关问："事情是怎么个过程？"李某答："我们进到院子里后就有两只大狼狗朝我们扑过来，我吓得急忙爬到一棵树上，我喊张某也快点过来，但是已经来不及了，这两只大狼狗就开始撕咬他。"根据李某的询问笔录，证明本案死者张某进入小区的目的并不是行窃，只是为了找朋友聊天，却被小区居民当作贼来追赶，以致发生翻墙被狗咬死的不幸后果。

李某的询问笔录主要证明：被告田某军对自己所饲养的两只狼狗并未尽到安全管理义务，造成受害人张某死亡的事实。

在田某军的询问笔录中，他是这样回答的："今天凌晨2点半左右，我接到小区物管电话，说有人被你家狼狗咬死。"当公安机关问到养狗情况时，他回答："我白天一般都把它们拴起来，晚上的时候再放出来看家。结果这天出门办事没有回来，就发生了这样的惨案。我也很后悔，没把它们拴好。"以上回答证明，田某军饲养两条烈性犬只的目的在于看家护院，说明他足以认识到该犬只具有生性凶猛、体型庞大的特点，对人具有强烈的攻击性和威胁性，他作为犬只主人，本应采取有效的防护措施避免动物伤人，但却因疏忽大意，没能避免这场悲剧的发生。对于张某的死，本案被告具有重大过错，依法应当承担损害后果的赔偿责任。

下面原告出示第四组证据彭山路派出所制作的现场示意图。

该证据主要证明：本案事发现场的状况以及案发的整个经过。从《现场示意见图》可见，本案的发生有几个阶段：跳进院中、爬树、狼狗咬人。

## 第二节　法庭质证之方法

对于年轻律师而言，一开始在处理案件过程中，不知道如何去发表质证意见，或者不知道"如何下手"，往往只凭自己的"感觉"去评论一份证据。这在现实庭审中是比较常见的。质证在整个诉讼过程中是至关重要的，如何能够识破对方所提供的证据具有虚假性以及不合法性，不仅考验我们的法学基本功，而且也考验我们对事物的观察能力。那么，应该如何进行质证呢？

实际上，《最高人民法院关于适用〈中华人民共和国民事诉讼法〉的解释》第104条已经给我们提供了答案。该条第1款明确规定："人民法院应当组织当事人围绕证据的真实性、合法性以及与待证事实的关联性进行质证，并针对证据有无证明力和证明力大小进行说明和辩论。"在这一条文中出现了五个关键词：真实性、合法性、关联性、证据有无证明力、证明力大小。这就告诉了我们要围绕着证据的"三性""二力"来发表质证意见。

具体可以看如下图表：

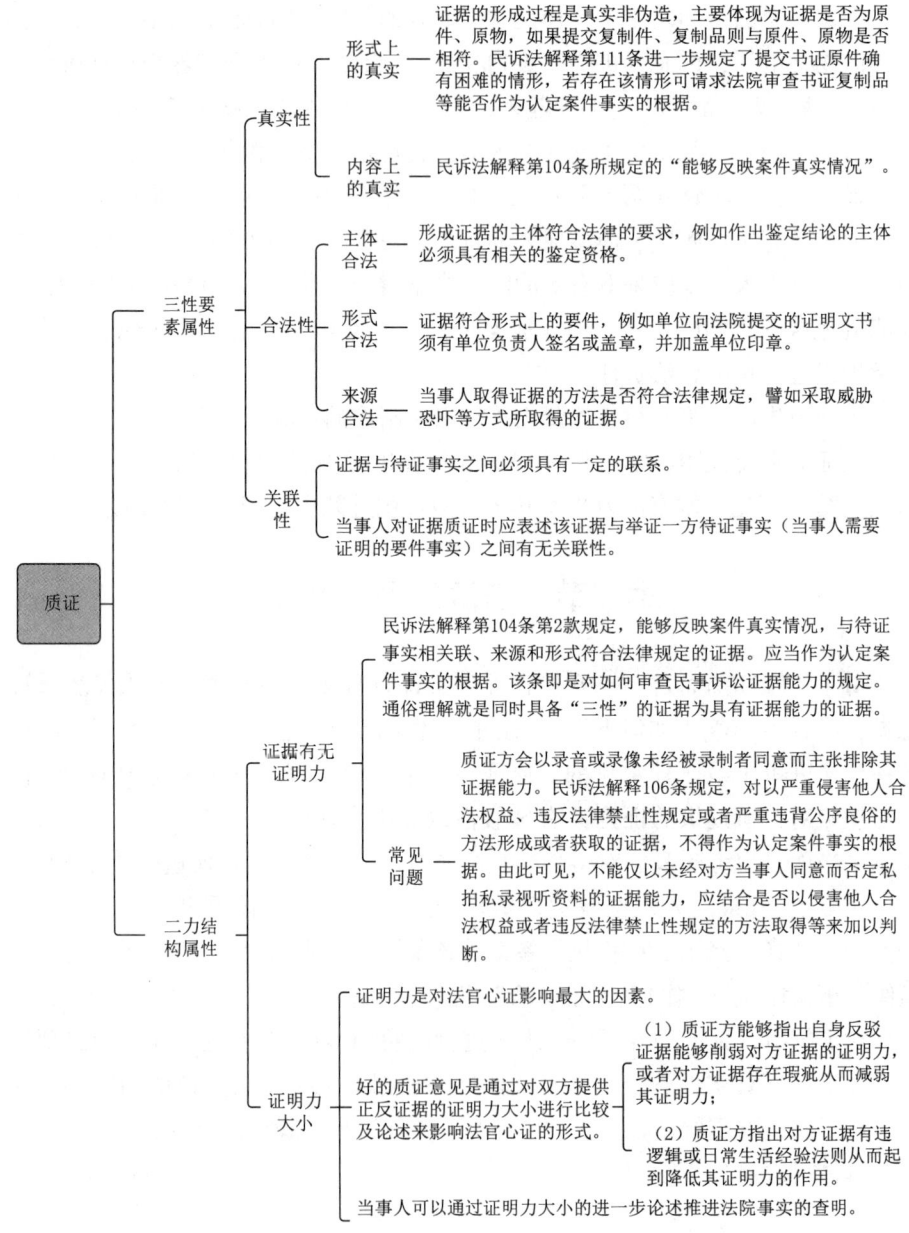

接着以上节"小偷被狗咬死案"为例,看看被告方针对原告所举证据是如何发表质证意见的。

## 第十一章 法庭举证、质证之方法

第一份证据：户籍证明复印件。

被告对原告所提交的第一组证据的真实性、合法性和关联性没有异议。即对于户口簿所载明的原告与张某之间存在父子关系，我们表示认可。

第二份证据：双城县公安局［2014］第 106 号《尸检病理报告书》。

被告对原告提交的第二组证据的真实性、合法性和关联性没有异议，予以认可。但是，我们认为，该《尸检病理报告书》只能证明受害人张某之死是被狗撕咬致死的，并不能证明是由于被告所造成的。

第三份证据：询问笔录，共两份，一份是李某的询问笔录；另一份是田某军的询问笔录。

对于原告所提交的第三份证据李某的询问笔录，我们认为，该份证据严重缺乏其真实性与合法性。

第一，李某的询问笔录中，提到"我和张某二人闲着无事，就想到电信花园小区找一位朋友聊聊天，我们进去之后有一个人家还在亮着灯，我们以为就是钱某家，然后我们就从窗户进去了"。这明显与事实不符。首先，李某和张某二人以为亮着灯的就是其所谓的好友钱某家，按照一般人的正常逻辑思维，都不会这么认为；其次，二人以为是钱某家，然后就从窗户进去了，按照正常人的行为习惯，去朋友家应当走正门敲门，而不是从窗户进去，显然李某是在撒谎，而事实是二人潜进电信花园小区居民楼一楼赵某家行窃。故李某的陈述缺乏真实性。

第二，根据《刑事诉讼法》的相关规定，询问笔录应当有两名侦查员在场，而在李某的询问笔录中，只有一名侦查员在场，显然，该询问笔录形式是严重不合法的，根据非法证据排除规则，对李某的询问笔录这份证据应当予以排除。

第三，从李某的询问笔录中，我们可以看到，仅有李某个人对当晚发生的事情作了表述，所展现的也仅是李某的个人言辞，而得不到其他证据的印证。

第四份证据：田某军的询问笔录。

对于该份询问笔录，被告对于真实性、合法性及关联性没有异议。

在田某军的询问笔录中，田某军对自己所了解的案件情况做了回答，田某军在询问笔录中说"我接到物管小区的电话，说有人被你家狼狗咬死……回到家后，就看到公安和 120 医生都在现场。我就问了一下情况，得知这个小伙子被咬死了"。也就是说，田某军对当晚发生的情况并不是十分地了解，是从他人的口中得知，原告用这两份证据来证明案件事实，很明显证据不足。同时，原告方提到"田某军作为犬只主人，本应采取有效的防护措施避免动物伤人，但却因疏忽大意，没能避免这场悲剧的发生"。而事实上，田某军家周围的围墙有2米高，两条狼狗完全不可能跳出围墙去伤人，也就是说，田某军是采取了有效的防护措施避免狼狗伤人，相反，是由于李某的突然闯入，惊吓到了两条狼狗导致被咬。

第五份证据：彭山路派出所出示的《现场示意图》。

被告对原告所提交的第五份证据的真实性、合法性和关联性没有异议，予以认可。从该《现场示意图》可见，当事人家的围墙高达2米，虽然饲养了两条狼狗，但是两条狼狗也不可能跳出院中伤人。因此，张某跳进院内，导致被狗咬死，与被告本人饲养狼狗没有直接的因果关系。

## 第三节　法庭询问证人之方法：交叉询问规则的运用

交叉询问规则起源于英美法系的法庭调查程序，它集中体现了对抗式诉讼模式的特征。一般来说，交叉询问规则在刑事案件的庭审过程中使用得比较普遍，但对于民事案件的庭审仍具有适用的价值。

在当下法学教育过程中，特别需要加强的是模拟法庭课程的演练，以培养同学们未来从事法官、检察官及律师职业所应具备的各项技能。在模拟法庭质证环节，应重点培养同学们询问证人的能力，即熟练地掌握"交叉询问规则"。

### 一、交叉询问的分类

交叉询问有广义和狭义之分。广义的交叉询问，是指由双方当事人主导、对本方及对方证人进行询问的法庭言词证据调查制度，包括主询问（亦称直接询问）、反询问、再主询问、再反询问等阶段。狭义的交叉询问，仅指一方当事人对对方证人进行的反询问。这里的证人，也包括专家证人、被害人及放弃沉默权出庭作证的被告人。在司法实践中，一般所说的"交叉询问"采取的是广义说。

律师通过对证人的交叉询问，实现对证人证言的有效质证，有助于法官和陪审员对证人证言的真实性作出准确评价。交叉询问对于查明案件事实具有重要价值，被称为"发现事实的最伟大的法律装置"。

## 二、交叉询问的顺序

如前所述，交叉询问主要有两个阶段：一是主询问；另一是反询问。两者之间交替进行。

第一，举证方主询问。请求传唤证人的一方首先对本方证人进行询问，主要目的是支持本方的诉讼主张与待证事实。

第二，对方反询问。针对主询问中证人陈述的纰漏或弱点，对方对该证人进行质疑、质询，这是交叉询问的关键环节，也是其精髓所在。反询问的目的是攻击对方的主张，降低证人证言的可信性，削弱证人证言的证明力，或者引起法官或陪审员对证人证言和待证事实的合理怀疑。

第三，在主、反询问结束后，法官应当允许双方代理人对证人证言发表"总结性"质证意见，即遵循"一证一质，一证一清"原则。

## 三、交叉询问的技巧与策略

在交叉询问过程中，必须掌握一定的方法，而不能盲目地去发问。特别是对于反询问而言，反询问的核心任务是引导法官和陪审员质疑对方证人，揭穿证人的"谎言"，所有的问题都要服务于这一目的。因此，应当掌握以下方法：

（1）要精心准备，整理好询问思路，明确重点和争点，当然也要随机应变；在发问过程中，尽量遵循"由简到难"的方法，即先问简单的问题，然后再问比较重要的问题，将重要的问题隐藏其中。对于自己的证人，一定要做好"岗前培训"，所谓"岗前培训"并不是要让证人说"假话"，而是要让证人在面对对方律师询问时，心理不要过于慌张，要尽量实事求是地还原案件的基本事实。

（2）要适可而止，多一次发问就多一次风险，得到自己想要的答案后就立即停止，而不宜出于精益求精或者炫耀的心态继续追问，以免画蛇添足。

（3）要注意发问方式，多提出引导性的问题。引导性问题控制着问题的回答，因为引导性问题本身已经给出了答案，所以证人只会简单地回答"是"。举一个例子，我们绝不会这样问："那只猫是否坐在垫子上？如果不是,那么它在哪?"我们会问:"那只猫坐在垫子上,对吧?"这样证人的回答就在你的控制下了。

(4)主询问应当采取开放式发问,而不能采取诱导式发问方式;反询问虽然允许诱导性发问,但也要适度,否则重要信息都来自发问者,不利于法官和陪审员形成内心确信;不要让证人解释,不给证人机会去解释。不要问证人"为什么?"不要让证人说任何结论或者评论,这些应该留到最后陈述部分。

(5)一次只问一个问题,不要把大量的材料集中在一个问题,否则证人会进行大段解释,甚至会修改之前的证词。

(6)要尊重证人,发问时不可咄咄逼人,要避免与证人发生争执,以免引起法官和陪审员的反感等等。[1]

## 试举二例:

### 一、林肯律师的《上弦月之辩》

渐满 峨眉月

上弦月

满月

下弦月

有一次,一个叫阿姆斯特朗的年轻人被人诬告,证人一口咬定,在10月18日的月光下,他在一个草垛后面,清楚地看到阿姆斯特朗开枪把人打死了。

林肯想阿姆斯特朗为人老实忠厚,不会干出行凶杀人的事来。于是他查阅了资料,了解到10月18日是上弦月,11点时月亮已经落下去了,根本没

---

[1] 本部分摘自第108集《刑事审判参考》刊载的《美国交叉询问制度的考察报告》。

有月光。

他又到现场调查,发现如果月亮没落下去,还在西天,也应该从西往东照。而遮挡着福尔逊的草垛在东边,下面站着阿姆斯特朗的大树在西边。阿姆斯特朗面向东边的草垛,脸上是不可能有月光的;不面向草垛,证人在二三十米外的草垛那里也看不清被告人的脸。

因此,他断定阿姆斯特朗不是杀人凶手。

法庭上,林肯直接质问福尔逊:

问:"你发誓说在10月18日的月光下,看清的是阿姆斯特朗而不是别人?"

"是的,我敢发誓。"福尔逊说。

问:"你在草垛后面,阿姆斯特朗在大树下,两处相隔二三十米,你能认清吗?"

福尔逊肯定地说:"看得很清楚。因为月光很亮,正照在他脸上,我看清了他的脸。"

问:"你能肯定时间是在11点吗?"

"肯定。因为我回屋里看了时钟,是11点1刻。"福尔逊说得毫不含糊。

问到这里,林肯面对大家,郑重宣布:"证人福尔逊是个彻头彻尾的骗子!"

这个意外的判断,使法庭里的人都愣住了。有人高声质问林肯:"律师说出来的每一句话都应该是有根据的,您有什么令人信服的事实证明福尔逊是个骗子?"

林肯回答说:"证人发誓,说他10月18日晚上在月光下看清了阿姆斯特朗的脸。可是,10月18日应是上弦月,11点时月亮已经落下去了,哪里还有什么月光?再退一步说,11点时月亮还没有落下去,还在西天,月亮也应该从西往东照。而遮挡着福尔逊的草垛在东边,下面站着阿姆斯特朗的大树在西边,如果阿姆斯特朗面向东边的草垛,脸上是不可能有月光的;如果不面向草垛,证人又怎么能从二三十米外的草垛那里看清被告人的脸呢?

林肯说到这里,整个法庭内一片静寂,接着便骚动起来,终于爆发出雷鸣般的掌声。

林肯用扎实的天文知识揭穿了证人的谎言。阿姆斯特朗被宣告无罪后,林肯成了当时美国最有名的律师。

由以上可见,掌握了以上"三性二力"的质证方法以及对证人的询问方法即交叉询问规则,那么就会在法庭调查环节游刃有余,得心应手。

## 二、2003年迈克尔·杰克逊虐童案：询问小男孩的母亲情节

2004年4月22日，迈克尔·杰克逊被控以阴谋罪、猥亵儿童罪、儿童绑架罪、非法监禁、勒索等10项重要罪名。而这些罪名如果被判成立，杰克逊将面临长达20年的监禁，其演艺事业也会因此而终结。

2004年4月25日，杰克逊聘请55岁的托马斯·梅塞罗作为自己的主辩律师。梅塞罗有一位女助理名叫苏珊·余，是位亚裔女子。作为梅塞罗的合伙人，苏珊亦多次给了杰克逊鼓励并成为了他的精神支柱。

在法庭上，梅塞罗是这样询问小男孩的母亲的。

问："你在警方那里说，杰克逊没有虐待你的儿子，是吗？"

小男孩的母亲说："是的。"

问："那你今天为什么在陪审团面前，又说杰克逊虐待了你的儿子呢？"

小男孩的母亲说："我前一次在警方面前所说的是假话，这次说的才是真话"。

经过上述询问，就导致小男孩的母亲在陪审团面前，其"诚信"荡然无存！因为她可以在警察面前说假话，谁又能保证她在法官面前所说的话不是假的呢？

## 第四节 微信聊天记录等电子证据的举证和质证方法

我国《民事诉讼法》第66条第1款规定，证据主要有八种：当事人的陈述、书证、物证、视听资料、电子数据、证人证言、鉴定意见、勘验笔录。我国《民事诉讼法解释》第116条前2款规定，视听资料包括录音资料和影像资料。电子数据是指通过电子邮件、电子数据交换、网上聊天记录、博客、微博客、手机短信、电子签名、域名等形成或者存储在电子介质中的信息。《最高人民法院关于民事诉讼证据的若干规定》（以下简称《证据规定》）第14条也以列举的方式明确了电子数据的主要形式：①网页、博客、微博客等网络平台发布的信息；②手机短信、电子邮件、即时通信、通讯群组等网络应用服务的通信信息；③用户注册信息、身份认证信息、电子交易记录、通信记录、登录日志等信息；④文档、图片、音频、视频、数字证书、计算机程序等电子文件；⑤其他以数字化形式存储、处理、传输的能够证明案件事

实的信息。

基于上述法律规定，微信属于即时通信、通讯群组类（比如：微信群聊）的通信信息，也可以属于通信记录，还可能涉及文档、图片、音频、视频等电子文件。应该说，上述法律规定涵盖了微信使用过程中所形成记录的众多方面，在司法实践中，一般都把微信聊天记录作为电子证据来处理。但是，微信聊天记录作为电子证据，在司法实务中存在许多争议，人民法院在采信微信聊天记录作为证据时也非常慎重。在案件办理过程中，尤其对于疑难复杂案件，如何巧妙利用微信聊天记录证成特定事实并得到人民法院采信，是诉讼精细化的重要方面。笔者结合一案例，总结和提炼关于微信聊天记录的举证及质证方法，希望能够起到抛砖引玉的作用。

案例：[2024] 川 11 民终 701 号四川华构住工公司与攀枝花鼎兴水泥公司买卖合同纠纷案

2018 年 11 月，国网四川省电力公司就"2018 年第四次配网物资协议库存招标项目"进行公开招标，被告攀枝花鼎兴水泥公司中标水泥电杆包 5，中标金额 2992.75 万元，供货区域为甘孜州。根据四川省电杆协会各会员此前约定，该标包所有水泥电杆交由协会川西片区成员 7 家电杆厂家代为供货，每个厂家约 427 万元。

2019 年 3 月 13 日，针对本标包供货事宜，由四川省用九工业有限公司（以下简称"四川用九公司"）工作人员牵头建立了微信群，群内成员包括中标厂家即被告方、川西片区代供货厂家：四川用九公司、雅安鼎耀水泥制品有限公司以及原告四川华构住工公司等九家。该微信群主要用于鼎兴公司针对该标包供货进度、结算等事宜，对各厂家进行通知和统一调配。

在上述微信群建立后，即原、被告方双达成口头《供货合同》后，原告就开始向被告所指定的采购方国网甘孜供电公司的施工场地供应水泥电杆。截至 2019 年 8 月 19 日，原告共计接收到被告两批订单共计 428.17 万元，其中第一批订单 114.85 万元全部供货完毕，该笔货款由原告委托被告支付给了四川用九公司；第二批订单共计 313.32 万元，其中供货了 168.21 万元，该笔货款由原告委托被告支付给了雅安鼎耀公司。2019 年 8 月 30 日和 9 月 17 日，原告又陆续向被告所指定的采购方国网甘孜供电公司的施工场地供应电杆数量共计 191 根，金额总计 44.28 万元。

在上述水泥电杆供应完毕后，原告曾多次找到被告，要求对剩余的191根电杆金额进行结算，但被告均以各种理由拒绝结算，并拒不支付上述货款。2024年1月，原告向法院提起诉讼，其请求如下：①依法判决被告向原告支付水泥电杆货款44.28万元及资金占用利息1000元（利息按照同期贷款市场报价利率（LPR）标准计算，自2023年12月6日起暂计算至2024年1月6日，直至清偿完毕之日止）；②本案受理费、保全费、诉讼保全责任保险费由被告承担。

### 一、庖丁解牛：微信聊天记录作为证据提交的举证方法

在本案，双方之间并没有签订书面的买卖合同，也没有办理结算手续，其所提供的5张《出库单》是以被告的名义向采购方供应的，该《出库单》虽然有被告的名称，但并没有得到被告盖章确认。在本案中，最重要的证据就是"微信群聊天记录"以及双方工作人员的"个人聊天记录"，如果将上述聊天记录加以组合，以证明双方之间存在事实上的买卖合同关系，就是非常重要的。

在很多司法实践案件之中，微信记录往往成了案件的救命稻草。比如，在买卖合同纠纷中，订货、发货、验货、收货、结算情况等都是通过微信沟通，许多电子商务买卖过程中更是如此。在租赁合同纠纷中，双方关于租赁开业日、起租日、免租期、租赁面积、租金缴付等事项，也往往通过微信来加以沟通。微信记录对案件、对当事人、对律师办理案件都有着非常重要的作用，因此，如何组织和利用微信记录呈现和证成案件事实，既是诉讼精细化的重要方面，也是律师实务当中非常重要的事项。

结合本案来看，律师主要做了如下举证工作：

1. 收集、组织和整理微信记录，将录制其全部聊天记录刻制成光盘，并打印成册

在本案中，律师在举证时，就让当事人将所有的"群聊天记录"和"个人聊天记录"全部以彩色方式打印出来，这样就会非常清楚地展现给法官，如果是黑白方式打印，可能难以向对方以及法官展示。这里之所以强调"全部"或者"全面"，就在于聊天记录里面，可能含有大量的文字、图片、语音以及文件。语音必须翻译成文字，这样就可以让法官非常明了。另外，在整

个录制过程中，也要做到聊天记录的连续性。

2. 围绕案件的焦点问题来整理和组织微信记录

一般而言，每个案件都存在争议焦点问题。在提起诉讼或是应诉过程中，对于有经验的律师而言，都会围绕争议焦点问题来进行举证和质证。由于微信聊天记录时间跨度长，当事人之间的微信记录比较多，且还夹杂着许多与本案并无多少关联或者说虽有关联但并不涉及争议焦点的记录，在这种情况下，围绕争议焦点整理和组织微信聊天记录就显得特别重要。在本案，我们总计打印出来50多张聊天记录，但这50张聊天记录的内容并不一定与本案具有较强的关联性。所以，在具体整理过程中，我们将"按照被告方的意见制作的《出库单》、要求供货的指示、通知以及我方要求结算以及被告予以核对"等"关键聊天记录"打印出来，以展示给法庭，这样我们律师在法庭上就可以游刃有余，法官也能轻松地掌握案件的要点。

3. 围绕时间轴整理和组织微信记录

以时间轴的方式呈现当事双方微信交往和互动的过程，往往能够比较完整地呈现事实过程。所谓时间轴，是以时间先后顺序作为整理和组织微信记录的基本轴线，通过这样的轴线，将双方通过微信沟通的过程、沟通的事项、沟通的进展、沟通的结论等呈现出来，是证实相关事实存在及发展的常用方法。这样处理下来，法官就会一目了然，可以更好达到证明案件事实的效果。

4. 依循证明力大小来整理和组织微信记录

从证据规则角度来看，证据证明力有大小之分。比如，就一般规则而言，书证、物证的证明力大于言辞证据、电子数据；原件的证明力大于复印件或影印件；公文书证的证明力大于私文书证等。《证据规定》第90条也明确了存有疑点的视听资料、电子数据不能单独作为认定案件事实的根据。因此，在整理和组织微信记录时，要注意微信记录之间可能也存在证明力大小的问题，因此，将那些具备较高证明力的微信记录进行相互验证的整理，然后提交法庭，能够较好地实现证明目的。

## 二、回马钩枪：微信记录的质证方法

微信记录作为证据的补强属性及证据规则的存疑心态，在质证过程中可以妥当加以利用，从而可以相对比较容易地否决其证据效力。现行法律规则本就对于微信证据抱有十分审慎的态度。因此，针对微信记录的质证，通过围绕证据的三性及证明目的和证明对象等方面强化这种审慎心态，往往能够收到事半功倍的效果。

1. 质疑微信聊天记录的真实性

真实性问题，是微信记录作为证据的硬伤所在。几乎所有微信记录都可能面临真实性诘难。对真实性的质疑，可以从以下三个方面展开：首先，微信记录是否为原始载体所呈现。比如说，是不是由原告的电脑或手机所存储的；其次，微信记录主体的真实性存疑。比如说，是否为原告方或者被告方所提供，还是第三人所提供的；最后，微信记录的内容存疑。比如说，对某一句话是应当如何理解的。在本案，微信记录里存在一张《欠条》，那么对于这张《欠条》能不能证明双方存在结算的事实，还需进一步探讨。

2. 质疑微信聊天记录的合法性

根据《证据规定》第87条第3项明确规定，证据的形式、来源是否符合法律规定是审判人员对证据进行审核认定的重要方面。对于微信记录是否合法录制、是否合法取得、是否合法存放、是否经过删改编辑等，往往能够引发法官对于微信记录合法性的不安。对于存有疑点的视听资料和电子数据，《证据规定》第19条规定其不能单独作为认定案件事实的根据，更遑论一些情形之下的偷拍、偷录的微信记录。因此，对于未经一方同意情形之下所录的视频和音频，本身就存在合法性争议。微信记录的合法性问题，既可以是制作过程合法性不足，也可以是存管过程合法性不足，还可以是获取方式方法的合法性不足。对于微信记录中可能存在的删除、剪辑、篡改、变造等情形，本质上既可以提出真实性疑虑，也可以提出合法性疑虑。

3. 质疑微信聊天记录与案件的关联性及与其他在案证据的关联性

关联性的问题，作为证据属性的重要方面，实际上需要引起高度重视。比如，在某案件中，对方当事人提供的并非与本案当事人之间的"直接记录"，而是通过与案外人沟通联络的"间接记录"作为证据提交。此种时候，微信记录的关联性就存在问题。同时，如果微信记录与本案的其他证据，尤其是证明力较高的证据存在比较大的误差或者矛盾之时，也可以通过提炼这种矛盾和不一致将该微信记录予以排除。

4. 以证明力大小的路径否决微信聊天记录的证据效力

在《证据规定》中，多处提到存有疑点的视听资料和电子数据不能单独作为认定案件事实的依据。因此，在针对微信记录的质证过程中，可以利用证据证明力大小的规则否决和质疑微信记录的证明效力。这种质证方式，一方面可以通过强化证明力较大的证据的效力，尤其是己方所提供的证明力较大的证据的效力，来否决微信记录的证据效力；另一方面，也可以利用对方证明力较强的证据与其所提供的微信记录的不一致或矛盾之处，来否决其微信记录的证明效力。[1]

由以上可见，掌握了以上"三性""二力"的质证方法以及对证人的询问方法即交叉询问规则和微信聊天记录等电子证据的举证、质证方法，那么就会在法庭调查环节游刃有余，得心应手。

---

[1] 以上节选于李迎春律师：《微信记录证据的5种举证思路和4个质证方略》。

# 第十二章
## 法庭辩论之方法

法庭辩论技巧，不仅是一门口才辩论艺术，也是律师参与诉讼活动的基本技能之一，更是展示律师风采的最好方式。对于年轻律师而言，由于在校期间实训机会较少，所以在实战中难免会有"怯场"心理，最后导致发挥失常。长此以往，就会对自己的辩论水平失去信心。实际上，在目前庭审模式下，只要掌握法庭辩论的一些方法和技巧，即使没有较好的语言表达能力和逻辑思维能力，也能够在法庭辩论阶段游刃有余，发挥出色。笔者认为，律师做好法庭辩论应当掌握以下六种方法：

### 一、首先，做好辩论的准备工作

在律师界，有一句名言：准备胜于一切。为什么有些律师不能在法庭辩论环节有很好的发挥呢？就是因为"案头"准备工作不足。那么如何进行准备工作呢？第一，必须将案件分析透彻，做好《案件分析报告》。在前面，我们介绍了分析案件的十种方法，在接手每一起案件后，我都要求我们的团队成员必须按照以上"十法"，制作一份完整的《案件分析报告》交给我。在这份报告里，既有法律条文，而且还有法学理论和类案检索，所以在开庭过程中，我们遇到法律规定及案例问题时，就可以及时查阅报告，清楚地引用相关的法律条文及相似案例作为支撑；第二，开庭之前，必须拟定发言提纲和代理词。有些年轻律师，自以为对案件比较熟悉，所以连发言提纲都不准备，就想到法庭上"滔滔不绝"，结果适得其反，在发言过程中毫无逻辑可言，该重点阐述的没有阐述，该引用的法律规定没有引用。我对我们团队成员的要求是，开庭之前，必须将发言提纲和代理词"手写"出来。为什么要手写出来呢？因为手写要比打字理解更加深入。例如：在前述"混凝土买卖合同加固赔偿案"中，我就把辩论提纲先写在本子上，然后按照提纲一点点地阐述我们的观点。提纲如下：

尊敬的审判长、审判员：

　　我们作为富裕公司的代理人，在通和公司及其城西蔬菜市场诉买卖合同上诉纠纷一案中，依法参加了本案诉讼活动。现根据事实和法律，提出以下代理意见，以供合议庭参考。

　　我们认为，被上诉人通和公司要求我们上诉人赔偿经济损失445万多元是根本不能成立的，依法应予驳回。

　　（一）本案上诉人向被上诉人通和公司所提供的混凝土质量是合格的。

　　（二）导致本案所涉桩基础工程混凝土无法进行质量鉴定的原因主要是由被上诉人通和公司所造成的。

　　（三）本案因加固桩基础工程而产生的"扩大损失"，应当由被上诉人四川通和公司及其施工方正良建筑公司承担。

　　1. 对于本案"加固费用"损失，我们认为，应当将其区分为"原有损失"和"扩大损失"。

　　2. 对于扩大损失，应当由被上诉人及其施工方、监理方予以承担。

## 二、法庭辩论要讲究气场和气势

　　孙子曰："激水之疾，至于漂石者，势也；鸷鸟之疾，至于毁折者，节也。"对于我们律师而言，我们在法庭上发表辩论意见，不是只给对方和法官去听，还要给当事人和庭下观众去听。因此，不管这个案件结果如何，我们都应像打仗那样讲究"气场"和"气势"，都应该在法庭上慷慨陈词，"大声"地把我们的观点讲出来。我经常对学生们说，法庭就是一场表演，只要你把这场戏的过程演好，结果如何，不是由你能够掌控的。以前我到法院旁听，经常会遇到有些律师在法庭上仅说了寥寥几句话就无话可说了，或者声音如蚊子似的非常小，让人很难听清楚他在说什么。这样的庭审，如何对得起自己的当事人呢？为什么有些律师在开庭完毕之后就会有旁听群众主动找上门来要求其承办自己的案件呢？那就是因为律师的庭上发言对其产生了吸引力。所以，我们在法庭辩论过程中一定要注意"气场"和"气势"问题。

### 三、擅于运用道具和手势

在法庭辩论过程中，有些时候能够利用手中的一些物品作为道具来阐明自己的观点，可能也会产生意想不到的效果。比如说，在一期工程混凝土买卖合同货款案中，在形容 C45 比 C30 强度还好的问题时，可以拿手机作为对比，"你要的是华为 Mate20 的手机，我给你提供的是华为 Mate30 的手机，你用了三年多了，还说存在质量问题，这难道能够成立吗"？另外，也可以注意手势的运用，在表示观点很坚决的时候，配以相应的手势，也可能会起到事半功倍的作用。

### 四、注重团队成员的分工与配合

在法庭辩论过程中，可能会有两位律师参加。如果是两位律师参与的话，那么最好在庭前作适当的分工。比如说，在"混凝土买卖合同加固赔偿案"中，可以由一个代理人重点阐述"混凝土质量"问题；而另一代理人重点阐述"是否应当赔偿"问题。在此基础上，双方再相互配合，查漏补缺，使其辩论观点更具有完整性。

### 五、充分掌握"控场术"

"控场术"是律师对辩论场面进行有效控制的方法。简单地理解，就是"让己方牵着对方的鼻子走，而不能让对方牵着己方的鼻子走。"虽然法庭辩论有一定的严格程序，而且辩论场面主要由审判人员控制。但是，律师可以协助审判人员，控制辩论的场面及趋向，能够将辩论引向有利于委托人的方向，从而达到辩论的目的。

在运用"控场术"中，重要的是对"辩论过程"的控制。在法庭辩论过程中，由于各种原因，听众的情绪、注意力及庭上的气氛、秩序等都有变化的可能，律师要有效地调整听众的情绪，集中听众的注意力，驾驭庭上的气氛和秩序，使之向有利于辩论目的的方向发展。一般而言，辩论过程的控制要注意以下几点：

（一）脱稿辩论

脱稿辩论是控制的基础。在一场法庭辩论过程中，如果一位律师"照本宣科"式地发表辩论意见，那么很难影响听众的情绪，也很难吸引听众的注意力。所以，我们要尽量避免采取这种方式。只要我们事先准备好辩论提纲，按着提纲一点一点地发表辩论意见，实现脱稿辩论是很容易的。

(二) 节奏适宜

律师应当用抑扬顿挫的语调和疾缓快慢的不同速度进行辩论。有快有慢，有缓有疾。但是，律师辩论时究竟使用哪种节奏为宜，应以法庭内气氛变化为准。[1]

(三) 归纳焦点

在法庭审理过程中，有些时候法官不对案件的焦点问题进行归纳总结，那么，在此情况下，我们作为代理律师就可以协助法官来归纳争议焦点问题。在这个时候，就可以看出一个律师水平的高低。能够准确归纳案件焦点问题，往往会使己方处于主动地位。

举个例子，这是一个著名的彩票案：原告认为被告所持有的彩票是他出资购买的，是交由被告保管的，所以被告应当向其返还奖金。被告说彩票是他出钱购买的，所以他不应该返还奖金。那么在这个案件中，争议焦点是什么？首先，找到双方意见不统一的地方。原告认为，彩票是自己出资购买的，被告认为是自己出资购买的，符合双方无法达成统一意见的条件。在本案中，原告诉请被告返还彩票，是谁出资购买彩票这一事实直接影响案件的结果。

所以，本案的事实焦点即为"谁出资购买了彩票"。本案的法律适用方面的争议焦点为被告是否应该向原告返还奖金，是否应当承担返还责任。如果在庭审过程中，能够把上述焦点问题归纳清楚，那么，我们就可以做到有理有据地阐述己方的观点，最后赢得胜诉。

## 六、法庭辩论可带有一定的感情色彩

法律虽然是理性的化身，但法律同样含有情感的因素。有人比喻，法律是大树，叶子是情，树枝是理。法律这棵参天大树离不开情和理。所以，我们在法庭辩论中不但要讲好"理"，在个别案件中还要讲好"情"。这在刑事案件中是比较普遍的。比如说，在"张扣扣故意杀人案"中，辩护律师不但

---

[1] 以上参见秦甫编著：《律师实用口才》，法律出版社1996年版，第38页。

讲了"理",更多的是讲了很多的"情",即张扣扣为什么杀人?为什么不应对张扣扣判处死刑?

在民事案件中,实际上也可以"情理并用"。例如,在[2023]浙0381民初602号追加被执行人执行异议之诉一案中,原告作为浙江一机械公司,从2020年10月就起诉我们一当事人公司,总计要求支付两台设备租金1368万元。此案经过一审二审于2021年12月才结束。此后,原告向法院申请强制执行,但此时富裕公司已财产"空空","账户"分文皆无,只剩下无任何价值的8辆工程车。在此情况下,浙江瑞安法院只好对本案作出终本裁定。

2022年11月,原告恼羞成怒,又提出执行异议之诉,请求追加富裕公司背后的三位股东作为被执行人,要求该三位股东在未出资1000万元范围内承担连带清偿责任。

但早在一审结束后,该三位股东已将全部股权转让给他人。而本案股东出资期限要至2060年12月31日届满。

本案涉及《公司法》关于"注册资本加速到期理论"的适用问题。这在《公司法》中是极其复杂的。经过我们团队几次讨论,认为本案尚未穷尽所有执行措施,且该三位股东不存在"未依法履行出资即转让股权的情形",所以本案尚不具备追加原三位股东为被执行人的前提条件。

在法庭审理过程中,我满怀深情地给对方律师及法官讲了一下本案故事,打官司不是为了斗气,而是为了要钱。如果这样打下去,猴年马月也拿不到一分钱。如果逼到最后,我们就申请破产,请你们到四川这边来,慢慢玩下去。我们不是不给钱,但大家要遵守规则来处理事情。你们当年挖了一个"以卖代租"的坑,即在买卖合同中设计了一个"如果不按期支付设备款,则按照租赁合同处理",让我们公司跳下去,每月20万元租金连续不断地计算,哪家公司都会被你们弄得倾家荡产!你们于心何忍呢?如果真的破产了,那么公司几十名职工生活怎么办?

最后,法官听了都深受感动,称被告律师说得有理。原告最好能与被告协商解决此案。

在庭审结束后,我就跟对方律师联系,双方真诚友好地对本案进行了沟通,达成"一台设备所有权归富裕公司,富裕公司再向对方一次性支付165万元款项"的解决方案。

所以,在某些案件中,打一下"感情牌"也是十分重要的。孟子曰,"恻隐之心，人皆有之"，不管是法官，还是普通人士，只要是你说的确实是有情有理的，他都会被感动的。孙子曰："故善用兵者，屈人之兵而非战也，拔人之城而非攻也，毁人之国而非久也，必以全争于天下，故兵不顿而利可全，此谋攻之法也。"对于打官司而言，也是如此。了解对方和法官的心理，擅于利用"感情牌"，有些时候就可以达到不战而屈人之兵的目的，这才是诉讼的最高境界。

　　由以上可见，熟练地掌握法庭辩论方法是一个成熟律师应当具备的技能。但是，法庭辩论能力并不是一日就能练成的，而是需要一个不断自我训练、总结的过程。一千个人眼中有一千个哈姆雷特，不同的律师对法庭辩论也有不同的感触，也有不同的方法。希望上述方法，能够对年轻律师有一些帮助和启发。

## 结 尾
## 凡是过往，皆为序章

在写作本书搁笔之际，正是"二十大"胜利闭幕之时。二十大报告提出："全面依法治国是国家治理的一场深刻革命，关系党执政兴国，关系人民幸福安康，关系党和国家长治久安。必须更好发挥法治固根本、稳预期、利长远的保障作用，在法治轨道上全面建设社会主义现代化国家。"可见，唯有彻底实行"法治"，才能使我国真正跳出"治乱兴衰历史周期率"的怪圈，人民才会过上安宁幸福的生活。2300多年前，古希腊哲学家亚里士多德在其名著《政治学》中指出："法治应包含两重意义：已成立的法律获得普遍的服从。而人家所服从的法律又应该本身是制定得良好的法律。""邦国虽有良法，要是人民不能全部遵循，仍然不能实现法治。"所以，在通往法治的道路上，人人普遍守法是特别重要的。在守法过程中，笔者认为，最重要的是司法人员能够奉公守法，公平断案，坚决守住正义的最后一道防线。因此，在本书里，首先要向那些敢于坚守正义底线的法官、检察官们致以崇高的敬意，是你们撑起了中国法治的蓝天，是你们将公平正义带给了人世间；其次，要感谢的是我们团队所有成员，丁建华、刘勇强、张洁、魏琼芳、赵海燕、王强、许韵迪、叶颖等律师以及行政总监刘永清先生，正是因为大家的团结努力，认真研究和讨论每一个案件，才使当事人的合法权益得到了更好的维护；再次，在此感谢我的父母，是他们从小就教会我善良，让我始终怀着一颗善良的心去面对所有的人，去处理每一起错综复杂的案件；最后，也要感谢我的爱人，是她对我所从事职业的理解，自愿牺牲了大量的时间，为我的教学及律师执业生涯提供了坚强的后盾。

凡是过往，皆为序章。这里笔者借用马克思在《资本论》法文版序言上

结　尾　凡是过往，皆为序章

所说的一句话："在通往胜诉的道路上没有平坦的大道，只有不畏劳苦沿着陡峭山路攀登的人，才有希望达到光辉的顶点。"每一位律师在通往胜诉之路中都不可能是一帆风顺的，但是"征程是充满光荣和梦想的远征。蓝图已经绘就，号角已经吹响。我们要踔厉奋发、勇毅前行，努力创造更加灿烂的明天"。

# 附 件

# 常用民商事法律文书样本

## 一、财产保全申请书样本

### 财产保全申请书

**申请人**：四川腾飞建筑工程有限公司，住所地：成都市金牛区竹根镇茶花路×××号

**法定代表人**：肖某，总经理

**被申请人**：江苏省建工集团有限公司，住所地：江苏省南京市鼓楼区江东北路289号×××室

**法定代表人**：施某，总经理

**请求事项**：

请求依法查封并冻结被申请人所开设的全部银行账户内的存款，以人民币500万元为限；

**事实和理由**：

2016年1月8日，申请人与被申请人签订了《先张法预应力高强混凝土管桩供应及施工合同》一份，约定，将峨眉城市中心综合体项目一山下住宅桩基工程承包给申请人施工，合同总价款为5 000 985元，工期从2016年1月8日至3月27日竣工。随后，2016年3月9日，双方又签订了《桩基施工分

包补充协议》。上述合同签订后，申请人即按照合同约定按期完成了该项目—山下住宅桩基工程，并进行了结算。按照上述合同约定，被申请人应在打桩完成并检测合格后即将全部工程款项支付给申请人，但是，截止到2016年6月，被申请人仅向申请人支付了363万元工程款，尚欠付到期工程款1 370 985元。在此情况下，申请人乐山腾飞公司曾多次与被申请人江苏省建工集团有限公司协商处理此事，但被申请人却以各种理由拒绝给付剩余的1 370 985元工程款。

经申请人调查，被申请人在其所开设的银行账户内拥有存款。据此，根据《民事诉讼法》第103条第1款"人民法院对于可能因当事人一方的行为或者其他原因，使判决难以执行或者造成当事人其他损害的案件，根据对方当事人的申请，可以裁定对其财产进行保全、责令其作出一定行为或者禁止其作出一定行为"之规定，申请人特申请贵院对被申请人的银行账户采取财产保全措施，依法冻结被申请人的前述银行账户资金。

此 致
成都市金牛区人民法院

申 请 人：四川腾飞建筑工程有限公司
2024年5月1日

## 二、解除保全申请书样本

解除保全申请书

**申请人**：江苏省建工集团有限公司，住所地：江苏省南京市鼓楼区江东北路289号×××室

**法定代表人**：施某，总经理

**被申请人**：四川腾飞建筑工程有限公司，住所地：成都市金牛区竹根镇茶花路×××号

**法定代表人**：肖某，总经理

**请求事项**：

请求依法解除对申请人在成都市商业银行营业部所开设的账号为：17110101013010006×××捱的账户内存款的冻结。

事实上此处账号应为：17110101013010068××××

**事实和理由**：

贵院受理的申请人与被申请人建设工程施工合同纠纷一案，经申请，贵院作出［2019］川11民初40号民事裁定对申请人所有的银行账户采取财产保全措施，冻结申请人的前述银行账户资金。因生产经营需要，依据《民事诉讼法》第107条"财产纠纷案件，被申请人提供担保的，人民法院应当裁定解除保全"之规定，现申请人自愿以名下其他土地作为担保，请求解除对申请人在乐山市商业银行营业部账户的保全。

此 致
成都市金牛区人民法院

申请人：江苏省建工集团有限公司<br>2024年6月1日

## 三、回避申请书样本

## 回避申请书

北充市人民法院：

　　你院受理的申请人与被申请人北充市水利局建设工程施工合同纠纷一案（案号为：[2024]川1822民初24号），贵院指派徐某法官作为审判长进行审理。在案件电话沟通过程中，徐法官曾声称：因我公司起诉两个被告是错误的，因此要驳回我公司的诉讼请求，并且还使用了很多不文明语言。对此，申请人认为，徐法官作为主审法官在案件处理过程中发表此种倾向性意见及不文明语言，明显违背了《法官行为规范》，有故意偏袒被申请人之嫌，如果让其继续审理本案，那么势必会影响本案的公正审理，进而会导致"错误判决"。为此，根据《民事诉讼法》第47条及《最高人民法院关于适用〈中华人民共和国民事诉讼法〉的解释》第44条第1款第6项之规定，申请人特向贵院提出对本案承办人徐某予以回避的申请，请予同意。

　　特此申请。

申请人：四川腾飞建筑工程有限公司
代理人：×××
2023年1月16日

## 四、管辖异议申请书样本

管辖异议申请书

**申请人**：王某，女，1986 年 7 月 30 日出生，汉族，户籍所在地：海南省三亚市吉阳区吉阳大道 190 号。

**请求事项**：

将贵院［2023］川 1102 民初 8499 号张某诉本人民间借贷纠纷一案移送海南省三亚市吉阳区人民法院管辖审理。

**事实和理由**：

申请人原户籍所在地为四川省成都市金牛区致江路，但是，在 2021 年 9 月，其户籍已经迁至"海南省三亚市吉阳区"，并居住在此地。根据《民事诉讼法》第 22 条"对公民提起的民事诉讼，由被告住所地人民法院管辖"之规定，贵院对本案没有管辖权，本案应移送至海南省三亚市吉阳区人民法院管辖并进行审理。

此 致
成都市金牛区人民法院

申请人：王某<br>2023 年 12 月 15 日

### 五、延期开庭申请书样本

## 延期开庭申请书

成都市金牛区人民法院：

你院受理的申请人诉江西省交通工程集团有限公司买卖合同纠纷一案，鉴于双方都有和解解决本案的意愿，为此，根据《民事诉讼法》的有关规定，特向贵院提出延期开庭的申请，待双方达成和解协议后即向贵院提出撤诉，请予批准。

特此申请。

申请人：四川腾飞建筑工程有限公司
代理人：×××
2023 年 6 月 24 日

## 六、撤诉申请书样本

**撤诉申请书**

成都市金牛区人民法院：

　　你院受理的申请人诉江西省交通工程集团有限公司买卖合同纠纷一案，鉴于双方已经达成和解协议，为此，根据《民事诉讼法》的有关规定，申请人现提出撤回本次诉讼的申请，请予同意。

　　特此申请。

申请人：四川腾飞建筑工程有限公司
代理人：×××
2023 年 7 月 1 日

## 七、执行申请书样本

## 强制执行申请书

**申请人**：四川腾飞建筑工程有限公司，住所地：成都市金牛区竹根镇茶花路×××号

**法定代表人**：肖某，总经理

**被申请人**：江苏省建工集团有限公司，住所地：江苏省南京市鼓楼区江东北路289号×××室

**法定代表人**：施某，总经理

**请求事项**：

1. 请求强制执行被申请人支付申请人货款2 457 235元；

2. 请求强制执行被申请人加倍给付从2019年5月31日起至还清全部货款之日止的迟延履行期间的资金占用利息损失；

3. 本案执行费由被申请人承担。

**事实和理由**：

申请人与被申请人因买卖合同纠纷一案，经贵院主持调解，双方达成调解协议，贵院于2019年1月15日作出［2018］川1102民初6007号《民事调解书》，内容为，被申请人差欠申请人货款4 457 235元，此款分三次支付：(1)被申请人于2019年1月17日前支付100万元；(2)被申请人于2019年2月1日前支付100万元；(3)被申请人于2019年4月30日前支付申请人货款余款2 457 235元，若未能在上述时间支付，申请人同意再给被申请人30天的宽限期，被申请人须在2019年5月30日前支付完毕；申请人自愿放弃其他诉讼请求；案件受理费由申请人负担。上述调解书经双方在调解笔录上签名后即具有法律效力。然而，时至今日，被申请人仅向申请人支付了前两笔货款200万元，而对于剩余货款2 457 235元，并没有按照调解书中所确定的期间向申请人履行给付义务。

为此，根据《民事诉讼法》之有关规定，申请人现向贵院申请强制执行，

请予以支持。

  此 致
成都市金牛区人民法院

申请人：四川腾飞建筑工程有限公司<br/>2024 年 1 月 16 日

## 八、恢复执行申请书样本

# 恢复执行申请书

**申请人**：四川腾飞建筑工程有限公司，住所地：成都市金牛区竹根镇茶花路×××号

**法定代表人**：肖某，总经理

**被申请人**：江苏省建工集团有限公司，住所地：江苏省南京市鼓楼区江东北路289号×××室

**法定代表人**：施某，总经理

**请求事项：**

1. 请求强制执行被申请人向申请人支付工程款本金 3 843 450 元及利息 153 738 元（以尚欠工程款本金为基数，按月息 1%，自 2021 年 4 月 1 日起暂时计算至 2021 年 8 月 1 日，此后利息仍按月息 1% 计算至工程款付清之日止）；

2. 本案执行费由被申请人承担。

**事实和理由：**

申请人与被申请人因建设工程施工合同纠纷一案，经贵院审理，于 2021 年 3 月 5 日作出［2021］川 1124 民初 149 号民事调解书，内容为，（一）被申请人于 2022 年 1 月 31 日前分四期向申请人支付工程款本金 4 843 450 元（2021 年 3 月 31 日前支付 1 000 000 元，2021 年 5 月 31 日前支付 500 000 元……）；（二）被申请人从 2021 年 4 月 1 日起按月息 1%，以尚欠工程款本金为基数计算利息，利随本清；（三）若被申请人未按第一项约定按时足额支付任一期款项，申请人有权对尚欠的所有款项一并申请强制执行。

2021 年 7 月，申请人向贵院依法申请强制执行，贵院予以受理。在执行过程中，因申请人与被申请人达成口头和解，申请人遂于 2021 年 8 月 4 日向贵院提出撤回执行的申请，贵院予以同意并出具［2021］川 1124 执 391 号之四执行裁定。但被申请人未按照"和解协议"约定及时向申请人支付工程款，

申请人又于 2022 年 1 月 5 日向贵院申请恢复强制执行，贵院于 2022 年 6 月 23 日作出［2022］川 1124 执恢 2 号之一执行裁定，裁定"终结本次执行程序"。

  对此，申请人认为，自该执行裁定作出后至今，被申请人并未向申请人支付任何款项，且被申请人名下有可供执行的国有土地使用权（不动产权证号：川［2020］井研县不动产权第 0001787 号）严重损害了申请人利益。为此，根据《民事诉讼法》的规定，申请人现向贵院申请恢复强制执行程序，请予以支持。

此 致
成都市金牛区人民法院

申请人：四川腾飞建筑工程有限公司<br>
2023 年 12 月 1 日

## 九、执行异议申请书样本

### 执行异议申请书

**异议人**：领海集团股份有限公司，住所地：成都市武侯区航空路1号1幢14楼×号。

**法定负责人**：张某，公司总裁。

**申请执行人**：乐山三江农村商业银行股份有限公司，住所地：四川省乐山市市中区春华路南段×××号。组织机构代码：20705766-1。

**法定代表人**：李某，董事长。

**被执行人**：帅某，男，1968年9月18日出生，汉族，住四川省乐山市市中区通江镇蟠龙村。

异议人作为乐山三江农村商业银行股份有限公司与帅某借款合同纠纷一案的案外人，因贵院错误将帅某所购买的归异议人所有的位于乐山市市中区通江街733号领海城市花园一期（亚马逊）2幢21楼×号商品房一套予以强制执行，现依法提出执行异议。

**请求事项**：

请求贵院立即终止对本案所涉房产的执行，并解除其查封措施。

**事实和理由**：

2010年5月30日，异议人与被执行人帅某签订《商品房买卖合同》一份，约定，申请人将其所有的领海城市花园一期（亚马逊）2幢第1单元21层5号商品房一套出售给被执行人，总价款为450 455元；合同第六条关于付款方式及期限约定，买受人采取贷款方式付款，买受人可以首期支付购房总价款的30%，其余价款可以向指定银行或住房公积金管理机构借款支付；2011年3月24日，异议人、被执行人与中国工商银行股份有限公司乐山分行（以下简称工行乐山分行）签订了《个人购房借款/担保合同》一份，约定，被执行人以该套商品房作为抵押向工行乐山分行贷款31.5万元，由异议人为被执行人向工行乐山分行承担阶段性连带责任保证。该合同签订后，工行乐山分行即将上述贷款 31.5 万元划入异议人之账户。随后，被执行人即按照该合同约定按期向工行乐山分行偿还上述款项。然而，到了 2014 年 4 月，被申请人却不能继续履行还款义务。

2014 年 6 月 23 日，工行乐山分行持乐山嘉州公证处［2014］乐市嘉执第 13 号《执行证书》，向乐山市市中区人民法院申请强制执行，要求被执行人偿还贷款本金 259 485.71 元及利息 7 013.13 元，异议人对以上欠款承担连带偿还责任。在本案执行过程中，由于无法找到被执行人，所以异议人只好与工行乐山分行协商并达成了《和解协议》，约定由异议人作为担保人代被执行人，向工行乐山分行偿还本金及利息共计 266 498.84 元。2014 年 8 月 27 日，乐山市市中区人民法院作出［2014］乐中执字第 576 号《执行裁定书》，裁定终结本次执行程序。

为了尽快解决纠纷，2015 年 11 月 5 日，异议人向乐山仲裁委提出解除申请，请求解除异议人与被执行人所签订的《商品房买卖合同》，并支付相关违约金。在仲裁裁决期间，异议人经过查询，发现本案所涉房产早已在卫某祥、刁某与帅某民间借贷纠纷等两案中先后被贵院予以查封。为此，异议人于 2016 年 4 月 7 日向贵院提出执行异议申请，2016 年 7 月 27 日，市中区法院作出（2016）川 1102 执异 28 号执行裁定书：驳回异议。收到裁定书后，异议人随即于 2016 年 8 月 19 日提出执行异议之诉，在诉讼过程中，异议人与卫某祥、刁某于 2017 年 2 月 22 日达成和解协议，卫某祥、刁某先向法院提出解封申请，待解除查封后，异议人将被执行人帅某的首付款支付刁某 11 万元，支付给卫某祥 2.5 万元，并撤回了执行异议之诉；同日，市中区法院作出［2015］乐中执字第 302-3 号执行裁定书，裁定：解除对本案所涉房产的查封。然而，令人没有想到的是，2017 年 6 月 12 日，在乐山三江农村商业银行股份有限公司与帅某借款合同纠纷执行一案中，贵院又以［2017］川 1102 执 811 号执行裁定，查封了本案所涉的房产。

对此，异议人认为，本案所涉房产虽然备案在被执行人帅某名下，但其所有权仍归异议人所有；同时，在贵院于 2017 年 6 月 12 日作出［2017］川 1102 执 811 号执行裁定之前，异议人已将被执行人帅某所购房屋的首付款支付给其债权人并代其归还了所欠银行的全部按揭款项，在此情况下，异议人与被执行人已无任何债权债务关系，因此，本案所涉房产不能作为另案执行标的予以执行。为此，根据《民事诉讼法》之有关规定，异议人特向贵院提出执行异议，请求贵院依法审查上述异议，并依法支持异议人的上述异议主张，以维护异议人作为一家房地产企业的合法权益。

此 致
乐山市中区人民法院

申请人：领海集团股份有限公司<br>2023 年 1 月 1 日